SPAANS LEREN

TALEN ALS TARGET

SPAANS LEREN

**Niveau Beginners
A2**

Juan Córdoba
Nederlandse bewerking door **Carine Caljon**

DE REEKS
TALEN ALS TARGET

OVER HET GEMEENSCHAPPELIJK EUROPEES REFERENTIEKADER VOOR TALEN

Vanaf wanneer kan men zeggen dat men een vreemde taal "spreekt"? Dat men ze bovendien "correct" en vlot spreekt? Laat staan dat men ze "beheerst"? Dit zijn vragen die linguïsten en taalleraren al lang bezighouden. Ook wie zijn kennis moet omschrijven, bijvoorbeeld bij het solliciteren, heeft baat bij een duidelijk antwoord.

Wel, dat antwoord kwam er in 2001, met het door de Raad van Europa opgestelde Gemeenschappelijk Europees Referentiekader voor Talen, meestal "Europees Referentiekader" (ERK) genoemd. De hoofddoelstelling was het aanbieden van een voor alle Europese talen bruikbare methode waarmee objectief het kennisniveau kan geëvalueerd worden. Deze richtlijnen vormden een dankbaar alternatief voor de talrijke, meestal taalgebonden evaluatietests die tot dan toe gangbaar waren. Meer dan 15 jaar na de invoering ervan kent het referentiekader ook succes buiten Europa. Het wordt in landen over de hele wereld gebruikt en de richtlijnen zijn beschikbaar in 39 talen. Lesgevers, recruters, bedrijven en taalgebruikers vinden voortaan een houvast in de vaste, erkende referentieniveaus.

DE 6 NIVEAUS IN HET EUROPEES REFERENTIEKADER

Het Europees referentiekader bestaat uit 3 gebruikerscategorieën en 6 taalvaardigheidsniveaus:

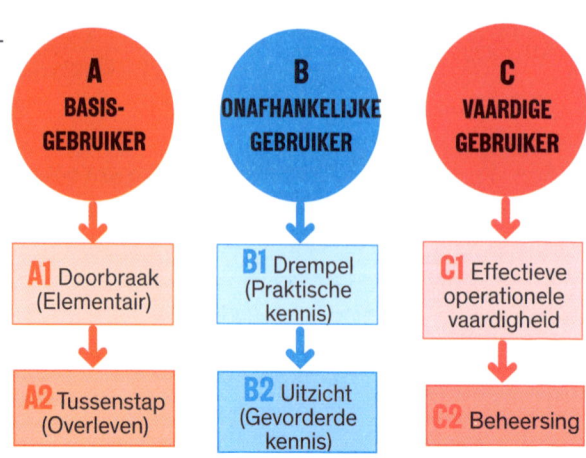

Elk vaardigheidsniveau heeft criteria voor het evalueren van verschillende aspecten van communicatie:
- productie (spreken en schrijven)
- receptie (gesproken en geschreven taal begrijpen)
- interactie (mondeling en schriftelijk).

In onze cursus beperken we ons uiteraard (in hoofdzaak) tot de taal begrijpen en (in mindere mate) ze mondeling en schriftelijk weergeven. Interactie is de volgende stap. In deze reeks reiken we de lezers de basis aan die nodig is om met native speakers te beginnen communiceren.

DE VAARDIGHEDEN BIJ NIVEAU A2

Bij niveau A2 kan men:
- woordenschat en uitdrukkingen uit het dagelijks leven **begrijpen** en gebruiken
- korte teksten **lezen** en informatie opzoeken in gewone documenten
- **communiceren** door rechtstreeks informatie uit te wisselen bij eenvoudige routinetaken
- in eenvoudige bewoordingen persoonlijke gegevens (gezin, opleiding, werkomgeving,...) en behoeften **uitdrukken**
- korte, eenvoudige notities en berichten **schrijven**.

De meeste zelfstudiemethodes vermelden een ERK-niveau (doorgaans B2), maar deze classificatie gebeurde vaak achteraf en komt niet altijd overeen met de ERK-richtlijnen.
Als je de lessen volgt zoals aangegeven, de dialogen beluistert en de oefeningen maakt, zal je met onze reeks **Talen als target** niveau A2 bereiken. Dit levert de basis voor de belangrijkste stap: communiceren met native speakers. Oefenen is hierbij essentieel: je gaat de nieuwe taal steeds beter begrijpen en er je steeds vlotter in uitdrukken. Jouw opgedane kennis moet uitbreiden, niet verwateren!

SPAANS LEREN

UITSPRAAK

- **KLEMTOON**
- **UITSPRAAK VAN KLINKERS**
- **UITSPRAAK VAN MEDEKLINKERS**

OVER DE SPAANSE TAAL

Tegenwoordig is Spaans de omgangstaal voor zo'n 470 miljoen mensen. Hiertoe behoren de inwoners van Spanje en Latijns-Amerika alsook de meer dan 40 miljoen mensen van Spaanse origine die in de Verenigde Staten wonen en Spaans als moedertaal hanteren. Met degenen die Spaans als hun tweede taal beschouwen en al wie het studeert erbij gerekend, bedraagt het aantal actieve gebruikers van de taal van Cervantes 550 miljoen.

Door de enorme verspreiding, zowel geografisch als cultureel, ontstonden er variaties in de Spaanse taal. Toch bleef haar basis bewaard. Het Spaans dat je in deze cursus zal leren, is overal bruikbaar. Sommige woorden en uitdrukkingen kunnen van regio tot regio anders geïnterpreteerd worden, doch de grammatica is, op een paar afwijkingen na, overal dezelfde. Net als bij andere talen zijn er in gesproken Spaans verschillende accenten hoorbaar, zeker op het Amerikaanse continent, maar ook op het schiereiland zelf.

Met zijn 47 miljoen inwoners is Spanje pas het derdegrootste Spaanstalig land, na Mexico (meer dan 120 miljoen) en Colombia (48 miljoen). Toch geldt als standaard het Spaans dat in Spanje wordt gesproken, ook Castilliaans genoemd. Dit krijg je ook te horen in onze lessen. We zullen evenwel af en toe wijzen op uitspraakvarianten die je bij je contacten met Spaanstaligen binnen en buiten Spanje ongetwijfeld zullen opvallen.

◆ KLEMTOON

Elk Spaans woord dat uit meer dan één lettergreep bestaat, heeft een beklemtoonde lettergreep, dus een die met meer nadruk wordt uitgesproken.
Tenerife? Nee! Tene**ri**fe.

IN DE PRAKTIJK

Beluister de opname en herhaal de woorden - let hierbij goed op de klemtoon:
a. paella
b. corrida
c. sangría
d. fiesta
e. gazpacho
f. churros
g. flamenco
h. patio

In deze woorden krijgt de voorlaatste lettergreep de klemtoon. Ook andere lettergrepen kunnen beklemtoond worden, zoals blijkt in de volgende woorden.

Luister en herhaal de woorden - let opnieuw goed op de klemtoon:
a. Málaga
b. Córdoba
c. Madrid
d. Perú
e. Mediterráneo
f. República Dominicana
g. Océano Atlántico
h. Los Ángeles

HOE WORDT DE KLEMTOON BEPAALD?

Om te weten welke lettergreep beklemtoond dient te worden, zijn er eenvoudige regels :
- eindigt een woord op een klinker, een **s** of een **n**, dan valt de klemtoon op de voorlaatste lettergreep (**co**rrida, **chu**rros, **Car**men)
- eindigt een woord op een andere medeklinker dan **s** of **n**, dan valt de klemtoon op de laatste lettergreep (Ma**drid**, a**mor**, voleibol)
- bij uitzonderingen op deze regels en bij woorden die beklemtoond worden vóór de voorlaatste lettergreep staat er een accentteken boven de klinker in de te beklemtonen lettergreep (Pe**rú**, Pa**rís**, **Cór**doba).

Luister en herhaal de woorden. Onderstreep de beklemtoonde lettergreep en voeg waar nodig, rekening houdend met de regels hierboven, een accentteken toe:
a. Canada
b. Ecuador
c. futbol
d. cafe
e. Cadiz
f. Barcelona
g. jamon
h. Mexico
i. Ibiza

◆ UITSPRAAK VAN KLINKERS

DE VIJF BASISKLINKERS

a: klinkt tussen onze korte a en lange aa
e: klinkt tussen onze korte e en lange ee
o: klinkt tussen onze korte o en lange oo
i: klinkt zoals onze ie, maar zwakt als eindklank af tot [j]
u: klinkt zoals onze oe

Beluister de opname en herhaal de dagen van de week:
- **a.** Lunes
- **b.** Martes
- **c.** Miércoles
- **d.** Jueves
- **e.** Viernes
- **f.** Sábado
- **g.** Domingo

KLINKERCOMBINATIES

Anders dan in het Nederlands behouden klinkers hun basisklank, ook in combinatie met andere klinkers, bijvoorbeeld: **au** = **a** + **u** [a-oe], **ei** = **e** + **i** [e-ie], **ee** = **e** + **e** [e-e].

Beluister de opname en herhaal de volgende woordparen:
- **a.** autobús, trauma
- **b.** leer, creer
- **c.** aceite, reina
- **d.** euro, reumático
- **e.** seis, nieve
- **f.** aloe, oeste
- **g.** ruido, circuito
- **h.** vuelo, cuota

◆ UITSPRAAK VAN MEDEKLINKERS

DE *EÑE*

Het Spaanse alfabet telt 27 letters, een meer dan in het Nederlands: de **eñe**, geschreven als **ñ** en uitgesproken als [nj] zoals in "anjer".

Beluister de opname en herhaal de volgende woorden:
- **a.** España
- **b.** señal
- **c.** niño

Even opletten bij de Spaanse uitspraak van de volgende medeklinker(combinatie)s, want ze verschilt van de Nederlandse:

DE C

De **c** klinkt als [k], behalve vóór een **e** of **i** waar ze vergelijkbaar is met th in het Engelse "thing".

Beluister de opname en herhaal de volgende woorden:
- **a.** buscar
- **b.** color
- **c.** centro
- **d.** Valencia
- **e.** acción
- **f.** Cáceres

DE COMBINATIE CH

De klank van **ch** is vergelijkbaar met die van tsj in "tsjilpen".

Beluister de opname en herhaal de volgende diernamen:
- **a.** chimpancé
- **b.** chinchilla
- **c.** cucaracha
- **d.** anchoa
- **e.** chacal

DE D

De Spaanse **d** is vergelijkbaar met de Nederlandse, maar zwakt als eindklank af.

Beluister de opname en herhaal de volgende woorden:
- **a.** dar
- **b.** Madrid
- **c.** verdad

DE G

De **g** klinkt zoals de Franse in "garçon" of de Engelse in "girl", behalve vóór een **e** of **i** waar ze vergelijkbaar is met de Nederlandse ch-klank in "lach, dag".

Beluister de opname en herhaal de volgende woorden:
- **a.** agosto
- **b.** gracias
- **c.** agencia
- **d.** girar
- **e.** ignorar
- **f.** Inglaterra

DE H

De **h** wordt in het Spaans niet uitgesproken.

Beluister de opname en herhaal de volgende woorden:
- **a.** hablar
- **b.** historia
- **c.** hotel
- **d.** ahora
- **e.** cohesión
- **f.** humor

DE J OF *JOTA*

De klank van de letter j, **la jota** genoemd, is vergelijkbaar met de Nederlandse ch-klank in "lach" (zie ook **g** vóór een **e** of **i**).

Opmerking: in Andalusië en Extremadura klinkt de **jota** meer als een aangeblazen h.

Beluister de opname en herhaal de volgende voornamen en woorden:

a. Jaime
b. José
c. Julia
d. empujar
e. equipage

DE DUBBELE L: LL

De klank van **ll** is eigenlijk die van lj in "paljas", maar wordt vaak gereduceerd tot een j-klank.

Beluister de opname en herhaal de volgende fruit- en groentenamen:

a. cebolla
b. grosella
c. avellana
d. repollo
e. membrillo

DE R EN RR

De Spaanse **r** is een tong-r. Ze wordt zwak gerold binnen en aan het einde van een woord; als beginklank of dubbel wordt ze sterk gerold.

Beluister de opname en herhaal de volgende kleurnamen:

a. amarillo
b. rojo
c. verde
d. naranja
e. marrón
f. rosa
g. negro

DE S

De **s** behoudt op elke plaats in een woord haar klank (wordt dus geen z-klank zoals bij ons in bv. "fase").
Opmerking: in het zuiden van Spanje en o.a. Cuba is een **s**, vooral als lettergreep- of woordeinde, soms nauwelijks hoorbaar of neigend naar een aangeblazen h.

Beluister de opname en herhaal de volgende bloemennamen:

a. crisantemo
b. iris
c. narciso
d. girasol
e. mimosa

DE V

Zonder in dit boek in details te willen treden, kunnen we zeggen dat de meeste Spaanssprekenden nauwelijks een onderscheid maken tussen een **v** en een **b**, waarbij de v-klank overgaat in een b-klank (tussen klinkers wordt een **b** zachter uitgesproken, zonder de lippen te sluiten).

Beluister de opname en herhaal de volgende vogelnamen:
a. cuervo
b. gaviota
c. pavo
d. avestruz
e. gavilán

DE X

In de standaardtaal klinkt een **x** als [ks].

Beluister de opname en herhaal de volgende beroepsnamen:
a. taxista
b. sexólogo
c. boxeador
d. auxiliar de farmacia
e. examinador

DE Z OF *ZETA*

De **z** wordt uitgesproken zoals de th in het Engelse "thing" (zie ook **c** vóór een **e** of **i**). Opmerking: in Latijns-Amerika is veeleer een s-klank te horen.

Beluister de opname en herhaal de volgende stadsnamen:
a. Zaragoza
b. Cádiz
c. Zumárraga
d. Tzintzuntzan

◆ EEN VAAK GEMAAKTE FOUT

We hebben gezien dat de **g** anders uitgesproken wordt dan in het Nederlands: zoals in "garçon" of "girl", behalve vóór een **e** of **i** waar ze dezelfde uitspraak heeft als de **jota** en dus klinkt zoals de ch in "lach".
De combinatie **gu** klinkt als [Goe], maar let op: de oe-klank valt weg in **gue** en **gui** (net als in **que** en **qui**); de oe-klank blijft behouden als er een trema op de **u** staat, dus in **güe** en **güi**.

Beluister de opname, herhaal de woorden en voeg waar nodig een trema toe op de u.
a. verguenza
b. antiguo
c. cigueña
d. aguero
e. pinguino
f. guerra
g. antiguedad
h. guitarra
i. Miguel

I. MENSEN ONTMOETEN

1. GOEDENDAG — 21
2. WIE BEN IK? — 29
3. HOE GAAT HET? — 37
4. ALSTUBLIEFT... — 45
5. HALLO? — 53

II. HET DAGELIJKSE LEVEN

6. HOE LAAT IS HET? — 65
7. ZULLEN WE ETEN? — 73
8. BEVALT HET APPARTEMENT U? — 81
9. GELUKKIGE VERJAARDAG! — 89
10. WELKE STUDIERICHTING GA JE KIEZEN? — 97
11. IK ZOEK EEN BAANTJE — 105
12. IK BEN STAGIAIR — 113
13. IK KOM VOOR DE ADVERTENTIE — 121
14. ZULLEN WE EEN ZAAK OPSTARTEN? — 129

III. ZAKEN REGELEN

IV. VRIJE TIJD

15.
WAAR IS ..., ALSTUBLIEFT? 141

16.
IK BEN GEZAKT VOOR
MIJN RIJEXAMEN 149

17.
IK WIL GELD OPNEMEN 157

18.
MIJN MOBIELE TELEFOON
WERKT NIET 165

19.
IK WIL EEN KLACHT
INDIENEN 173

20.
DOKTER,
IK HEB OVERAL PIJN 181

21.
WIE IS DE LAATSTE
IN DE RIJ? 189

22.
IK GA NAAR
DE SUPERMARKT 197

23.
GELUKKIG NIEUWJAAR! 209

24.
EET SMAKELIJK! 217

25.
HET STAAT ME ECHT NIET 225

26.
WAARVOOR DIENT DIT? 233

27.
IK ZOU EEN TICKET
NAAR ... WILLEN 241

28.
IK ZOU EEN KAMER
WILLEN RESERVEREN 249

29.
WELKE FILMS
DRAAIEN ZE? 257

30.
LEVE DE VAKANTIE! 265

I
MENSEN
ONTMOETEN

1. GOEDENDAG

BUENOS DÍAS

DOELSTELLINGEN

- MENSEN BEGROETEN
- IEMANDS NAAM EN AFKOMST VRAGEN
- JE NAAM EN AFKOMST ZEGGEN
- ZEGGEN WAT JE DOET EN WELKE TALEN JE SPREEKT
- JA OF NEE ZEGGEN EN AKKOORD GAAN OF NIET

BEGRIPPEN

- GEBRUIK VAN VRAAG- EN UITROEPTEKENS
- NEE, NIET, GEEN
- GESLACHT EN GETAL VAN ZELFSTANDIGE EN BIJVOEGLIJKE NAAMWOORDEN
- IK, JIJ, HIJ/ZIJ
- O.T.T. IN DE 1E, 2E EN 3E PERSOON ENKELVOUD VAN:
  - WERKWOORDEN OP *-AR* (*HABLAR* EN HET WEDERKERENDE *LLAMARSE*)
  - HET ONREGELMATIGE *SER*

HOE HEET JE?

– Hallo, schoonheid.

– Dag [Goede dagen].

– Ík ben Paco. En jij, hoe heet jij [(jij) je noemt]?

– Ik heet [(ik) me noem] Laura.

– Laura, wat (een) mooie naam... En waar kom je vandaan [van waar (jij) bent], Laura?

– (Ik) ben Franse.

– Franse? Maar... (jij) spreekt heel goed Spaans!

– Ja, (ik) spreek Frans en ook Spaans.

– Wat is het leuk om verschillende talen te spreken [mooi is spreken talen]...

– Ik ben geboren in Parijs, maar mijn moeder is Spaanse.

– O, Parijs, wat (een) mooie stad... Zeg[me], Laura, studeer (jij) of werk (jij)?

– (Ik) werk. (Ik) ben lerares. Wat (een) mooi beroep, (niet)waar?

Voor een beter begrip van de Spaanse zinsstructuur:

(...) → letterlijke vertaling

[...] → toevoeging die nodig is in het Nederlands.

🔊 03   ¿CÓMO TE LLAMAS?

– Hola, guapa.

– Buenos días.

– Yo soy Paco. Y tú, ¿cómo te llamas?

– Me llamo Laura.

– Laura, qué bonito nombre… ¿Y de dónde eres, Laura?

– Soy francesa.

– ¿Francesa? Pero… ¡hablas muy bien español!

– Sí, hablo francés y también español.

– Qué bonito es hablar idiomas…

– Nací en París pero mi madre es española.

– Ah, París, qué bonita ciudad… Dime, Laura, ¿estudias o trabajas?

– Trabajo. Soy profesora. Qué bonita profesión, ¿verdad?

DE DIALOOG BEGRIJPEN
BEGROETINGEN

→ **Hola,** *hallo* is een courante, informele begroetingsvorm.
→ **Buenos días,** *(goeden)dag, goedemorgen* is gebruikelijk tot rond de middag.
→ **Buenas tardes,** *goede(na)middag/goedenavond* wordt gezegd van 's middags tot valavond.
→ **Buenas noches,** *goedenavond/-nacht* is van toepassing als begroeting 's avonds en om iemand *welterusten* te wensen.

Deze basisbegroetingen kunnen uitgebreid of ingekort worden:

Standaard	Uitgebreid	Ingekort
¡Hola!		
¡Hola, buenos días!	¡Muy buenos días!	
¡Hola, buenas tardes!	¡Muy buenas tardes!	¡Buenas! of ¡Muy buenas! (waarbij **tardes** of **noches** weggelaten wordt)
¡Hola, buenas noches!	¡Muy buenas noches!	

VRAAG- EN UITROEPTEKENS

Let op de dubbele interpunctie bij een vraag **¿...?** of uitroep **¡...!** Deze tekens kunnen ook binnen een zin staan, voor en achter het zinsdeel dat de vraag of uitroep uitdrukt: **Dime, Laura, ¿estudias o trabajas?**

NEE, NIET, GEEN

Ja = **sí** en **no** = *nee*.
De ontkennende vorm van een werkwoord wordt gevormd met **no** ervoor: **Trabajo**, *Ik werk* → **No trabajo**, *Ik werk niet;* **Soy profesora**, *Ik ben lerares* → **No soy profesora**, *Ik ben geen (Niet ben) lerares*.
Alvast een paar uitdrukkingen om te zeggen dat je akkoord gaat... of niet: **es verdad**, *het is waar;* **es mentira**, *het is een leugen;* **bueno, de acuerdo**, *goed, akkoord*.

CULTURELE INFO

Hoewel men in veel situaties elkaar met de jij-vorm aanspreekt, is het in het begin beter om tegenover een onbekende of een ouder iemand de beleefdheidsvorm te gebruiken. Bij het begroeten van kennissen en vrienden wordt een meisje/vrouw gekust, kussen zij elkaar (een kus op beide wangen) en schudden mannen elkaar de

hand of, hartelijker, geven die elkaar een *schouderklopje* (**palmada**) of *omhelzing* (**abrazo**). Daarnaast zijn er de vele gemoedelijke verbale tekenen van affectie en complimentjes: **guapo/a**, **hermoso/a**, *schoonheid, knapperd*; **precioso/a**, *"kostbare"*; **cariño**, *liefste* of zelfs **mi alma**, *mijn ziel*: **¡Buenos días, mi alma!**
Voornamen hebben vaak een verkorte of vleivorm, bijvoorbeeld: **Francisco** → **Paco** (of **Pancho** in Mexico), **José** → **Pepe**, **Dolores** → **Lola**, **Ignacio** → **Nacho**.

GRAMMATICA
GESLACHT EN GETAL VAN ZELFSTANDIGE EN BIJVOEGLIJKE NAAMWOORDEN

Geslacht:
• In het Spaans zijn woorden altijd mannelijk of vrouwelijk (onzijdig bestaat niet).
Zelfstandige naamwoorden die eindigen op **-o** zijn meestal mannelijk, die op **-a** meestal vrouwelijk, maar in de dialoog stonden al de eerste uitzonderingen: **día**, *dag* en **idioma**, *taal* zijn mannelijk!
Beroepsnamen op **-or** voegen **-a** toe in de vouwelijke vorm: **profesor/profesora**.
• Het geslacht kennen, is belangrijk omdat bijvoeglijke naamwoorden zich richten naar het zelfstandig naamwoord waar ze bij staan:
adjectieven op **-o** eindigen in de vrouwelijke vorm op **-a**: **bonito/bonita**.

Getal:
• De meervoudsuitgang is **-s** bij woorden die eindigen op een klinker: **día** → **días**; **nombre** → **nombres**.

NATIONALITEITEN EN TALEN

• Nationaliteitsadjectieven op **-o** eindigen in de vrouwelijke vorm op **-a**: **chino/china**, *Chinees/Chinese;* **italiano/italiana**, *Italiaan/Italiaanse*.
• Die op een andere klinker dan **-o** zijn onveranderlijk: **belga**, *Belg/Belgische*, **estadounidense**, *Amerikaan/-se* (eig. *"uit de Verenigde Staten"*).
• Die op een medeklinker voegen de vrouwelijke uitgang **-a** toe: **español/española**.
• Sommige verliezen het geschreven accent in de vrouwelijke vorm: **holandés/holandesa**, *Nederlander/Nederlandse;* **alemán/alemana**, *Duitser/Duitse;* **francés/francesa**, *Fransman/Fran(çai)se;* **inglés/inglesa**, *Engelsman/Engelse*.
Merk op dat er geen hoofdletter gebruikt wordt, ook niet bij een taal: **español**, *Spaans;* **holandés/neerlandés**, *Nederlands;* **profesor de inglés**, *leraar Engels*.

PERSOONLIJKE VOORNAAMWOORDEN IN DE 1E, 2E, 3E PERS. EV.

yo, *ik*
tú, *jij, je*
el, *hij* - **ella**, *zij, ze*

Het persoonlijk voornaamwoord wordt meestal weggelaten vóór een werkwoord: **Soy belga**, *Ik ben Belg(ische)*, tenzij om te benadrukken: **Yo soy belga y tú eres holandés**, *Ík ben Belg(ische) en jij bent Nederlander*. Zo ook wanneer men iemand voorstelt: **Él es Antonio y ella es Carmen**, *Dit (Hij) is Antonio en dit (zij) is Carmen*.

▲ VERVOEGING
O.T.T. 1E, 2E EN 3E PERS. EV. VAN *SER* EN WERKWOORDEN OP *-AR*

We zagen het onregelmatige werkwoord **ser**, *zijn* en een aantal werkwoorden waarvan de infinitief eindigt op **-ar**: **hablar**, *spreken*; **estudiar**, *studeren*; **trabajar**, *werken*; het wederkerende **llamarse**, *heten ("zich noemen")*. Ziehier de vervoeging van drie ervan in de onvoltooid tegenwoordige tijd (o.t.t.) of **presente** in de 1e, 2e en 3e persoon enkelvoud:

hablar, *spreken*	**llam**ar**se**, *heten*	**ser**, *zijn*
hablo, *ik spreek*	**me llam**o, *ik heet*	**soy**, *ik ben*
hablas, *je spreekt*	**te llam**as, *je heet*	**eres**, *je bent*
habla, *hij/ze/het spreekt*	**se llam**a, *hij/ze/het heet*	**es**, *hij/ze/het is*

De vorm **nací**, *ik ben geboren* is een verleden tijd, die in module 19 aan bod komt; **dime**, *zeg me* is een imperatief, die in module 4 en 18 behandeld wordt.

● OEFENINGEN

De oefeningen waarbij een geluidsfragment hoort, worden aangeduid met het pictogram 🔊. De Spaanse tekst hiervan is terug te vinden is het gedeelte "Oplossingen van de oefeningen" vanaf p. 277. Beluister eerst de opname en beantwoord dan de vraag.

🔊 **1. BELUISTER DE ZINNEN: WAT BETEKENEN ZE? VINK HET JUISTE ANTWOORD AAN:**

03
a. ☐ Is ze Spaanse? – ☐ Ben je Spaanse?

b. ☐ Je bent Duitse – ☐ Hij is Duitser.

c. ☐ Ik ben Fran(çai)se. – ☐ Ik ben Fransman.

d. ☐ Ik spreek geen Engels. – ☐ Je spreekt geen Engels.

e. ☐ Ik spreek Italiaans – ☐ Hij/Zij spreekt Italiaans.

WOORDENSCHAT

Deze rubriek bevat de belangrijkste woorden en uitdrukkingen uit de dialoog.

hola *hallo, hoi*
guapo/guapa *knapperd/schoonheid; knap, aantrekkelijk*
bueno/a *goed*
día (el) *dag*
ser *zijn*
y *en*
¿cómo…? *hoe…?*
llamarse *heten* (lett. *zich noemen*)
¡qué…! *wat ('n) …!*
bonito/a *mooi*
nombre (el) *(voor)naam*
¿de dónde…? *waar … vandaan?* (lett. *van waar…*)
francés (el) / francesa (la) *Frans, Fransman / Fran(çai)se*
pero *maar*
hablar *spreken*
muy *heel*
bien *goed*
español (el) / española (la) *Spaans, Spanjaard / Spaanse*
sí *ja*
también *ook*
idioma (el) *taal*
nacer *geboren zijn*
madre (la) *moeder*
ciudad (la) *stad*
decir *zeggen*
estudiar *studeren*
o *of*
trabajar *werken*
profesor (el) / profesora (la) (**profe** in studententaal) *leraar/lerares*
profesión (la) *beroep*
verdad (la) *waarheid;* **¿verdad?** *nietwaar?*

2. JUIST OF FOUT? BELUISTER DE OPNAME EN DUID AAN WAT *VERDAD* OF *MENTIRA* IS:

03 De dialoogteksten van de oefeningen staan in het gedeelte "Oplossingen van de oefeningen" vanaf p. 277.

	verdad (= V)	mentira (= M)
a. Ella se llama Lola.		
b. Es inglesa.		
c. Es francesa.		
d. Él se llama Pedro.		
e. Es inglés.		
f. Es de Nueva York.		
g. Es español.		
h. Es profesor de español.		
i. Habla chino.		

3. ZET IN DE VROUWELIJKE VORM:

a. El profesor es guapo. →

b. Es alemán. →

c. No soy estadounidense. →

d. ¿Eres chino o belga? →

4. WELKE VRAGEN LEIDEN TOT ONDERSTAANDE ANTWOORDEN?

a. Soy de Madrid. →

b. Me llamo Pepe. →

c. Sí, hablo español. →

d. No, no trabajo en España. →

5. VERTAAL DE VOLGENDE ZINNEN:

a. Goedendag, ik heet Pedro en ik ben leraar Spaans. →

b. Goedenacht, schoonheid. →

c. Ik ben geboren in Parijs, maar ik ben Spaanse. →

d. Ik spreek heel goed Frans en ook Duits. →

e. Ík ben Lola, en jij? →

1. Goedendag

2.
WIE BEN IK?
¿QUIÉN SOY?

DOELSTELLINGEN	BEGRIPPEN

- EENVOUDIGE VRAGEN STELLEN OVER NAAM, WOONPLAATS, GEZIN, BEROEP, LEEFTIJD ENZ.
- DEZE VRAGEN BEANTWOORDEN
- TELLEN TOT 100
	- TELWOORDEN
	- VRAGEN STELLEN
	- KLEMTOON EN ACCENTTEKEN
	- BEPAALD EN ONBEPAALD LIDWOORD IN HET ENKELVOUD
	- *SER* EN *ESTAR* (INLEIDING)
	- O.T.T. IN DE 1E, 2E EN 3E PERSOON ENKELVOUD VAN:
	  - WERKWOORDEN OP *-IR*
	  - HET ONREGELMATIGE *ESTAR, TENER, HACER, VER*

RAADSEL

– Raad wie ik ben! Je hebt echt op zes vragen.

– Ben je een vrouw?

– Ja, mijn personage is een vrouw, Spaanse zoals ik.

– Waar woon [leef] je?

– Ik woon in Madrid, maar ik heb verschillende huizen in Spanje.

– Gefeliciteerd! Ben je getrouwd?

– Ja, ik ben getrouwd.

– Zeg eens [me], hoe oud ben je [welke leeftijd heb (jij)]?

– Ik ben vierenveertig [(Ik) Heb veertig en vier jaren].

– Even kijken [Te zien]… Hoeveel kinderen heb je?

– Ik heb twee dochters, van elf en negen [jaren].

– En wat doe je zoal [aan wat (jij) je wijdt]?

– Ik ben journaliste, maar sinds een paar jaar [maakt verschillende jaren dat]… heb ik geen [niet heb] werk.

– Wat jammer… De werkloosheid, niet?

– Nee, niet echt [exact].

– Natuurlijk! Jouw man heeft een goede baan en jij bent huisvrouw, is [het] dat?

– Eigenlijk [In waarheid] is het dat niet, maar je hebt maar recht op zes vragen!

– Ik geeft (het) op…

– Ik ben… Letizia Ortiz Rocasolano, de koningin van Spanje!

04 ADIVINANZA

– ¡Adivina quién soy! Tienes derecho a seis preguntas.

– ¿Eres una mujer?

– Sí, mi personaje es una mujer, española como yo.

– ¿Dónde vives?

– Vivo en Madrid, pero tengo varias casas en España.

– ¡Enhorabuena! ¿Estás casada?

– Sí, estoy casada.

– Dime, ¿qué edad tienes?

– Tengo cuarenta y cuatro años.

– A ver… ¿Cuántos hijos tienes?

– Tengo dos hijas, de once y nueve años.

– ¿Y a qué te dedicas?

– Soy periodista, pero hace varios años que… no tengo trabajo.

– Qué lástima… El desempleo, ¿no?

– No, no exactamente.

– ¡Claro! Tu marido tiene un buen empleo y tú eres ama de casa, ¿es eso?

– En verdad, no es eso, pero ¡solo tienes derecho a seis preguntas!

– Abandono…

– Soy… ¡Letizia Ortiz Rocasolano, la reina de España!

■ DE DIALOOG BEGRIJPEN
BEROEP

→ **¿A qué te dedicas?**, eigenlijk *Aan wat wijd je je?*, is de gebruikelijke vraag om naar iemands beroepsbezigheden te informeren. Er is ook **¿En qué trabajas?**, *In welke sector (wat) werk je?*

→ Hierop antwoorden kan met **Soy...**, *Ik ben...* **agricultor/a**, *landbouwer/ster*; **funcionario/a**, *ambtenaar* (m./v.); **empleado/a**, *(kantoor)bediende* (m./v.) etc. of met **Trabajo en...**, *Ik werk in... ***la enseñanza**, *het onderwijs*; **el comercio**, *de handel* etc.

→ Weet dat beroepsnamen op **-ista** onveranderlijk zijn: **un/una periodista**, *een journalist/e*. Onthoud ook een term die helaas veel Spanjaarden raakt, **el desempleo**, *de werkloosheid*: **Estoy desempleado/a**, *Ik ben werkloos* (m./v.).

LEEFTIJD EN TELWOORDEN

In de dialoog stond **¿Qué edad tienes?**; ook mogelijk is **¿Cuántos años tienes?**, letterlijk *Hoeveel jaren heb je?* Houd er bij een schriftelijk antwoord rekening mee dat getallen van 0 tot 29 in één woord geschreven worden, maar dat vanaf 30 het tiental + **y** *(en)* + eenheid in drie woorden geschreven wordt en wel in die volgorde!

0 **cero**	10 **diez**	20 **veinte**	30 **treinta**
1 **uno***	11 **once**	21 **veintiuno**	31 **treinta y uno**
2 **dos**	12 **doce**	22 **veintidós**	32 **treinta y dos ...**
3 **tres**	13 **trece**	23 **veintitrés**	40 **cuarenta**
4 **cuatro**	14 **catorce**	24 **veinticuatro**	50 **cincuenta**
5 **cinco**	15 **quince**	25 **veinticinco**	60 **sesenta**
6 **seis**	16 **dieciséis**	26 **veintiséis**	70 **setenta**
7 **siete**	17 **diecisiete**	27 **veintisiete**	80 **ochenta**
8 **ocho**	18 **dieciocho**	28 **veintiocho**	90 **noventa**
9 **nueve**	19 **diecinueve**	29 **veintinueve**	100 **cien**

* **Uno** wordt **un** vóór een mannelijk enkelvoud: **un solo país**, *één enkel land*.
Over getallen groter dan 100 hebben we het in module 8.

CULTURELE INFO

Een Spaans grapje: er wordt aangeklopt: "Wie is daar?" – "Antonio de Todos los Santos Fernandez Gutierrez." – "Kom binnen, en de laatste sluit de deur!".

Waarom hebben Spanjaarden zo'n lange naam? Wel, **el apellido**, *de familienaam* bestaat officieel uit twee namen: die van de vader en daarna die van de moeder, bv. Ortiz Rocasolano. In de omgang wordt vaak slechts een van de twee gebruikt, doorgaans die van de vader, maar niet altijd! Soms verkiest men de tweede, misschien omdat ie origineler is, bv. Picasso, Ruiz Picasso voor de burgerlijke stand. Zou hij dankzij die "langere" naam even succesvol geworden zijn?

◆ GRAMMATICA

VRAGEN STELLEN

Van een bevestigende zin een vraag maken, kan door de intonatie aan te passen of door hem in te leiden met een omgekeerd vraagteken en af te sluiten met een gewoon vraagteken: **Eres una mujer.** *Je bent een vrouw.* → **¿Eres una mujer?** *Ben je een vrouw?*

Daarnaast kan er gebruik gemaakt worden van vraagwoorden:

¿Dónde vives? *Waar woon je?*; **¿De dónde eres?** *Waar kom je vandaan?*
¿Quién eres? *Wie ben je?*
¿Qué es eso? *Wat is dat?*
¿Cómo te llamas? *Hoe heet je?*
¿Cuántos hijos tienes? *Hoeveel kinderen/zonen heb je?*, maar **¿Cuántas hijas tienes?** *Hoeveel dochters heb je?* **Cuánto** past zich dus in geslacht en getal aan.

KLEMTOON EN ACCENTTEKEN

In de inleiding gaven we de regels voor het beklemtonen van een bepaalde lettergreep in een meerlettergrepig woord:
– eindigt een woord op een medeklinker (behalve **n** of **s**), dan wordt de laatste lettergreep beklemtoond: **ha**blar, **espa**ñol, **ciu**dad
– eindigt een woord op een klinker, een **n** of **s**, dan wordt de voorlaatste lettergreep beklemtoond: **rei**na, **i**diomas, **Car**men
– in de andere gevallen duidt een accentteken de te beklemtonen lettergreep aan: **holandés**, **alemán**, **Ángela**.

Een accentteken wordt in nog twee andere gevallen geschreven:
– in vraagwoorden: **¿Dónde…? ¿Quién…? ¿Qué…? ¿Cómo...?**
– om homoniemen van elkaar te onderscheiden: **tu marido**, *jouw man*; **tú eres ama de casa**, *jij bent huisvrouw.*

BEPAALD EN ONBEPAALD LIDWOORD IN HET ENKELVOUD

Let erop dat er in het Spaans verschillende vormen zijn voor mannelijk en vrouwelijk, en dat er geen onzijdige vorm bestaat:

un empleo, *een baan*   **el desempleo**, *de werkloosheid*
una mujer, *een vrouw*   **la reina**, *de koningin*.

TWEE WERKWOORDEN VOOR "ZIJN"

Zijn kan met twee werkwoorden weergegeven worden: **ser** en **estar**. We zullen de verschillen tussen beide geleidelijk aan behandelen; dit zijn de basisregels:

- **ser** is van toepassing vóór een naam of zelfstandig naamwoord: **Soy Paco**, *Ik ben Paco* ; **Es una mujer**, *Het is een vrouw* ; **Es ama de casa**, *Ze is huisvrouw*.
- **ser** staat vóór een bijvoeglijk naamwoord om essentiële, inherente eigenschappen mee te geven, bv. iemands identiteit, nationaliteit: **Soy español**, *Ik ben Spanjaard*.
- met **ser de** wordt oorsprong uitgedrukt: **Eres de Sevilla**, *Je komt [bent] uit Sevilla*.
- **estar** staat vóór een bijvoeglijk naamwoord om iemands toestand, wat hem overkomt op een bepaald ogenblik uit te drukken: **Estoy desempleado**, *Ik ben werkloos* (m.); **Estoy casada**, *Ik ben getrouwd* (v.), waarbij het huwelijk een "burgerlijke (toe)stand" is.

▲ VERVOEGING

O.T.T. 1E, 2E EN 3E PERS. EV. VAN WERKWOORDEN OP *-IR*

In de vorige module hadden we een paar werkwoorden waarvan de infinitief eindigt op **-ar**. Een tweede groep werkwoorden heeft een uitgang op **-ir**. Ziehier hun regelmatige vervoeging in de o.t.t. in de 1e, 2e en 3e persoon enkelvoud:

viv **ir**, *leven/wonen*
viv **o**, *ik leef/woon*
viv **es**, *je leeft/woont*
viv **e**, *hij/ze/het leeft/woont*

O.T.T. 1E, 2E EN 3E PERS. EV. VAN *ESTAR, TENER, HACER, VER*

Helaas zijn er ook in het Spaans onregelmatige werkwoorden en helaas zijn dat ook vaak veel gebruikte werkwoorden, maar net doordat ze veel voorkomen, worden ze makkelijker onthouden!

estar, *zijn*	**tener**, *hebben*	**hacer**, *doen/maken*	**ver**, *zien*
estoy, *ik ben*	**tengo**, *ik heb*	**hago**, *ik doe/maak*	**veo**, *ik zie*
estás, *je bent*	**tienes**, *je hebt*	**haces**, *je doet/maakt*	**ves**, *je ziet*
está, *hij/ze/het is*	**tiene**, *hij/ze/het heeft*	**hace**, *hij/ze/het doet/maakt*	**ve**, *hij/ze/het ziet*

Let op de constructie **hace** + tijd, *sinds ..., het is ... geleden*: **hace varios años**.

WOORDENSCHAT

adivinanza (la) *raadsel*
adivinar *raden*
¿quién? *wie?*
tener *hebben (bezitten)*
derecho (el) *recht*
pregunta (la) *vraag*
mujer (la) *vrouw*
personaje (el) *personage*
como *zoals*
vivir *leven, wonen*
varios/as *verschillende, -scheidene*
casa (la) *huis*
España *Spanje*
¡Enhorabuena! *Gefeliciteerd!*
estar *zijn*
casado/a *getrouwd*
¿qué? *wat?, welk(e)?*
edad (la) *leeftijd, ouderdom*
año (el) *jaar*
a ver... *even kijken...*, van **ver** *zien*
cuánto/a *hoeveel*
hijo/hija *kind, zoon/dochter*
dedicarse a *zich wijden aan*
periodista (el/la) *journalist/e*
hacer *doen, maken*
trabajo (el) *werk*
qué lástima... *wat jammer...*
desempleo (el) *werkloosheid*
no *nee, niet*
exactamente *exact* (bijw.)
¡claro! *natuurlijk!*
marido (el) *man, echtgenoot*
empleo (el) *baan, werkgelegenheid*
ama de casa (la) *huisvrouw*
eso *dat* (aanw. vnw.)
en verdad *eigenlijk*
solo *maar, slechts*
abandonar *opgeven; achter-, verlaten*
rey/reina *koning/koningin*

OEFENINGEN

1. VINK HET GEHOORDE GETAL AAN:

04
a. ☐ 33 – ☐ 36
b. ☐ 6 – ☐ 10
c. ☐ 61 – ☐ 71
d. ☐ 2 – ☐ 12
e. ☐ 18 – ☐ 80

2. BELUISTER DE OPNAME EN VINK HET JUISTE ANTWOORD AAN:

04
a. La mujer que habla se llama Carmen y el hombre se llama…
☐ Paco
☐ Luis
☐ Antonio

b. El apellido del hombre es…
☐ Fernández Ruiz
☐ Ruiz Ortiz
☐ Fernández Ortiz

c. Carmen tiene…
☐ dos hijos
☐ tres hijos
☐ cuatro hijos

d. El marido de Carmen…
☐ es profesor de español
☐ es profesor de inglés
☐ está desempleado

3. HERBELUISTER DE OPNAME EN BEANTWOORD DE VRAGEN:

04
a. ¿Cómo se llama la hija del hombre? →

b. ¿Qué edad tiene? →

c. ¿A qué se dedica? →

d. ¿Dónde vive? →

4. BIJ DE VOLGENDE WOORDEN IS DE KLEMTOON REGELMATIG. ONDERSTREEP DE BEKLEMTOONDE LETTERGREEP:

a. Brasil

b. Ecuador

c. Cuba

d. Buenos Aires

e. voleibol

f. Beatriz

5. BIJ DE VOLGENDE WOORDEN IS DE KLEMTOON ONREGELMATIG. VOEG HET ACCENT TOE OP DE BEKLEMTOONDE LETTERGREEP:

a. cafe

b. futbol

c. menu

d. dolar

e. balon

f. Peru

6. VUL AAN MET DE JUISTE VORM VAN *SER* OF *ESTAR*:

a. Madrid .... una ciudad muy bonita.

b. Felipe VI .... casado con Letizia Ortiz.

c. No tengo trabajo: .... desempleado.

d. No .... funcionario: trabajo en el comercio.

e. Dime, Laura, ¿ .... de Sevilla?

7. VERTAAL DE VOLGENDE ZINNEN:

a. Wat voor werk doet je vrouw? →

b. Hoe oud is de koningin van Spanje? →

c. Ze woont in Madrid, maar ze heeft verschillende huizen. →

d. Even kijken... Op hoeveel vragen heb ik recht? →

e. Raad wie mijn man is. →

3.
HOE GAAT HET?
¿QUÉ TAL?

DOELSTELLINGEN	BEGRIPPEN
• ZEGGEN EN VRAGEN HOE HET GAAT • VERSCHILLENDE BELEEFDHEIDSFORMULES GEBRUIKEN • IEMAND AANSPREKEN IN DE JIJ- EN DE U-VORM	• *DEL* EN *AL* • MEERVOUD VAN LIDWOORDEN, ZELFSTANDIGE EN BIJVOEGLIJKE NAAMWOORDEN • BELEEFDHEIDSVORM • PERSOONLIJKE VOORNAAMWOORDEN ALS ONDERWERP • BEZITTELIJKE VOORNAAMWOORDEN (BIJVOEGLIJK GEBRUIK) • WEDERKERENDE VOORNAAMWOORDEN • O.T.T. VAN WERKWOORDEN OP *-AR* EN VAN *SER, ESTAR, TENER* • IMPERATIEF VAN WERKWOORDEN OP *-AR*

DE NIEUWE LERAAR

– Goeiedag, ik ben [de] mevrouw del Pino, jullie nieuwe lerares [van] wiskunde. Hoe gaat het?

– Keigoed [(we) zijn goddelijk], dank u!

– Dat doet me plezier [Me pleziert].

– Hallo, ik ben Pedro, de klasvertegenwoordiger [afgevaardigde van de leerlingen].

– Aangename kennismaking [Veel genoegen].

– In naam van (ons) allen, welkom in onze middelbare school.

– Bedankt [aan] allemaal. Goed, en nu stilte! Ik voel me niet optimaal [Ben middelmatig] en ik ben niet in een [van] goed humeur.

– Voel je je niet [Niet bent] goed? Roepen we [aan] de verpleegster?

– Nee, bedankt. O, één ding, spreek me aan met u, oké? En de anderen ook, spreken jullie me aan met u.

– Maar u spreekt ons aan met jij…

– Ik spreek jullie aan met jij omdat ík [de] lerares ben en júllie [de] leerlingen zijn, begrepen?

– Oké, afgesproken…

– Nog iets [Andere zaak]: [de] kauwgommen en [de] mobiele (telefoons) zijn verboden.

– En waarop [op wat] hebben we dan recht?

– Jullie hebben recht op studeren. Ja, ik ben een lerares van de oude stempel [op het ouderwetse], het spijt me.

05 EL NUEVO PROFE

– Buenas, soy la señora del Pino, vuestra nueva profesora de matemáticas. ¿Qué tal?

– ¡Estamos divinamente, gracias!

– Me alegro.

– Hola, soy Pedro, el delegado de los alumnos.

– Mucho gusto.

– En nombre de todos, bienvenida a nuestro instituto.

– Gracias a todos. Bueno, ¡y ahora silencio! Estoy regular y no estoy de buen humor.

– ¿No estás bien? ¿Llamamos a la enfermera?

– No, gracias. Ah, una cosa, trátame de usted, ¿vale? Y los demás también, tratadme de usted.

– Pero usted nos trata de tú…

– Os trato de tú porque yo soy la profesora y vosotros sois los alumnos, ¿entendido?

– Bueno, vale…

– Otra cosa: están prohibidos los chicles y los móviles.

– ¿Y a qué tenemos derecho entonces?

– Tenéis derecho a estudiar. Sí, soy una profesora a la antigua, lo siento.

■ DE DIALOOG BEGRIJPEN

→ **Mucho gusto** of **tanto gusto** zijn gebruikelijke formules bij een eerste ontmoeting, vergelijkbaar met *aangenaam, aangename kennismaking*. Ook mogelijk zijn **encantado/encantada,** lett. "verblijd", gezegd door een man resp. vrouw.

→ Het werkwoord **alegrarse,** lett. *zich verheugen,* wordt vaak gebruikt: **¿Qué tal? – Muy bien. – Me alegro,** *Hoe gaat het? – Heel goed. – Dat doet me plezier*; **Hola, Paco, me alegro de verte,** *Hallo, Paco, blij je te zien*.

→ **Gracias** staat voor *dank u, dank je* en *bedankt;* **muchas gracias,** *wel bedankt*.

→ Met **¿Qué tal?** *Hoe gaat het?* wordt gevraagd hoe iemand het maakt. Het kan eenvoudig beantwoord worden: **muy mal,** *heel slecht;* **mal,** *slecht;* **regular,** *middelmatig;* **bien,** *goed;* **muy bien,** *heel goed*; of origineler: **fatal,** *verschrikkelijk;* **tirando,** *het gaat wel;* **ni fu ni fa,** *goed noch slecht;* **estupendamente, divinamente, fenomenal,** *"fantastisch"*. Het werkwoord dat in vraag en antwoord past, is **estar** (→ huidige toestand): **¿Cómo estás?** *Hoe maak je het?* – **Estoy fatal,** *Het gaat echt niet goed met me;* **¿Qué tal está tu marido?** *Hoe gaat het met je man?* – **Está estupendamente,** *Hij maakt het super goed*.

CULTURELE INFO

Jij of u? In Spanje wordt vlot getutoyeerd: onder leraren en leerlingen, op het werk of op straat. Door deze informele omgang wordt een zin minder systematisch afgesloten met **señor,** *meneer* of **señora,** *mevrouw*. Tegenover, bijvoorbeeld, een ouder iemand is ook **don/doña** + voornaam gebruikelijk: **Buenos días, don Miguel,** *Dag/Goedemorgen, meneer Miguel*; **Buenas tardes, doña Elena,** *Goedemiddag/Goedenavond, mevrouw Elena*. Alles hangt af van de omstandigheden en personen. Ongedwongenheid wordt geapprecieerd, maar niemand wil als **maleducado,** *ongemanierd* (lett. *slecht opgevoed*) overkomen!

◆ GRAMMATICA
SAMENTREKKINGEN MET HET LIDWOORD *EL*

Het lidwoord **el** (mannelijk enkelvoud) wordt samengetrokken:
- met het voorzetsel **de**: **de** + **el** = **del**, bv. **el profesor del instituto**, *de leraar van de middelbare school*;
- met het voorzetsel **a**: **a** + **el** = **al**, bv. **Llamamos al enfermero**, *We roepen de verpleger*. Merk op dat wanneer het lijdend voorwerp een persoon is, daar het voorzetsel **a** moet vóór staan.

MEERVOUD VAN LIDWOORDEN, ZELFSTANDIGE EN BIJVOEGLIJKE NAAMWOORDEN

- **el** (m. ev.) - **los** (m. mv.) en **la** (v. ev.) - **las** (v. mv.): **los alumnos y las alumnas**, *de leerlingen* (mannelijk en vrouwelijk).
- naamwoorden die eindigen op een klinker voegen een **-s** toe (zie Module 1): **una casa bonita**, *een mooi huis* → **dos casas bonitas**, *twee mooie huizen*;
bij naamwoorden die uitgaan op een medeklinker is dat **-es**: **el móvil** → **los móviles**.
Denk eraan dat een bijvoeglijk naamwoord zich in getal én geslacht richt naar het zelfstandig naamwoord waar het bij hoort!

BELEEFDHEIDSVORM (*TRATAMIENTO DE USTED*)

In het Spaans wordt de beleefdheidsvorm uitgedrukt in de 3e pers., zoals vroeger aan het hof: "Wenst Zijne/Hare Majesteit dat ik hem/haar zijn/haar ontbijt breng?".
Usted (samentrekking van **vuestra merced**, *uw genade*) is het persoonlijk voornaamwoord *u* in het enkelvoud: **¿Habla usted español?** *Spreekt u Spaans?*; **Gracias a usted**, *Dank [aan] u*. Er bestaat dus ook een meervoudsvorm (die we in de vervoegingstabellen niet opnemen): **¿Cómo está usted, señora?** *Hoe maakt u het, mevrouw?* → **¿Cómo están ustedes, señoras?** *Hoe maakt u het, dames?*

PERSOONLIJKE VOORNAAMWOORDEN ALS ONDERWERP EN BIJVOEGLIJK GEBRUIKTE BEZITTELIJKE VOORNAAMWOORDEN

Persoonlijk voornaamwoord - onderwerp	Bezittelijk voornaamwoord - bijvoeglijk gebruik
yo, *ik*	**mi - mis**, *mijn* (ev. - mv.)
tú, *jij, je*	**tu - tus**, *jouw, je* (ev. - mv.)
él/ella, *hij / zij, ze*	**su - sus**, *zijn/haar* (ev. - mv.)
nosotros/nosotras, *wij, we* (m./v.)	**nuestro/a - nuestros/as**, *onze, ons* (m./v. ev. - m./v. mv.)
vosotros/vosotras, *jullie* (m./v.)	**vuestro/a - vuestros/as**, *jullie* (m./v. ev. - m./v. mv.)
ellos/ellas, *zij, ze* (m./v.)	**su - sus**, *hun* (ev. - mv.)
usted/ustedes, *u* (ev./mv.)	**su - sus**, *uw* (ev. - mv.)

▲ VERVOEGING
O.T.T. VAN WERKWOORDEN OP *-AR* EN WEDERKERENDE VOORNAAMWOORDEN

Ziehier de volledige vervoeging in de onvoltooid tegenwoordige tijd van werkwoorden met een infinitief op **-ar**, met ook een voorbeeld van een wederkerend werkwoord, waardoor meteen ook de wederkerende voornaamwoorden geleerd worden:

llamar, roepen	alegrarse, zich verheugen
llamo, ik roep llamas, je roept llama, hij/ze/het/u roept llamamos, we roepen llamáis, jullie roepen llaman, ze roepen	me alegro, ik verheug me te alegras, je verheugt je se alegra, hij/zij/het/u verheugt zich nos alegramos, we verheugen ons os alegráis, jullie verheugen je se alegran, ze verheugen zich

O.T.T. VAN *SER* EN *ESTAR*

Beide werkwoorden zijn onregelmatig: **ser** volledig; **estar** in de 1e pers. ev. en door het klemtoonteken in de 2e en 3e pers. ev. en 3e pers. mv.:

ser, zijn	estar, zijn
soy, ik ben eres, je bent es, hij/ze/het/u is somos, we zijn sois, jullie zijn son, ze zijn	estoy, ik ben estás, je bent está, hij/ze/het/u is estamos, we zijn estáis, jullie zijn están, ze zijn

O.T.T. VAN *TENER*, EEN ONREGELMATIG WERKWOORD

Tener, *hebben* in de betekenis van "bezitten", vertoont verschillende onregelmatigheden waarover we het ook later nog zullen hebben.

tener, hebben
tengo, ik heb tienes, je hebt tiene, hij/ze/het/u heeft tenemos, we hebben tenéis, jullie hebben tienen, ze hebben

IMPERATIEF VAN WERKWOORDEN OP *-AR*

Als model voor het vormen van de imperatief (gebiedende wijs) van werkwoorden op **-ar** nemen we **hablar**:
habla, *spreek* en
hablad, *spreken jullie.*
Merk op dat in het Spaans het persoonlijk voornaamwoord vastgeschreven wordt aan de werkwoordsvorm: **trátame de tú**; *tutoyeer me*; **tratadme de usted**; *vousvoyeren jullie me*.

WOORDENSCHAT

nuevo/a *nieuw*
señor/señora *meneer/mevrouw*
matemáticas (las, mv.l) *wiskunde*
¿qué tal? *hoe gaat het?*
divinamente *goddelijk (goed)*
gracias *dank u/je, bedankt*
alegrarse *zich verheugen, verblijden, blij zijn dat,...*
delegado/delegada *afgevaardigde*
alumno/alumna *leerling/e*
mucho gusto *aangenaam*
en nombre de *in naam van*
todo/a *alle*
bienvenido/a *welkom*
instituto (el) *middelbare school*
bueno (tussenw.) *goed, oké enz.*
ahora *nu*
silencio (el) *stilte*
regular *(middel)matig* (of *regelmatig*)
humor (el) *humeur* (ook *humor*)
llamar *roepen*
enfermero/enfermera *verpleger/ verpleegster*
cosa (la) *zaak, ding*
tratar de usted/tú *aanspreken met u/jij* (**tratar** *behandelen*)
vale *oké, afgesproken enz.*
los/las demás *de andere(n), de rest*
porque *omdat*
¿entendido? *begrepen?*, van **entender** *verstaan, begrijpen*
otro/a *ander/e*
prohibido *verboden*
chicle (el) *kauwgom*
móvil (el) *mobiele telefoon*
entonces *dan*
antiguo/a *antiek, ouderwets*
lo siento *het spijt me*

OEFENINGEN

1. BELUISTER DE OPNAME EN VINK DE IN DE ZINNEN GEBRUIKTE *TRATAMIENTO* AAN:

05
a. ☐ de tú – ☐ de usted
b. ☐ de tú – ☐ de usted
c. ☐ de tú – ☐ de usted
d. ☐ de tú – ☐ de usted

2. BELUISTER DE OPNAME EN VINK HET JUISTE ANTWOORD AAN:

05
a. Los personajes son...
☐ dos alumnos
☐ dos enfermeros
☐ dos profesores

b. En el instituto, tratan de usted a...
☐ los alumnos
☐ los profesores
☐ la enfermera

c. En el instituto están prohibidos...
☐ solo los chicles
☐ solo los móviles
☐ los chicles y los móviles

3. HERBELUISTER DE OPNAME EN DUID AAN WAT *VERDAD* OF *MENTIRA* IS:

	verdad	mentira
a. Ángela es alemana.		
b. Es profesora de alemán.		
c. Está fatal.		
d. Pedro es nuevo en el instituto.		
e. Pedro trata a Ángela de usted.		
f. Los alumnos españoles son maleducados.		

4. VUL AAN MET DE JUISTE VORM VAN *SER* OF *ESTAR*:

a. ¿Qué tal estáis? – .... muy bien, gracias.

b. ¿Está usted de mal humor? – Sí, ... de muy mal humor.

c. ¿Eres la profesora? – No, ... la enfermera.

d. ¿Quiénes sois? – .... los alumnos de la señora del Pino.

5. ZET ZINNEN IN HET ENKELVOUD OM IN ZINNEN IN HET MEERVOUD EN OMGEKEERD:

a. Los delegados no están de buen humor. →

b. La ciudad es bonita. →

c. La mujer no es solo ama de casa. →

d. Son las casas de los nuevos profesores. →

6. ZET DE VRAGEN IN DE BELEEFDHEIDSVORM:

a. ¿Cómo te llamas? →

b. ¿Dónde vives? →

c. ¿A qué te dedicas? →

d. ¿De dónde eres? →

7. VERTAAL DE VOLGENDE ZINNEN:

a. Bent ú de nieuwe verpleegster van de middelbare school? →

b. Spreek me aan met u, en de anderen ook, begrepen? →

c. Wie is jullie afgevaardigde? →

d. Het spijt me, het is verboden. →

4.
ALSTUBLIEFT...
POR FAVOR...

DOELSTELLINGEN

- VRAGEN EN ANTWOORDEN BELEEFD FORMULEREN
- EEN VRAAG BEVESTIGEND BEANTWOORDEN
- BEDANKEN EN EEN BEDANKING BEANTWOORDEN
- ZICH VERONTSCHULDIGEN

BEGRIPPEN

- BIJZONDERHEDEN OVER LIDWOORDEN
- PERSOONLIJKE VOORNAAMWOORDEN ALS LIJDEND OF MEEWERKEND VOORWERP
- VOORNAAMWOORDEN IN DE BELEEFDHEIDSVORM
- WERKWOORDEN MET STAMKLINKERWISSEL (INLEIDING)
- O.T.T. VAN *IR*

DE VERVELENDE BUURMAN

– Goeiedag, ik stel me voor: ik ben uw nieuwe buurman.

– Hallo, aangenaam, waarmee [in wat] kan ik u helpen?

– Een kleinigheid [Is weinig ding]… Kunt u me een beetje [weinig van] koffie lenen, alstublieft [voor gunst]?

– Ja, natuurlijk, hier hebt u de koffie.

– U bent heel vriendelijk, dank u en verontschuldigt u (me).

– Geen dank!

(Vijf minuten later)

– Pardon, het spijt me, ík ben (het) nogmaals [andere keer].

– Kan ik u met iets anders helpen?

– U zal [gaat te] denken dat ik heel vervelend ben, maar ik heb geen [niet heb] melk in huis, kunt u…?

– Uiteraard, hier hebt u de melk.

– Wel bedankt, en excuseert u (me).

– Geen probleem, tot uw dienst [om dienen-u].

(Twee minuten later)

– Man (toch), de buurman!

– Euh… mag ik u opnieuw storen?

– Goed, we gaan [te] elkaar tutoyeren, oké?

– Ja, 't is de derde keer dat we praten in vijf minuten, excuseer!

– Wat wil je nu? Even kijken, ik zal [ga te] het raden… Je hebt geen suiker, is het dat?

– Gefeliciteerd, buurvrouw…

– Komaan [Loop], kom binnen [passeer], ík nodig je uit om een koffie te nemen.

🔊 06   EL VECINO PESADO

– Buenas, me presento: soy su nuevo vecino.

– Hola, encantada, ¿en qué puedo ayudarle?

– Es poca cosa… ¿Puede usted prestarme un poco de café, por favor?

– Sí, claro, aquí tiene el café.

– Es usted muy amable, gracias y disculpe.

– ¡No hay de qué!

(Cinco minutos después.)

– Perdón, lo siento, soy yo otra vez…

– ¿Le puedo ayudar en otra cosa?

– Va a pensar que soy muy pesado, pero no tengo leche en casa, ¿puede usted…?

– Por supuesto, aquí tiene la leche.

– Muchas gracias, y perdone.

– De nada, para servirle.

(Dos minutos después.)

– Hombre, ¡el vecino!

– Ejem… ¿La puedo molestar de nuevo?

– Bueno, vamos a tutearnos, ¿vale?

– Sí, ¡es la tercera vez que hablamos en cinco minutos, perdona!

– ¿Qué quieres ahora? A ver, lo voy a adivinar… No tienes azúcar, ¿es eso?

– Enhorabuena, vecina…

– Anda, pasa, te invito yo a tomar un café.

DE DIALOOG BEGRIJPEN
BELEEFDHEIDSFORMULES

→ **Perdón** is het tussenwerpsel *pardon, sorry*. Bij de werkwoorden **perdonar**, *vergeven* of **disculpar**, *verontschuldigen* - dus excuseren - moet duidelijk gekozen worden tussen de jij- of de u-vorm: **perdona/disculpa** resp. **perdone/disculpe**. Om zich te excuseren, bv. wanneer men iemand voorbij wil gaan, zeggen Spanjaarden **con permiso**, lett. *met toestemming*.

→ Om vriendelijk iets te vragen, kan gebruikgemaakt worden van het onregelmatige werkwoord **poder**, *kunnen, mogen*: **¿Puedes …?** *Kan je …?*; **¿Puede usted …?**, *Kunt u …?*; **¿Puedo …?**, *Mag ik …?* Het bevestigend antwoord **sí** kan versterkt worden: **sí, claro**, *ja, natuurlijk* of **por supuesto**, *vanzelfsprekend*. Het verzoek kan ingeleid of afgesloten worden met **por favor**, *alstublieft/alsjeblieft*, dat ook wel gebruikt wordt in de betekenis van "graag gedaan" enz.: **Muchas gracias. – Por favor**. Een bedanking beantwoorden kan ook met **de nada** (lett. van niets) of **no hay de qué** (lett. niet er-is van wat). Merk op dat bij het overhandigen van iets niet "alstu-/alsjeblieft" gezegd wordt, maar **aquí tiene/tienes** (lett. *hier hebt u / heb je*): **Aquí tienes tu café**, *Hier is je koffie*.

CULTURELE INFO

De uitroep **¡Hombre!** (lett. *Man!*) wordt veel in de mond genomen, door mannen en vrouwen, en drukt, afhankelijk van de toon, verontwaardiging, verbazing of een ander gevoel uit: **¡Hombre, el vecino!** *O/Oei/Hé/..., de buurman!*

◆ GRAMMATICA
BIJZONDERHEDEN OVER LIDWOORDEN

• Onthoud dat Spaanse naamwoorden mannelijk of vrouwelijk zijn: **el vecino / la vecina**, *de buurman/-vrouw*; **el minuto**, *de minuut*; **la leche**, *de melk*; **la casa**, *het huis*; **el año**, *het jaar*.

• Let op het gebruik van een bepaald lidwoord bij zelfstandige naamwoorden in algemene zin: **Están prohibidos los chicles y los móviles**, *Kauwgommen en gsm's/mobieltjes zijn verboden*.

PERSOONLIJKE VOORNAAMWOORDEN ALS LIJDEND OF MEEWERKEND VOORWERP

Spaanse persoonlijke voornaamwoorden zijn in de lijdend en meewerkend voorwerpsvorm identiek, behalve in de 3e persoon: **Lo adivino**, *Ik raad hem/het* (LV); **Le presto café**, *Ik leen hem/haar koffie* (MV).

Persoonlijk voornaamwoord - lijdend vw.	Persoonlijk voornaamwoord - meewerkend vw.
me, *me*	**me**, *me*
te, *je*	**te**, *je*
lo/la, *hem/haar/het/u*	**le**, *hem/haar/het/u*
nos, *ons*	**nos**, *ons*
os, *jullie*	**os**, *jullie*
los/las, *hen*	**les**, *hun*

Verwijst het persoonlijk voornaamwoord als lijdend voorwerp naar een man, dan wordt vaak **le** (meewerkende vorm) gebruikt i.p.v. **lo**: **¿Lo/Le puedo ayudar?** (tegenover een man) en **¿La puedo ayudar?** (tegenover een vrouw), *Kan ik u helpen?*

Plaats van een persoonlijk voornaamwoord als lijdend voorwerp:
- normaal staat het los vóór de werkwoordsvorm: **te invito**, *ik nodig je uit*
- in de imperatief hangt het vast aan de werkwoordsvorm: **dime**, *zeg me*
- ook aan een infinitiefvorm hangt het vast: **para servirle**, *om u te dienen*; wordt de infinitief voorafgegaan door een vervoegd werkwoord, dan kan het voornaamwoord hiervoor staan: **¿En qué puedo ayudarle?** of **¿Le puedo ayudar en otra cosa?**

VOORNAAMWOORDEN IN DE BELEEFDHEIDSVORM

Onthoud dat in het Spaans de beleefdheidsvorm in de 3e persoon uitgedrukt wordt.

Jij- en jullie-vorm (2e persoon)	U-vorm (3e persoon)
¿Cómo estás?	Cómo está usted?
¿Te ayudo?	¿Lo/Le ayudo? (m.) / ¿La ayudo? (v.)
¿Te presto café?	¿Le presto café?
¿Os ayudo?	¿Los/Les ayudo? (m.) / ¿Las ayudo? (v.)
¿Os presto café?	¿Les presto café?
Soy tu vecino.	Soy su vecino.
Soy vuestro vecino.	Soy su vecino.

▲ VERVOEGING
WERKWOORDEN MET STAMKLINKERWISSEL (INLEIDING)

Bij sommige werkwoorden verandert de stamklinker in bepaalde personen of tijden. Zo kan dan, bijvoorbeeld, de **e** veranderen in **ie** en de **o** in **ue** (zoiets hoeft niet te verbazen, want het gebeurt ook in het Nederlands, bijvoorbeeld: *lopen, ik loop, ik liep*). Ter illustratie de o.t.t. in de 1e, 2e en 3e pers. ev. van twee werkwoorden uit de dialoog, **querer** en **poder**, die de stamklinkerwissel **e → ie** resp. **o → ue** ondergaan:

querer, *willen*	**poder**, *kunnen, mogen*
qu**ie**ro, *ik wil* qu**ie**res, *je wil* qu**ie**re, *hij/ze/het/u wil*	p**ue**do, *ik kan* p**ue**des, *je kan* p**ue**de, *hij/ze/het/u kan*

O.T.T. VAN *IR*

Ir, *gaan* vertoont in zijn vervoeging veel onregelmatigheden.

ir, *gaan*
voy, *ik ga* **vas,** *je gaat* **va,** *hij/ze/het/u gaat* **vamos,** *we gaan* **vais,** *jullie gaan* **van,** *ze gaan*

Primero voy a Madrid y después voy a visitar Sevilla, *Eerst ga ik naar Madrid en daarna ga ik Sevilla bezoeken.*
Let erop dat bij het uitdrukken van een plan of voornemen voor de nabije toekomst tussen de vorm van het werkwoord **ir** en de infinitief het voorzetsel **a** hoort te staan (om er de aandacht op te richten, gaven we dit weer met "te"): **Voy a trabajar**, *Ik ga werken, ga aan het werk;* **Va a pensar que ...**, *U zal denken dat ...*

WOORDENSCHAT

vecino/vecina *buurman/-vrouw*
pesado/a *vervelend*
presentarse *zich voorstellen*
poder *kunnen, ook mogen*
poco/a *weinig;*
   un poco de... *een beetje...*
prestar *lenen*
café (el) *koffie*
por favor *alstublieft/alsjeblieft*
aquí *hier*
amable *vriendelijk, aardig*
disculpar *verontschuldigen, niet kwalijk nemen, excuseren*
hay *er is/zijn;* **no hay de qué** *geen/zonder dank enz.*
minuto (el) *minuut*
después *later, daarna, nadien*
perdón *pardon, sorry, excuus*
vez (la) *keer, maal;* **otra vez** *nogmaals*
ir *gaan*
pensar *denken*
leche (la) *melk*
por supuesto *uiteraard*
perdonar *vergeven, excuseren*
nada *niets;* **de nada** *geen probleem, graag gedaan enz.*
servir *serveren, (be)dienen*
hombre (el) *man*
molestar *storen*
de nuevo *opnieuw*
tutear(se) *(elkaar) tutoyeren*
querer *willen*
azúcar (el) *suiker*
anda *komaan, van* **andar** *lopen*
pasar *voorbijkomen*
invitar *uitnodigen*
tomar *nemen*

OEFENINGEN

1. IN WELKE *TRATAMIENTO* STAAN DE OPGENOMEN ZINNEN?

a. de tú – de usted
b. de tú – de usted
c. de tú – de usted
d. de tú – de usted

2. BELUISTER DE OPNAME EN VINK HET JUISTE ANTWOORD AAN:

a. El vecino de la mujer se llama…
☐ Pepe
☐ Antonio
☐ Mario

b. Antonio trata a su vecino…
☐ de tú
☐ de usted
☐ primero de usted y después de tú

c. La mujer no tiene…
☐ café
☐ leche
☐ azúcar

d. El vecino…
☐ quiere mucho azúcar
☐ quiere un poco de azúcar
☐ no quiere azúcar

3. HERBELUISTER DE OPNAME EN VUL DE LAATSTE 3 DIALOOGZINNEN AAN:

a. – ¿Y ...., Antonio?

b. – Soy ...., es un trabajo .... pero ....

c. – ¡Exactamente .... ! Somos ....

4. HERSCHRIJF ONDERSTAANDE ZINNEN IN DE ANDERE *TRATAMIENTO*:

a. ¿Vas a casa del vecino? →

b. ¿Antonio es tu marido? →

c. Le presento a mi mujer. →

d. Perdone, ¿me presta su móvil? →

e. Disculpa, ¿puedes presentarte? →

f. Lo siento, no puedo invitarlo. →

5. ZET IN DE VOLGENDE ZINNEN HET VOORNAAMWOORD OP EEN ANDERE PLAATS:

a. No quiero prestarte café. →

b. No le puedo servir. →

c. ¿Puedo tutearlo? →

d. No te voy a perdonar. →

6. VERTAAL DE VOLGENDE ZINNEN:

a. Ik wil geen melk, ik wil iets anders.

→

b. Excuseert u me, mevrouw, het is de derde keer dat ik u stoor.

→

c. Je gaat denken dat ik een vervelende buurvrouw ben.

→

d. Jullie zijn heel aardig, jij en je man.

→

5.
HALLO?

¿DIGA?

DOELSTELLINGEN

- IEMAND OPBELLEN, EEN OPROEP BEANTWOORDEN, IEMAND AAN DE TELEFOON ROEPEN, VRAGEN OM EVEN TE WACHTEN EN OM TE HERHALEN
- BELEEFDHEIDSVORM AAN DE TELEFOON
- AFSCHEID NEMEN
- EEN ADRES OPGEVEN

BEGRIPPEN

- *SER* EN *ESTAR* (VERVOLG)
- DE VOORZETSELS *POR* EN *PARA*
- DURATIEF (VORM VAN *ESTAR* + ONVOLTOOID DEELWOORD)
- WERKWOORDEN MET O.T.T. 1E PERS. ENKELVOUD OP *-GO* (*DECIR, PONER*)

AAN DE [PRATEND DOOR] TELEFOON

– Hallo [Zegt (u) me]?

– Goedendag, ik zou [met] meneer Rafael Palacios willen spreken.

– Ja, (dat) ben ik.

– Aangenaam, meneer Palacios, ik ben Laura, van Latacel. Ik bel u om…

– Een ogenblik, zegt u me uw familienaam om te weten met wie ik spreek [ben sprekend]?

– Laura López…

– Dank u. Kunt u de naam van uw bedrijf herhalen?

– Latacel. We doen [zijn realiserend] een…

– Waarvandaan belt u me?

– Uit Madrid en…

– Zegt u me uw exacte adres?

– Latacel is (gevestigd) in (de) Atocha(straat) 16, maar…

– Hangt u niet op, ik ga het nakijken. Ik geef [zet] u een beetje [van] muziek.

– Meneer Palacios? Meneer Palacios?!

– Bedankt voor uw geduld. Ik luister naar u, juffrouw Clara.

– Laura, ik zeg u dat mijn voornaam Laura is…

– O ja, Laura, excuseert u me.

– Geen probleem, tot uw dienst. We hebben [zijn doende] een aanbieding voor nieuwe klanten: honderd minuten [van] gratis oproepen en…

– O, daarmee [van dat] houdt mijn echtgenote zich bezig.

– Kunt u haar aan de telefoon roepen [me zetten met haar]?

– Het spijt me, ze is (er) niet. Als u later [meer laat] wil (terug)bellen…

– Goed, afgesproken, tot later…

– Dag, juffrouw.

▶ 07   HABLANDO POR TELÉFONO

– ¿Dígame?

– Buenos días, quisiera hablar con don Rafael Palacios.

– Sí, soy yo.

– Encantada, don Rafael, soy Laura, de Latacel. Le llamo para…

– Un momento, ¿me dice su apellido, para saber con quién estoy hablando?

– Laura López…

– Gracias. ¿Puede repetir el nombre de su compañía?

– Latacel. Estamos realizando una…

– ¿De dónde me llama usted?

– De Madrid y…

– ¿Me dice su dirección exacta?

– Latacel está en Atocha 16, pero…

– No cuelgue, voy a comprobarlo. Le pongo un poco de música.

– ¿Don Rafael? ¿¿Don Rafael??

– Gracias por su paciencia. La escucho, señorita Clara.

– Laura, le digo que mi nombre es Laura…

– Ah sí, Laura, disculpe.

– De nada, para servirle. Estamos haciendo una oferta para nuevos clientes: cien minutos de llamadas gratis y…

– Ah, de eso se ocupa mi esposa.

– ¿Me puede poner con ella?

– Lo siento, no está. Si quiere llamar más tarde...

– Bueno, vale, hasta luego…

– Adiós, señorita.

■ DE DIALOOG BEGRIJPEN

→ Hoe zeggen en schrijven Spanjaarden een adres? Bij een straatnaam wordt *de straat*, **la calle** vaak weggelaten: *Ik woon in de Atochastraat 16*, **Vivo en Atocha 16**; bij het instappen zeg je tegen de taxichauffeur **Vamos a Atocha 16**. Op een envelop wordt **calle** soms afgekort tot **C/ (C/Embajadores, 94)**; **plaza**, *plaats, plein* tot **Pza. (Pza. de España, 50)**; **avenida**, *laan* tot **Avda. (Avda. de Madrid, 31)**.

→ Voor het afscheid nemen zagen we twee formules: **adiós** en **hasta luego**, *dag, dààg, tot ziens, tot later*, waar **hasta luego** iets meer de intentie om elkaar spoedig terug te zien inhoudt. Expliciter zijn **hasta pronto**, *tot binnenkort* of **hasta la vista**, *tot ziens* (lett. *het zien*).

CULTURELE INFO

Lange tijd was er maar één formule bij het opnemen van de telefoon: **diga** (of **dígame**), letterlijk *zegt u* (of *zegt u me*), toen men niet kon weten wie belde en dus logischerwijs de u-vorm gebruikte. Nu de identiteit van de oproeper weergegeven kan worden, spreekt men bekenden aan met jij en luidt het **dime** *(zeg me)*.
Meer interessante formules voor aan de telefoon: **quisiera**, *ik zou willen, ik had graag*; **le llamo para**, *ik bel u voor*; **¿puede repetir?** *kunt u herhalen?*; **no cuelgue**, *hangt u niet op*. En nu informeel: **te llamo para**; **¿puedes repetir?**; **no cuelgues**.
Poner con wordt gebruikt voor *doorverbinden* (letterlijk *zetten) met*: **Le pongo con...**, *Ik verbind u door met ...* of om iemand aan de telefoon te roepen: **¿Me puede poner con...?**, *Kunt u ... aan de telefoon roepen?*

◆ GRAMMATICA
SER EN *ESTAR* (VERVOLG)

We hadden het al over het wezenlijke verschil tussen **ser** en **estar**: filosofisch bekeken staat **ser** voor "bestaan" en **estar** voor "zich bevinden". Deze waarden zijn ook herkenbaar in de volgende voorbeelden:
• **soy yo**, *dat ben ik*, dat gebruikt wordt aan de telefoon en in andere omstandigheden om je identiteit mee te delen, dus met **ser**: **¿Eres tú?** *Ben jij het?*; **¡Somos nosotros!** *Wij zijn het!*
• **estar** dient voor alles wat te maken heeft met "zich bevinden" en is dus onderhevig aan verandering: **¿Dónde estás?** *Waar ben je?* – **Estoy aquí**, *Ik ben hier*. Aan de

telefoon betekent **estar** *er zijn, aanwezig zijn*: **¿Está Antonio?** *Is Antonio daar?* – **No, no está**, *Nee, hij is er niet.*

Estar fungeert ook als hulpwerkwoord bij een aan de gang zijnde actie (zie verder).

DE VOORZETSELS *POR* EN *PARA*

Voorzetsels vormen een moeilijk aspect van taal: je kan ze niet altijd letterlijk vertalen en soms zijn er verschillende vertalingen mogelijk. Zo kunnen de Spaanse voorzetsels **para** en **por** allebei weergegeven worden met *voor*, maar ook anders...
• **para** drukt doel of bestemming uit: **para nuevos clientes**, *voor nieuwe klanten;* **Le llamo para**, *Ik bel u om (te) ...*; **el tren para...**, *de trein naar ...*
• **por** leidt een reden, uitleg in: **gracias por su paciencia**, *bedankt voor uw geduld*; of een middel: **hablar por teléfono**, *telefoneren, praten via, door middel van een telefoon*; of een plaats waar men langs gaat: **Pasa por aquí**, *Kom hier langs.*

▲ VERVOEGING
BIJZONDERE WERKWOORDSVORMEN

In de dialogen lassen we al complexe werkwoordsvormen in. Dit is nuttig om te wennen aan structuren die in het Nederlands niet voorkomen, maar in het Spaans heel gebruikelijk zijn. Je zal ze zo ook makkelijker herkennen wanneer we ze behandelen. Bijvoorbeeld: **dígame** en **no cuelgue** zijn bevelen in de beleefdheidsvorm uitgedrukt in de tegenwoordige tijd van de aanvoegende wijs (**subjuntivo**); met **quisiera** wordt een beleefd verzoek uitgedrukt in de verleden tijd-**subjuntivo**. Geen paniek, het klinkt moeilijker dan het is. Onthoud voorlopig gewoon die uitdrukkingen.

DURATIEF (VORM VAN *ESTAR* + ONVOLTOOID DEELWOORD)

In de titel stond **hablando** = *pratend*. Om iets dat aan de gang is of "aan het ... zijn" uit te drukken, wordt in het Spaans de o.t.t. van **estar** + (onveranderlijk) onvoltooid deelwoord van het hoofdwerkwoord gebruikt: **Estoy trabajando en una compañía de teléfonos**, *Ik ben aan het werk / Ik werk* (lett. ben werkend) *in een telefoonbedrijf*. Vorming van het onvoltooid deelwoord:
• stam van de infinitief + **-ando** bij werkwoorden op **-ar**: **Estoy habl**ando **con mi marido**, *Ik ben met mijn man aan het praten / Ik praat (*ben pratend*) met mijn man*.
• stam van de infinitief + **-iendo** bij werkwoorden op **-er** of **-ir: ¿Qué estás hac**iendo**?** *Wat ben je aan het doen (*bent doend*)?;* **Está viv**iendo **un momento difícil**, *Hij gaat door (*is (be)levend*) een moeilijke periode.*

WERKWOORDEN MET O.T.T. 1E PERS. ENKELVOUD OP -GO

Bij een aantal courante werkwoorden krijgt de 1e pers. enkelvoud in de o.t.t. de uitgang **-go**. We zagen **tengo**, *ik heb* (van **tener**) en **hago**, *ik doe/maak* (van **hacer**). Hieronder hebben we de o.t.t. van **decir** en **poner** in de 1e, 2e en 3e persoon:

decir, *zeggen*	**poner**, *zetten, leggen,...*
di**go**, *ik zeg*	pon**go**, *ik zet*
d**i**ces, *je zegt*	pones, *je zet*
d**i**ce, *hij/ze/het/u zegt*	pone, *hij/ze/het/u zet*

Merk nog een andere onregelmatigheid bij **decir** op, nl. de stamklinkerwissel e → i. Later zullen we zien dat die niet bij alle personen optreedt.

● OEFENINGEN

🔊 **1. BELUISTER DE OPNAME EN NOTEER DE TELEFOONNUMMERS:**

07

a. .... c. ....

b. .... d. ....

🔊 **2. BELUISTER DE OPNAME EN VINK HET JUISTE ANTWOORD AAN:**

07

a. Carmen y Laura se tratan…
☐ de tú
☐ de usted
☐ primero de tú y después de usted
☐ primero de usted y después de tú

b. La oferta es…
☐ 50 minutos de llamadas gratis y un móvil
☐ 100 minutos de llamadas gratis y dos móviles
☐ 100 minutos de llamadas gratis y un móvil

c. Carmen piensa que 100 minutos gratis…
☐ es poco
☐ es mucho

d. Quién dice qué?

	adiós	hasta pronto	hasta luego	hasta la vista
Carmen dice…				
Laura dice…				

WOORDENSCHAT

teléfono (el) *telefoon*
¿Dígame? *Hallo?*
quisiera *ik zou willen, ik had graag* (van **querer** *willen*)
con *met*
momento (el) *moment, ogenblik*
apellido (el) *familienaam*
saber *weten*
repetir *herhalen*
compañía (la) *bedrijf*
realizar *realiseren*
dirección (la) *adres*
exacto/a *exact*
colgar *inhaken*
comprobar *nakijken, controleren*
poner *zetten, leggen, plaatsen,...*
música (la) *muziek*
paciencia (la) *geduld*
escuchar *luisteren (naar)*
señorita *juffrouw*
oferta (la) *aanbieding*
cliente (el/la) *klant*
llamada (la) *oproep*
gratis *gratis*
ocuparse de *zich bezighouden met*
esposo/esposa *echtgenoot/echtgenote*
poner con *doorverbinden met (aan de telefoon laten komen)*
si *als, indien*
más *meer*
tarde *laat;* **más tarde** *later*
hasta *tot* **luego** *straks, later, dan*
adiós *dag, dààg (bij het afscheid nemen)*

3. HERBELUISTER HET BEGIN VAN DE DIALOOG EN VUL DEZE ZINNEN AAN:

07
a. ¿Sí, ...?

b. Buenas tardes, ¿ .... de don Rafael?

c. Sí, ..., ¿con quién ....?

d. .... Laura, de Latacel.

e. ...., Laura, me llamo Carmen, ¿en qué ....?

4. VUL AAN MET *POR* OF *PARA*:

a. Estoy hablando .... teléfono.

b. Llámalo .... saber cómo está.

c. Gracias .... la oferta.

d. De nada, ... favor, ... servirle.

5. ZET IN DE DURATIEF:

a. ¿Me escuchas? →

b. Vivo en Madrid. →

c. No hacemos nada. →

d. Estudia español. →

6. VERTAAL DE VOLGENDE ZINNEN:

a. Hallo, liefste (m.), waar ben je?
→

b. Hang niet op. Rafael is er niet, maar ik geef je zijn echtgenote door.
→

c. Ik zou uw adres willen nakijken: kunt u het herhalen?
→

d. Ik zeg u mijn voornaam, maar ik kan u mijn familienaam niet zeggen.
→

5. Hallo?

II

HET

DAGELIJKSE

LEVEN

6.
HOE LAAT IS HET?
¿QUÉ HORA ES?

DOELSTELLINGEN

- VRAGEN EN ZEGGEN HOE LAAT HET IS
- ZICH SITUEREN IN DE TIJD (DAGEN VAN DE WEEK EN DAGDELEN)
- PRATEN OVER DAGELIJKSE BEZIGHEDEN
- EEN FYSIEKE TOESTAND UITDRUKKEN

BEGRIPPEN

- DE VOORZETSELS *A* EN *EN*
- AANWIJZENDE VOORNAAMWOORDEN (BIJVOEGLIJK GEBRUIK)
- *SOLER* OM GEWOONTE UIT TE DRUKKEN
- DE BIJWOORDEN EN VOORZETSELS VAN TIJD *ANTES (DE) / DESPUÉS (DE)*
- O.T.T. VAN REGELMATIGE WERKWOORDEN OP *-ER* EN *-IR*
- MEER WERKWOORDEN MET EEN ONREGELMATIGE O.T.T. IN DE 1E PERS. EV. (*-GO* EN *SABER*)
- WERKWOORDEN MET DE STAMKLINKERWISSEL $O \rightarrow UE$

WANNEER SLAPEN DE SPANJAARDEN?

– Dokter, ik ben heel moe (v.).

– Wat scheelt er [u overkomt]?

– Overdag [Bij dag] heb ik slaap, dan drink [neem] ik veel koffie en 's nachts [door de nacht] slaap ik slecht.

– Hoeveel uren slaapt u per dag?

– Ik heb de gewoonte om te gaan slapen [neerleggen-me] om halftwee [de één en halve] en ik sta vroeg op [me rechtzet], vóór 7 uur [de (mv.) zeven].

– Maar waarom [voor wat] gaat u zo laat naar bed?

– 's Maandags [De maandagen] omdat ik een reeks bekijk, op dinsdag omdat ik met een vriend praat die in Mexico woont, op woensdag...

– Woensdag wegens dit en donderdag wegens dat.

– Ja... En vrijdag en zaterdag is het erger. Ik ga wat drinken [ga uit voor glazen] en kom thuis [keer terug naar huis] om 4 uur 's ochtends [de vier van de ochtend].

– Ik zie het al...

– Het is (zo) dat de nieuwe bars in [van] het centrum geweldig zijn!

– U leidt een heel gek leven, weet u?

– Ja, ik weet het...

– U gaat deze slaappillen [pastilles voor de slaap] nemen gedurende zeven dagen.

– Ja, dokter.

– En dit weekend [einde van week] blijft u thuis [in huis], begrepen?

– Ja, dokter, dank u.

– Tot ziens. O, en een vraagje... Waar zegt u dat die nieuwe bars zijn?

08 ¿CUÁNDO DUERMEN LOS ESPAÑOLES?

– Doctor, estoy muy cansada.

– ¿Qué le pasa?

– De día tengo sueño, entonces tomo mucho café y por la noche duermo mal.

– ¿Cuántas horas duerme al día?

– Suelo acostarme a la una y media, y me levanto temprano, antes de las siete.

– ¿Pero por qué se acuesta tan tarde?

– Los lunes porque veo una serie, los martes porque hablo con un amigo que vive en México, los miércoles…

– Miércoles por esto y jueves por aquello.

– Sí… Y viernes y sábado es peor. Salgo de copas y vuelvo a casa a las cuatro de la madrugada.

– Ya veo…

– ¡Es que los nuevos bares del centro son estupendos!

– Lleva usted una vida muy loca, ¿sabe?

– Sí, lo sé…

– Va a tomar estas pastillas para el sueño durante siete días.

– Sí, doctor.

– Y este fin de semana se queda en casa, ¿entendido?

– Sí, doctor, gracias.

– Adiós. Ah, y una preguntita… ¿Dónde dice que están esos nuevos bares?

■ DE DIALOOG BEGRIJPEN

→ De vraag **¿Qué hora es?** (lett. Wat/Welk uur is (het)?), *Hoe laat is het?* wordt beantwoord met: **Es la una** (lett. (het) Is de één), *Het is één uur* of **Son las...** (lett. (het) Zijn de ...), *Het is ...* , waarbij het lidwoord **las** (meervoud!) het cijfer (enkelvoud!) inleidt; ons *het* en *uur* worden niet uitgedrukt:

9u: **Son las nueve.** (lett. Zijn de negen.)
6u05: **Son las seis y cinco.** (lett. Zijn de zes en vijf.)
9u40: **Son las diez menos veinte.** (lett. Zijn de tien min twintig.)
2u15: **Son las dos y cuarto.** (lett. Zijn de twee en kwart.)
7u45: **Son las ocho menos cuarto.** (lett. Zijn de acht min kwart.)
1u30: **Es la una y media.** (lett. Is de één en halve.)

→ Doorgaans gebruikt men de cijfers van 1 tot 12, eventueel met een verduidelijking:
03:50: **Son las cuatro menos diez de la madrugada** *(in de ochtend)*.
11:30: **Son las once y media de la mañana** *(in de morgen/voormiddag)*.
14:20: **Son las dos y veinte de la tarde** *(in de namiddag)*.
21:45: **Son las diez menos cuarto de la noche** *(in de avond)*.

→ We zagen alle dagen van de week, behalve **domingo**, *zondag*. Weekend, "het einde van de week" werd niet verengelst: **el fin de semana**. "Twee weken" zijn in het Nederlands "veertien dagen", maar in het Spaans 15: **quince días**!

→ De dagdelen: **por la mañana**, *'s morgens*; **a mediodía**, *op de middag*; **por la tarde**, *'s (na)middags, 's avonds*; **por la noche**, *'s avonds laat, 's nachts* (en voor de nachtbrakers: **de madrugada**, *'s morgens vroeg*).

CULTURELE INFO

Spanjaarden blijven laat op en slapen gemiddeld maar 7½ uur per nacht, bijna een uur minder dan de andere Europeanen. Deze traditionele levenswijze houdt sommige experten in andermans geluk wakker: een Commissie voor het rationaliseren van de uurregelingen werkt bijgevolg aan een grote hervorming, waarbij iedereen om 11 uur naar bed wordt gestuurd. Dit zou, naar het schijnt, de economie, de publieke gezondheid én de huisvrede enorm ten goede komen!

◆ GRAMMATICA

DE VOORZETSELS *A* EN *EN*

Merk het voorzetselgebruik op: **quedarse en casa**, *in huis* dus *thuis blijven* (zonder beweging) en **volver a casa**, *terugkeren naar huis* (met beweging); **Vivo en México,** *Ik woon in Mexico* en **Voy a México,** *Ik ga naar Mexico.*

AANWIJZENDE VOORNAAMWOORDEN (BIJVOEGLIJK GEBRUIK)

We kwamen al een paar aanwijzende voornaamwoorden tegen, bv. in **Este fin de semana**, *dit weekend*; **¿Dónde están esos bares?** *Waar zijn die bars?*, waar ze bijvoeglijk gebruikt worden en zich dus richten naar het naamwoord waar ze bij staan.

dichtbij de spreker	verwijderd van de spreker, dichtbij de aangesprokene
este hombre, *deze man*	**ese hombre**, *die man*
estos hombres, *deze mannen*	**esos hombres**, *die mannen*
esta mujer, *deze vrouw*	**esa mujer**, *die vrouw*
estas mujeres, *deze vrouwen*	**esas mujeres**, *die vrouwen*

Noteer ook al de zelfstandig gebruikte, neutrale vormen:

esto, *deze, dit*	**eso**, *die, dat*	–	**aquello**, *die/dat daar*

ZICH SITUEREN IN DE TIJD

- Gewoonte: op het werkwoord **soler** (met stamklinkerwissel **o → ue**), *het gewoon zijn, de gewoonte hebben om (te)* volgt een infinitief, bv. **Suelo levantarme temprano**, *Ik ben het gewoon om vroeg op te staan;* **Los españoles suelen tutearse**, *Spanjaarden jijen en jouen gewoonlijk.*
- Bijwoorden en voorzetsels van tijd: "voor" en "na" komt als bijwoord overeen met **antes** en **después**, bv. **Tomo café y después no duermo**, *Ik drink koffie en slaap daarna niet;* **Me acuesto temprano, pero antes veo una serie**, *Ik ga vroeg naar bed, maar daarvoor kijk ik naar een reeks*; als voorzetsel komt daar **de** bij, bv. **Vuelvo a casa después de las diez**, *Ik ga terug naar huis na 10 uur*; **Antes de las once no tengo sueño**, *Voor 11 uur heb ik geen slaap.*

▲ VERVOEGING*
O.T.T. VAN REGELMATIGE WERKWOORDEN OP *-ER* EN *-IR*

De regelmatige vervoeging van werkwoorden op **-er** en **-ir** is als volgt:

com**er**, *eten*	viv**ir**, *leven, wonen*
com**o**, *ik eet*	viv**o**, *ik leef, woon*
com**es**, *je eet*	viv**es**, *je leeft, woont*
com**e**, *hij/ze eet*	viv**e**, *hij/ze leeft, woont*
com**emos**, *we eten*	viv**imos**, *we leven, wonen*
com**éis**, *jullie eten*	viv**ís**, *jullie leven, wonen*
com**en**, *ze eten*	viv**en**, *ze leven, wonen*

* Om de tabellen overzichtelijk te houden, nemen we in de 3e p. ev. alleen nog hij/ze op.

MEER WERKWOORDEN MET EEN ONREGELMATIGE O.T.T. IN DE 1E PERSOON ENKELVOUD

De 1e pers. ev. van **poner** is **pongo**, *ik zet/leg/plaats*, die van **salir** is **salgo**, *ik ga uit/weg*, en ook **saber** heeft een onregelmatige 1e pers. ev.:

poner, zetten, leggen,...	salir, uit-, weggaan	saber, weten
pon**go**, *ik zet*	sal**go**, *ik ga uit*	**sé**, *ik weet*
pones, *je zet*	sales, *je gaat uit*	sabes, *je weet*
pone, *hij/ze zet*	sale, *hij/ze gaat uit*	sabe, *hij/ze weet*
ponemos, *we zetten*	salimos, *we gaan uit*	sabemos, *we weten*
ponéis, *jullie zetten*	salís, *jullie gaan uit*	sabéis, *jullie weten*
ponen, *ze zetten*	salen, *ze gaan uit*	saben, *ze weten*

WERKWOORDEN MET DE STAMKLINKERWISSEL O → UE

Bij sommige werkwoorden verandert in de o.t.t. de stamklinker in alle personen, behalve de 1e en 2e persoon meervoud. Ziehier voorbeelden van werkwoorden waar de stamklinker **o** zo verandert in **ue**:

ac**o**starse, *zich neerleggen,...*	v**o**lver, *terugkeren,...*	d**o**rmir, *slapen*
me ac**ue**sto, *ik leg me neer*	v**ue**lvo, *ik keer terug*	d**ue**rmo, *ik slaap*
te ac**ue**stas, *je legt je neer*	v**ue**lves, *je keert terug*	d**ue**rmes, *je slaapt*
se ac**ue**sta, *hij/ze legt zich neer*	v**ue**lve, *hij/ze keert terug*	d**ue**rme, *hij/ze slaapt*
nos acostamos, *we leggen ons neer*	volvemos, *we keren terug*	dormimos, *we slapen*
os acostáis, *jullie leggen je neer*	volvéis, *jullie keren terug*	dormís, *jullie slapen*
se ac**ue**stan, *ze leggen zich neer*	v**ue**lven, *ze keren terug*	d**ue**rmen, *ze slapen*

● OEFENINGEN

1. BELUISTER DE OPNAME EN VINK HET GEHOORDE TIJDSTIP AAN:

08
a. ☐ 11:56 – ☐ 13:45　　c. ☐ 15:20 – ☐ 13:20

b. ☐ 01:10 – ☐ 18:10　　d. ☐ 00:20 – ☐ 12:20

2. BELUISTER DE OPNAME EN BEANTWOORD DEZE VRAGEN:

08
a. ¿A qué hora se acuesta el hombre? →

b. ¿Cuántas horas duerme al día? →

c. ¿Durante cuánto tiempo va a tomar pastillas? →

d. ¿Para qué son las pastillas? →

WOORDENSCHAT

Vanaf nu geven we het lidwoord alleen bij afwijking van de basisregel -o (m.)/-a (v.).

¿cuándo? *wanneer?*
dormir *slapen*
doctor/doctora *dokter (m./v.)*
cansado/a *moe*
pasar *overkomen, schelen, gebeuren, aan de hand zijn met*
de día *overdag*
sueño *slaap*
por la noche *'s nachts*
hora *uur*
al día *per dag*
soler *de gewoonte hebben om (te)*
acostarse *lett. zich neerleggen; gaan slapen, naar bed gaan*
levantarse *lett. zich rechtzetten, rechtop gaan staan; opstaan*
temprano *vroeg*
antes (de) *voor, vroeger dan*
¿por qué? *waarom?*
tan *zo*
lunes *maandag*, **martes** *dinsdag*, **miércoles** *woensdag*, **jueves** *donderdag*, **viernes** *vrijdag*, **sábado** *zaterdag*, **domingo** *zondag*
ver *zien*
serie (la) *reeks*
amigo/amiga *vriend/vriendin*
peor *erger, slechter*
salir *uitgaan, weggaan, vertrekken*
copa *glas (op voet);* **salir de copas** *iets gaan drinken*
volver *terugkeren, -komen, -gaan*
madrugada *ochtend*
ya *al*
bar (el) *bar*
centro *centrum*
estupendo/a *geweldig*
llevar *leiden*
vida *leven*
loco/a *gek*
pastilla *pil, pastille*
durante *gedurende*
fin (el) *einde;* **semana** *week;* **fin de semana** *weekend*
quedarse *blijven*
preguntita *vraagje*

3. HERBELUISTER DE OPNAME EN DUID AAN WAT *VERDAD* OF *MENTIRA* IS:
08

	verdad	mentira
a. El hombre está estupendamente.		
b. Lleva una vida muy loca.		
c. Suele ver series los fines de semana.		
d. El sábado se queda en casa.		
e. El hombre tiene un hijo de dos años.		
f. Se levanta a las siete de la mañana.		
g. La doctora sabe dónde hay buenos bares.		

4. GEBRUIK VAN VOORZETSELS - VUL AAN MET *A, AL, EN, DE* OF *DEL*:

a. ¿Dónde estás: .... casa?

b. ¿Cuándo sales .... trabajo?

c. ¿Vas .... casa?

d. ¿Vamos a salir .... copas, cariño?

e. Me levanto temprano para ir .... trabajo.

5. ZET IN HET MEERVOUD (IK → WE / JE → JULLIE / HIJ/ZIJ → ZE):

a. No suelo salir durante la semana.

→

b. ¿Cuándo vuelves a casa?

→

c. Se acuesta muy temprano.

→

d. Salgo de copas todas las noches.

→

e. ¿Por qué te acuestas tan tarde?

→

6. VERTAAL DE VOLGENDE ZINNEN:

a. Op zondag sta ik gewoonlijk niet voor halfeen op.

→

b. Wat scheelt er met je? Ben je moe (m.)?

→

c. Het is vier uur in de morgen. Heb je geen slaap?

→

d. Waarom blijven we niet thuis deze zaterdag?

→

e. Ik drink (neem) geen koffie na 2 uur 's middags omdat ik daarna niet kan slapen.

→

7.
ZULLEN WE ETEN?

¿COMEMOS?

DOELSTELLINGEN

- PRATEN OVER MAALTIJDEN
- PRATEN OVER GEZINS- EN FAMILIELEDEN
- VRAGEN OM MET IETS TE HELPEN
- IETS WIJGEREN

BEGRIPPEN

- VERKLEINVORM OP *-ITO/-ITA*
- PERSOONLIJKE VOORNAAMWOORDEN NA EEN VOORZETSEL
- HET ONPERSOONLIJK VOORNAAMWOORD *SE*
- ONTKENNEN MET *NADA, NADIE, NUNCA, TAMPOCO*
- WERKWOORDEN MET DE STAMKLINKERWISSEL *E → IE*

DEK DE TAFEL!

– Juan, het is bijna 10 uur [gaan te zijn de tien]. Dek [Zet] de tafel, alsjeblieft.

– Ik kan niet, mama, ik ben een heel belangrijke mail aan het schrijven [schrijvend].

– Ik weet perfect dat je [aan] een van die stomme spelletjes aan het spelen [spelend] bent.

– Oké, je hebt gelijk [reden]. Jullie kunnen eten *('s avonds)* zonder mij, ik heb geen [niet heb] honger nu.

– Of je eet *('s avonds)* met je vader, met je zus en met mij, of je eet niet.

– Maar waarom willen jullie altijd samen en zittend eten?

– In dit gezin eet men zo.

– Mijn vrienden dekken nooit de tafel en mijn neven ook niet.

– Wat [Het dat] men thuis bij [in huis van] je ooms (en tantes) doet, maakt me niet uit.

– En waarom [voor wat] zoveel borden, messen, glazen, vorken en lepels?

– Je weet heel goed dat je zus ze (af)wast. Dek je de tafel, ja of nee?

– Nee.

– Goed. Pech [Erger] voor jou, omdat we niets voor je zullen overlaten [niet jou gaan te laten niets].

– Wat is er als avondeten?...

– Salmorejo als voorgerecht en aardappeltortilla als hoofdgerecht.

– Goed, waar liggen [zijn] de bestekken?

– O nee: voor jou, een diepgevroren hamburger. In je eentje en staande [van voet] in de keuken!

09   ¡PON LA MESA!

– Juan, van a ser las diez. Pon la mesa, por favor.

– No puedo, mamá, estoy escribiendo un correo muy importante.

– Sé perfectamente que estás jugando a uno de esos juegos estúpidos.

– Vale, tienes razón. Podéis cenar sin mí, no tengo hambre ahora.

– O cenas con tu padre, con tu hermana y conmigo, o no cenas.

– ¿Pero por qué queréis siempre cenar juntos y sentados?

– En esta familia se come así.

– Mis amigos nunca ponen la mesa y mis primos tampoco.

– Lo que se hace en casa de tus tíos no me importa.

– ¿Y para qué tantos platos, cuchillos, vasos, tenedores y cucharas?

– Sabes muy bien que los lava tu hermana. ¿Pones la mesa, sí o no?

– No.

– Bien. Peor para ti, porque no te vamos a dejar nada.

– ¿Qué hay de cena?...

– Salmorejo de primero y tortilla de patatas de segundo.

– Bueno, ¿dónde están los cubiertos?

– Ah no: para ti, una hamburguesa congelada. ¡Solito y de pie en la cocina!

■ DE DIALOOG BEGRIJPEN

→ De twee belangrijkste maaltijden zijn **la comida**, *het middagmaal* en **la cena**, *het avondmaal*. Ze worden laat gebruikt: lunchen na 14 uur; **cenar** zelden vóór 22 uur; ter compensatie zijn er tussenmaaltijden. **El desayuno**, *het ontbijt* is vaak dubbel: symbolisch voor men het huis uit gaat, dan tijdens een ontbijtpauze halverwege de voormiddag, wat een toeloop naar de **cafeterías** veroorzaakt. **La merienda**, een tussenmaaltijd rond 19 uur, is niet alleen voor kinderen voorbehouden, aan de overvolle terrassen van de **chocolaterías** omstreeks dat tijdstip te zien...

→ Een standaard menu bestaat uit **el primero**, *het voorgerecht* (lett. *eerste*), **el segundo**, *het hoofdgerecht* (lett. *tweede*) en **el postre**, *het nagerecht*. In elke Spaanse keuken wordt **tortilla española** (een dikke omelet met aardappelen en ui) klaargemaakt, geïnspireerd op een familierecept. Ook lekker en makkelijk te bereiden, is **salmorejo**, een koude tomatensoep uit Cordoba: 1,5 kg rijpe tomates pellen, in stukken snijden en mengen met wat oudbakken brood; een snuifje paprika, een teentje knoflook, een scheut olijfolie en zout toevoegen; voldoende lang mixen; opdienen met serranoham en hardgekookt ei.

→ In Module 6 stond het woord **preguntita**, *vraagje*, verkleinvorm van **pregunta**, *vraag*. De meest voorkomende verkleinvorm is die met het suffix **-ito/-ita**, dat in de plaats van de eindklinker komt. Diminutieven zijn in het Spaans heel courant en worden gebruikt zoals in het Nederlands. Ze kunnen bij een zelfstandig en bijvoeglijk naamwoord horen, letterlijke waarde hebben (**mesita**, *tafeltje*) of expressieve, bv. het affectieve **abuelita**, *omaatje* of, zoals in de dialoog, ironisch bedoeld zijn: **solito** (van **solo**), *alleen, in je eentje*.

CULTURELE INFO

Familiebanden zijn hecht in Spanje. Niet zelden leven verschillende generaties onder hetzelfde dak. Deze solidariteit hielp alvast de gevolgen van de economische crisis te verzachten. Tot **la familia** in de betekenis van *het gezin* behoren **el padre**, *de vader* en **la madre**, *de moeder* – **mamá**, *mama* en **papá**, *papa*; **el hermano**, *de broer* en **la hermana**, *de zus*. In **la familia** als *de familie* is er **el abuelo**, *de grootvader* en **la abuela**, *de grootmoeder*; **el nieto**, *de kleinzoon* en **la nieta**, *de kleindochter*; **el tío**, *de oom* en **la tía**, *de tante*; **el primo**, *de neef* en **la prima**, *de nicht* (kinderen van oom/tante); **el sobrino**, *de neef* en **la sobrina**, *de nicht* (kinderen van broer/zus). Met het mannelijk meervoud wordt verwezen naar het paar: **los padres**, *de ouders*; **los abuelos**, *de grootouders* enz. **La familia política** is *de schoonfamilie*.

◆ GRAMMATICA
PERSOONLIJKE VOORNAAMWOORDEN NA EEN VOORZETSEL

De vorm van een persoonlijk voornaamwoord hangt meestal af van de functie: als onderwerp (**él** sabe, *hij weet*), lijdend voorwerp (**lo** veo, *ik zie hem*), meewerkend voorwerp (**le** hablo, *ik spreek hem*) of wederkerend voornaamwoord (**se** levanta, *hij staat op, zet zich recht*). In de dialoog zagen we bijzondere vormen na een voorzetsel (**a, con, de, en, por** etc.): **sin mí** (met accentteken!), *zonder mij;* **para ti**, *voor jou*.

mí, *mij*
ti, *jou*
él/ella/usted, *hem/haar/u*
nosotros/as, *ons*
vosotros/as, *jullie*
ellos/ellas/ustedes, *hen* (m./v./u mv.)

Let op: het voorzetsel **con**, *met* verbindt zich met het persoonlijk voornaamwoord in de 1e en 2e persoon enkelvoud tot de vormen **conmigo**, *met mij* en **contigo**, *met jou*.

HET ONPERSOONLIJK VOORNAAMWOORD *SE*

De in het Spaans meest gebruikte onpersoonlijke vorm is **se** + 3e persoon. In de dialoog zagen we **lo que se hace**, *wat men doet, wat er gedaan wordt*. Ander voorbeeld: **¿Cuándo se come aquí?** *Wanneer eet men hier, wordt er hier gegeten?* De constructie wordt dus ook gebruikt voor de passieve vorm. Het werkwoord kan ook in het meervoud staan: **se dicen muchas cosas**, *men zegt / ze zeggen veel dingen, er worden veel dingen gezegd*.

ONTKENNEN

• Na het ontkennende **no** kan verderop in een Spaanse zin nog een ontkennend woord staan zoals **nada**, *niets*; **nadie**, *niemand*; **nunca**, *nooit*; **tampoco**, *evenmin*:
No te vamos a dejar nada, *We gaan je niets overlaten*.
No me escribe nadie, *Niemand schrijft me*.
No como nunca de pie, *Ik eet nooit staande*.
Mis primos no ponen la mesa tampoco, *Mijn neven dekken evenmin de tafel*.

• Een tweede mogelijke constructie is met het ontkennend woord vóór het werkwoord (als het ware ter vervanging van **no**):
Nadie me escribe.
Nunca como de pie.
Mis primos tampoco ponen la mesa.

▲ VERVOEGING
WERKWOORDEN MET DE STAMKLINKERWISSEL *E → IE*

Bij sommige werkwoorden verandert in de o.t.t. de stamklinker **e** in **ie**, ook weer in alle personen behalve de 1e en 2e persoon meervoud. Ziehier een voorbeeld uit elke groep:

s**e**ntarse, *zich neerzetten*	qu**e**rer, *willen*	s**e**ntir, *voelen, ruiken*
me s**ie**nto, *ik zet me neer*	qu**ie**ro, *ik wil*	s**ie**nto, *ik voel, ruik*
te s**ie**ntas, *je zet je neer*	qu**ie**res, *je wil*	s**ie**ntes, *je voelt, ruikt*
se s**ie**nta, *hij/ze zet zich neer*	qu**ie**re, *hij/ze wil*	s**ie**nte, *hij/ze voelt, ruikt*
nos sentamos, *we zetten ons neer*	queremos, *we willen*	sentimos, *we voelen, ruiken*
os sentáis, *jullie zetten je neer*	queréis, *jullie willen*	sentís, *jullie voelen, ruiken*
se s**ie**ntan, *ze zetten zich neer*	qu**ie**ren, *ze willen*	s**ie**nten, *ze voelen, ruiken*

⬢ OEFENINGEN

🔊 1. BELUISTER DE OPNAME, VUL DE ONTBREKENDE WOORDEN AAN EN NOTEER
09 DE VERWANTSCHAP:

a. Es .... de mi .... Es mi ....

b. Son .... de mi .... Son mis ....

c. Es .... de mi .... Es mi ....

d. Es .... de mi .... Es mi ....

e. Es .... de mi .... Es mi ....

🔊 2. BELUISTER HET VERVOLG VAN HET GESPREK TUSSEN MOEDER EN ZOON
09 EN VINK HET JUISTE ANTWOORD AAN:

a. El hijo…
☐ no va a cenar porque no tiene hambre
☐ va a poner la mesa para poder comer tortilla
☐ va a salir y cenar una hamburguesa con sus amigos

b. La madre dice que…
☐ el hijo nunca habla con sus padres
☐ el hijo siempre está hablando de sus cosas
☐ los padres nunca escuchan a su hijo

c. El hijo va a poner…
☐ cucharas, cuchillos y tenedores
☐ cuchillos y tenedores
☐ solo cucharas

d. El hijo va a lavar los platos durante…
☐ una semana
☐ dos semanas
☐ tres semanas

● WOORDENSCHAT

comer *eten*
mesa *tafel*
mamá *mama*
escribir *schrijven*
correo *post, mail*
importante *belangrijk*
perfectamente *perfect* (bijw.)
jugar *spelen*
juego *spel*
estúpido/a *stom*
razón (la) *rede(n);* **tener razón** *gelijk hebben*
cenar *'s avonds eten*
sin *zonder*
hambre (la) *honger*
padre *vader*
hermano/hermana *broer/zus*
siempre *altijd*
juntos *samen*
sentado/a *zittend*
familia *familie, gezin*
así *zo*
nunca *nooit*
primo/prima *neef/nicht*
tampoco *ook niet, evenmin*

lo que *wat*
tío/tía *oom/tante*
importar *ertoe doen, van belang zijn*
tantos/as *zoveel*
plato *bord*
cuchillo *mes*
vaso *glas (zonder voet)*
tenedor (el) *vork*
cuchara *lepel*
lavar *(af)wassen*
peor para ti *pech voor jou*
dejar *laten*
nada *niets*
cena *avondeten*
primero *eerste; voorgerecht*
tortilla *dikke omelet*
patata *aardappel*
segundo *tweede; hoofdgerecht*
cubierto *bestek*
hamburguesa *hamburger*
congelado/a *diep-, bevroren*
solo/a *alleen;* **solito/a** *in je eentje*
pie (el) *voet;* **de pie** *staand*
cocina *keuken*

🔊 3. HERBELUISTER DE OPNAME EN VUL DE LAATSTE REPLIEK AAN:

09 Sí, ... hacerla tu solito. Pero silencio. Es la receta de ....
.... y .... en la familia, ¿de acuerdo?

4. GEEF DE TEGENGESTELDE VORM (ALTIJD → NOOIT / OOK → EVENMIN) IN DE TWEE MOGELIJKE CONSTRUCTIES:

a. Siempre ceno solo.

→

→

b. Yo también tengo hambre.

→

→

5. GEBRUIK IN ONDERSTAANDE ZINNEN *TENER*, *QUERER*, *ENTENDER*, *SENTIR* OF *SENTARSE* (WERKWOORDEN MET STAMKLINKERWISSEL) VERVOEGD IN DE JUISTE PERSOON:

a. Lo ...., no podemos ayudaros.

b. Pasad, pasad. ¿ .... tomar un café?

c. Mis padres siempre .... para comer.

d. ¿Cómo? Perdona, pero no .... lo que dices.

e. Si .... hambre, te puedo invitar a comer.

6. VERTAAL DE VOLGENDE ZINNEN:

a. Leg de bestekken en zet de borden.

→

b. Wil je met me uitgaan, ja of nee?

→

c. Er is niets voor jou.

→

d. Hoe eten we vanavond: staande of zittend?

→

e. Nu of nooit!

→

8.
BEVALT HET APPARTEMENT U?

¿LE GUSTA EL PISO?

DOELSTELLINGEN

- PRATEN OVER HUISINRICHTING (KAMERS, MEUBELEN, APPARATEN)
- GEVOELENS, SMAAK EN VOORKEUR UITDRUKKEN
- IETS BEOORDELEN (POSITIEVE EN NEGATIEVE EIGENSCHAPPEN)
- TELLEN TOT 1000 EN MEER

BEGRIPPEN

- ZINSCONSTRUCTIE BIJ WERKWOORDEN ZOALS *GUSTAR, ENCANTAR*
- COMPARATIEF EN SUPERLATIEF
- UITROEPEN
- BELEEFD GEBOD MET WERKWOORDEN OP *-AR*

EEN APPARTEMENT BEZOEKEN[D]

– Hallo, ik kom het appartement bezoeken.

– Goeiedag, kom binnen, kom binnen. Ik ben (er) zeker van dat het u zal [gaat te] bevallen.

– De advertentie is aantrekkelijk: drie kamers, met smaak bemeubeld en een lage [goedkope] huur.

– Precies, héél laag: amper 400 euro['s]! [Zullen we] het bezoek aanvatten?

– Eerst, zijn dieren toegelaten [men aanvaardt dieren]?

– Ja, uiteraard, ik ben dol op dieren [me bekoren de dieren].

– Het is (zo) dat we een hond hebben.

– Ík verkies [de] poezen, maar het stelt [er is] geen enkel probleem.

– Perfect!

– Dan hebt u hier de keuken, met alle [al de] huishoudapparaten: wasmachine, koelkast …

– De oven is wat vuil, niet?

– Die is vlug gepoetst [zich poetst], hé [vrouw]! Hiernaast [Hier aan-de kant] is de slaapkamer.

– Ze is piepklein... Het bed past (er) nauwelijks in!

– Ideaal voor jongelui.

– Ik hou veel van mijn partner, maar...

– Hier, het eetsalon, de aangenaamste [meest aangename] plaats, met grote ramen en zetels om [de] tv te kijken.

– Wat zijn de stoelen lelijk, mijn God. En wat (een) e-norme [meer enorme] tafel... Ze lijkt (wel) een doodskist.

– En tot slot [om te eindigen] de badkamer, kraaknet, met douche en wc.

– Een kakkerlak! Daar! Ik gruw van kakkerlakken [Me doen gruwen de kakkerlakken]!

– Ik trap 'm wel plat. Ziezo [Al is], 't is niets! Nou [Dan], bevalt het appartement u?

VISITANDO UN PISO

– Hola, vengo a visitar el piso.

– Buenas, pase, pase. Estoy seguro de que le va a gustar.

– El anuncio es atractivo: tres habitaciones, amueblado con gusto y un alquiler barato.

– Exactamente, baratísimo: ¡apenas cuatrocientos euros! ¿Empezamos la visita?

– Primero, ¿se aceptan animales?

– Sí, por supuesto, me encantan los animales.

– Es que tenemos un perro.

– Yo prefiero los gatos, pero no hay ningún problema.

– ¡Perfecto!

– Entonces aquí tiene la cocina, con todos los electrodomésticos: lavadora, frigorífico…

– El horno está un poco sucio, ¿no?

– Eso se limpia rápido, mujer. Aquí al lado está el dormitorio.

– Es pequeñísimo… ¡Apenas cabe la cama!

– Ideal para jóvenes.

– Quiero mucho a mi pareja, pero…

– Aquí el salón comedor, el lugar más agradable, con grandes ventanas y sillones para ver la tele.

– Qué feas son las sillas, Dios mío. Y qué mesa más enorme… Parece un ataúd.

– Y para terminar, el cuarto de baño, limpísimo, con ducha y váter.

– ¡Una cucaracha! ¡Ahí! ¡Me horrorizan las cucarachas!

– Yo la aplasto. ¡Ya está, no es nada! Entonces, ¿le gusta el piso?

DE DIALOOG BEGRIJPEN
TELLEN TOT 1000 EN MEER

→ **Cien,** *honderd* wordt **ciento** tussen 101 en 199: **ciento uno**, 101; **ciento dos**, 102; **ciento noventa y nueve**, 199. Het blijft **cien** in een veelvoud: **cien mil**, 100 000; **cien millones**, 100 000 000. Van 200 tot 900 hebben honderdtallen een mannelijke of vrouwelijke meervoudsvorm.

100, **cien, ciento**	1 000, **mil**
200, **doscientos/as**	2 000, **dos mil**
300, **trescientos/as**	3 000, **tres mil**
400, **cuatrocientos/as**	4 000, **cuatro mil**
500, **quinientos/as**	5 000, **cinco mil**
600, **seiscientos/as**	6 000, **seis mil**
700, **setecientos/as**	7 000, **siete mil**
800, **ochocientos/as**	8 000, **ocho mil**
900, **novecientos/as**	9 000, **nueve mil**

GEVOELENS, SMAAK EN VOORKEUR

→ Hoe zeg je "ik hou van je" in het Spaans? **Te quiero!** Van **querer**, dat ook *willen* betekent. Buiten de amoureuze sfeer en voor *lekker/mooi/leuk vinden* of *graag ... eten/drinken* enz. is in het Spaans **gustar** gebruikelijk. Het wordt toegepast zoals *bevallen*: **me gusta tu tortilla**, lett. "mij bevalt jouw tortilla" → *jouw tortilla bevalt mij, ik eet jouw tortilla graag*. Wat bevalt of lekker gevonden wordt, bepaalt dus de vervoeging, waardoor alleen de 3e pers. ev. of mv. mogelijk zijn: **me gustan las tortillas**, *ik eet graag tortilla* (in het algemeen), maar letterlijk "de tortilla's bevallen mij". Ter versterking kan de constructie "**a** + pers. vnw." toegevoegd worden: **a mí me gusta** (lett. "aan mij me bevalt") **comer**, *ík eet graag*.

(a mí) me gusta el café	(*ík,*) ik drink graag koffie
(a ti) te gustan los idiomas	(*jíj*), je houdt van talen
(a él/ella/usted) le gusta dormir	(*híj/zíj/het/ú,*) hij/ze/het/u slaapt graag
(a nosotros/as) nos gustan los animales	(*wíj,*) we houden van dieren
(a vosotros/as) os gusta este piso	(*júllie,*) deze flat bevalt jullie
(a ellos/ellas/ustedes) les gustan los perros	(*zíj/ú,*) ze houden / u (mv.) houdt van honden

→ Dezelfde structuur bij o.a. **encantar** (**me encanta España**, *ik vind Spanje fantastisch*), **horrorizar** (**le horrorizan las arañas,** *ze vindt spinnen eng*).

CULTURELE INFO

Hoe noemt men de partner van een ouder die hertrouwd is? Het woordenboek geeft hiervoor **padrastro** en **madrastra**, maar tegenwoordig geeft men de voorkeur aan sympathieker klinkende termen als **el marido de mi madre**, **la mujer de mi padre** of de voornaam van die persoon.

Novio/novia, *verloofde* wordt nog gebruikt, maar steeds meer hoor je **mi compañero/ compañera**, *mijn partner, vriend/vriendin* of **mi pareja** (eigenlijk *mijn paar, stel*, maar dus ook voor de man of vrouw): **Te presento a mi pareja**, *Ik stel je mijn partner voor*.

◆ **GRAMMATICA**
COMPARATIEF EN SUPERLATIEF

- Comparatief, vergrotende/verkleinende trap: **más/menos**, *meer, minder* + bijvoeglijk naamwoord: **tarde** → **más/menos tarde**, *laat* → *later / minder laat*.
- De superlatief wordt gevormd met **el/la más** + bijvoeglijk naamwoord: **es el más agradable**, *hij/het is de/het aangenaamste* (lett. de/het meer aangename); wordt het zelfstandig naamwoord vernoemd, dan staat het lidwoord ervoor en **más** erachter: **es el lugar más agradable**, *het is de aangenaamste plek*.
- De absolute superlatief wordt gevormd met **muy** (*heel*) + adjectief of met de uitgang **-ísimo/a**: **es muy pequeño** of **es pequeñísimo**, *hij/het is heel klein / piepklein*.
- Noteer de onregelmatige vorm **mal - peor - lo peor**, *erg - erger - de/het ergste*.

UITROEPEN

Qué vóór een naamwoord levert een standaard uitroep op: **¡Qué silla!** (dus zonder lidwoord), *Wat 'n stoel!*, met of zonder werkwoord: **¡Qué fea!** of **¡Qué fea es!** *Wat 'n lelijke, Wat is ze lelijk!* Let op de woordorde: **¡Qué feas son las sillas!** *Wat zijn de stoelen lelijk!* Slaat de uitroep op een zelfst. nw. + bijv. nw., dan is de structuur **¡Qué** + zefst. nw. + **más** + bijv. nw.!: **¡Qué mesa más enorme!** *Wat 'n e-nor-me tafel!*

▲ **VERVOEGING**
MEER WERKWOORDEN MET STAMKLINKERWISSEL / -*GO*-UITGANG

empezar, *beginnen*	**prefe**rir, *verkiezen, liever hebben*	**ve**nir, *komen*
empiezo, *ik begin*	**prefie**ro, *ik verkies*	**ven**go, *ik kom*
empiezas, *je begint*	**prefie**res, *je verkiest*	**vie**nes, *je komt*
empieza, *hij/ze begint*	**prefie**re, *hij/ze verkiest*	**vie**ne, *hij/ze komt*
empezamos, *we beginnen*	**prefe**rimos, *we verkiezen*	**ven**imos, *we komen*
empezáis, *jullie beginnen*	**prefe**rís, *jullie verkiezen*	**ven**ís, *jullie komen*
empiezan, *ze beginnen*	**prefie**ren, *ze verkiezen*	**vie**nen, *ze komen*

Voortaan zullen we in de woordenschatlijst de mogelijke stamklinkerwissel meegeven, bv.: **empezar [ie]**, **volver [ue]**.

BELEEFD GEBOD MET WERKWOORDEN OP -AR

- In Module 3 zagen we de gebiedende wijs voor de 2ᵉ pers. enkelvoud (**tú** → uitgang **-a**) en de 2e pers. meervoud (**vosotros** → uitgang **-ad**), wat meteen ook de enige "echte" imperatiefvormen zijn!
- Om een beleefd gebod uit te drukken, moet in het Spaans immers de 3e persoon o.t.t. van de aanvoegende wijs, de **presente de subjunctivo** gebruikt worden. Bij regelmatige werkwoorden op **-ar** wordt de uitgang in het enkelvoud (**usted**) **-e** en die in het meervoud (**ustedes**) **-en**. Voortbouwend op **perdona** (informeel) en **perdone** (formeel) uit Module 3, kunnen we samenvatten als volgt:

¡habla, amigo!, *spreek, vriend!*	**¡hable, señor!**, *spreekt u, meneer!*
¡hablad, amigos!, *spreken jullie, vrienden!*	**¡hablen, señores!**, *spreekt u, heren!*

Later meer over de **presente de subjunctivo**.

●OEFENINGEN

🔊 1. BELUISTER DE OPNAME EN NOTEER DE 4 AANTALLEN:
10
a. .... c. ....

b. .... d. ....

🔊 2. BELUISTER DE DIALOOG EN VUL DE STELLINGEN AAN:
10
a. La habitación que prefiere es ....

b. Piensa que los sillones son ....

c. Piensa que los electrodomésticos son ....

d. Le horroriza el dormitorio porque ....

e. No le gusta la cocina porque ....

f. Entre la lavadora y el frigorífico, le gusta más...

WOORDENSCHAT

visitar *bezoeken*
piso *appartement, flat*
venir *komen*
seguro/a *zeker*
gustar *bevallen, mooi/lekker enz. vinden*
anuncio *advertentie*
atractivo/a *aantrekkelijk*
habitación (la) *kamer*
amueblado/a *bemeubeld*
gusto *smaak*
alquiler *huren*
barato/a *goedkoop*
apenas *amper, nauwelijks*
euro *euro*
empezar [ie] *beginnen, aanvatten*
visita *bezoek*
primero *eerst*
aceptar *aanvaarden*
animal (el) *dier*
encantar *bekoren*
perro *hond*
preferir [ie] *verkiezen, liever hebben*
gato/gata *kat, poes*
ningún/ninguna *geen enkel(e)*
problema (el) *probleem*
perfecto/a *perfect*
electrodoméstico *(elektrische) huishoudapparaten*
lavadora *wasmachine*
frigorífico *koelkast*
horno *oven*
sucio/a *vuil*
limpiar *poetsen, schoonmaken*

rápido *vlug, snel*
al lado *naast*
dormitorio *slaapkamer*
pequeño/a *klein*
caber *passen in*
cama *bed*
ideal *ideaal*
joven (el/la) *jongere*
querer [ie] *houden van*
pareja *paar, stel, partner*
salón (el) *salon*
comedor (el) *eetkamer*
lugar (el) *plaats*
agradable *aangenaam*
grande *groot*
ventana *raam, venster*
sillón (el) *zetel, fauteuil*
tele (la) *tv*
feo/a *lelijk*
silla *stoel*
Dios *God*
enorme *enorm*
parecer *lijken (op), eruitzien als*
visita *bezoek*
ataúd (el) *doodskist*
terminar *eindigen*
cuarto de baño *badkamer*
limpio/a *proper, schoon*
ducha *douche*
váter (el) *wc*
cucaracha *kakkerlak*
ahí *daar*
horrorizar *doen gruwen*
aplastar *platdrukken, -trappen*
¡ya está! *ziezo! 't is gebeurd!*

3. HERBELUISTER DE OPNAME EN DUID AAN WAT *VERDAD* OF *MENTIRA* IS:

	verdad	mentira
a. El salón es pequeño.		
b. A esta pareja le gusta comer en la cocina.		
c. El horno es nuevo.		
d. El piso está sucio.		
e. Hace un año que no vive nadie ahí.		
f. Se ponen de acuerdo en un alquiler de 350.		

4. GEEF DE BEVELEN IN DE ANDERE *TRATAMIENTO*:

a. ¡Acepten animales!...............................
b. ¡Limpia el horno!.........................
c. ¡Visitad el piso!...
d. ¡Aplaste la cucaracha!............................

5. GEEF DE ZINNEN WEER MET GEBRUIK VAN DE ABSOLUTE SUPERLATIEF:

a. Los sillones son muy feos. ....
b. La cocina está muy sucia. ....
c. La cama es muy grande........................
d. No estoy muy seguro.............................

6. VORM MET DE AANGEREIKTE ELEMENTEN ZINNEN DIE BEGINNEN MET "*A ...* ":

a. vosotros / no gustar / los problemas →
b. ellos / horrorizar / las cucarachas →
c. usted / encantar / este lugar →
d. tú / gustar / esta habitación →

7. VERTAAL DE VOLGENDE ZINNEN:

a. Wat is dit appartement vuil! →
b. Wat 'n e-nor-me kakkerlak! →
c. Ik ben er zeker van dat je katten verkiest. →
d. De huur is laag, maar ik vind de stoelen van de eetkamer niet leuk. →

8. Bevalt het appartement u?

9. GELUKKIGE VERJAARDAG!

¡FELIZ CUMPLEAÑOS!

DOELSTELLINGEN

- IEMANDS UITERLIJK BESCHRIJVEN
- IEMANDS PEROONLIJKHEID OMSCHRIJVEN
- EEN GEDACHT UITDRUKKEN
- EEN VERLANGEN UITDRUKKEN
- ZICH POSITIEF/NEGATIEF UITLATEN

BEGRIPPEN

- BIJZONDER GEBRUIK VAN DE VOORZETSELS *DE* EN *A*
- WOORDEN DIE EEN HOEVEELHEID AANDUIDEN
- BEZITTELIJKE VOORNAAMWOORDEN:
  - BEKLEMTOONDE VORMEN
  - ZELFSTANDIG GEBRUIK
- MEER ONTKENNENDE VORMEN
- WERKWOORDEN MET DE O.T.T. 1E PERS. EV. OP *-ZCO*

IK MAG TERESA NIET

– Ga je [te gaan] naar het verjaardagsfeest [feest van verjaardag] van Teresa?

– Ik heb er niet veel zin in.

– Zijn jullie boos op elkaar?

– Helemaal niet, maar ik geloof dat we te verschillend zijn.

– Jullie lijken zeker niet op elkaar! Zelfs niet fysiek: zij is groot en blond, jij kleintjes en donkerharig.

– Ze is niet blond.

– Wat zeg je?

– Het is haar haarkleur [kleur van haar] niet, het is een kleuring. En bovendien is ze geopereerd.

– Serieus?... Waaraan [Van wat]?

– Aan alles: aan de/haar neus, aan de/haar oren, aan de/haar lippen en aan de/haar tanden.

– Zijn de blauwe ogen [van] haar?

– Ha, ha, wie weet... En dat is niet het ergste, maar haar [het] karakter.

– Míj lijkt ze vrij sympathiek. Ze is wat snob, akkoord, maar ze is een goed persoon.

– Ze is dom! Ze denkt alleen aan winkelen [gaan voor aankopen] en aan diëten om te vermageren.

– Ze is inderdaad superslank. Nou, ga je niet?

– Ik ga/zal me vervelen, ik ken [aan] niemand van [tussen] haar vrienden.

– Haar neef zal er [gaat te] zijn, ken je hem niet?

– De roodharige met het korte haar?

– Nee, de andere, een dikkertje die een bril draagt. Dat is een slimme kerel, ik denk dat hij je wel kan bevallen.

– Maar wat doe ik [aan] Teresa cadeau?

– Geef haar een kookboek [boek van recepten]...

– Ha, wat ben je gemeen!

TERESA NO ME CAE BIEN

– ¿Vas a ir a la fiesta de cumpleaños de Teresa?

– No me apetece mucho.

– ¿Estáis enfadadas?

– En absoluto, pero creo que somos demasiado diferentes.

– ¡Desde luego no os parecéis! Ni físicamente: ella es alta y rubia, tú bajita y morena.

– No es rubia.

– ¿Qué dices?

– No es su color de pelo, es un tinte. Y además está operada.

– ¿En serio?… ¿De qué?

– De todo: de la nariz, de las orejas, de los labios y de los dientes.

– ¿Los ojos azules son suyos?

– Ja, ja, quién sabe… Y lo peor no es eso sino el carácter.

– A mí me parece bastante simpática. Es un poco pija, vale, pero es buena persona.

– ¡Es tonta! Solo piensa en ir de compras y en dietas para adelgazar.

– Está delgadísima, desde luego. Entonces, ¿no vas a ir?

– Me voy a aburrir, no conozco a nadie entre sus amigos.

– Va a estar su primo, ¿no lo conoces?

– ¿El pelirrojo con el pelo corto?

– No, el otro, un gordito que lleva gafas. Es un chico listo, pienso que te puede caer bien.

– ¿Pero qué le regalo a Teresa?

– Regálale un libro de recetas…

– Ja, ¡qué malo eres!

DE DIALOOG BEGRIJPEN
IEMANDS UITERLIJK EN PERSOONLIJKHEID BESCHRIJVEN

→ Je kan **alto** *(groot, lang)*, **bajo** *(klein, kort)* of **de mediana estatura** *(gemiddeld van gestalte)* zijn en qua omvang **gordo** *(dik)* – eufemistisch uitgedrukt **fuerte** *(struis)* – of **delgado**, dat zowel *mager* als *slank* betekent. De meeste mensen zijn **moreno** *(bruin, donkerharig)*, **negro** *(zwart)*, **rubio** *(blond)* of **pelirrojo** *(roodharig, ros)* en hun ogen zijn **marrón** *(bruin)*, **verde** *(groen)* of **azul** *(blauw)*. Nog een paar nieuwe termen m.b.t. **la cabeza**, *het hoofd*: **la cara**, *het gezicht, gelaat*; **la boca**, *de mond*; **la lengua**, *de tong*. Merk op dat er in het Spaans bij lichaamsdelen een bepaald lidwoord en geen bezittelijk voornaamwoord staat wanneer duidelijk is aan wie ze toebehoren.

→ Een paar persoonlijke eigenschappen uit de dialoog: **tonto**, *dom* ↔ **listo**, *slim, knap, pienter*; **bueno**, *goed, vriendelijk* ↔ **malo**, *slecht, gemeen*.

GEDACHT/VERLANGEN UITDRUKKEN, ZICH POSITIEF/NEGATIEF UITLATEN

→ Zeker of niet: **creo que**, *ik geloof dat*; **pienso que**, *ik denk dat*; **estoy seguro de que**, *ik ben er zeker van dat*; **me parece que**, *het lijkt me dat*; **en mi opinión**, *naar mijn mening, volgens mij*.

→ Zin of geen zin: **¿Te apetece ir al cine?** *Heb je zin om naar de bioscoop te gaan?* – **No, no me apetece mucho**, *Nee, het zegt me niet veel*.

→ Gelijkenis of verschil: **me parezco a**, *ik lijk op*; **nos parecemos**, *we lijken op elkaar*; **somos diferentes**, *we zijn verschillend*.

→ Klikt het of niet: **soy amigo de**, *ik ben bevriend met*; **estoy enfadado con**, *ik lig overhoop met*. In de omgang kan met **caer**, *vallen* een positief of negatief gevoel jegens iemand uitgedrukt worden: **¿Te cae bien?** (lett. "jou (be)valt goed"), *Vind je hem leuk?*; **Este chico me cae bien/mal** (lett. "deze jongen mij (be)valt goed/slecht", *Deze jongen zie ik wel/niet zitten*. Let dus op de constructie: "wie/wat iemand bevalt of leuk gevonden wordt" bepaalt de vervoeging: **Estos chicos me caen fatal**, *Ik kan deze kerels niet uitstaan*.

◆ GRAMMATICA
DE VOORZETSELS *DE* EN *A*

• Bijzondere toepassingen met **de**:
- onze samenstellingen, waarbij de verduidelijking vóór het basiswoord staat, worden in het Spaans omgekeerd weergegeven met het voorzetsel **de** er tussenin: **tortilla de patatas**, *tortilla van aardappelen* of *aardappeltortilla*; **color de pelo**, *kleur van haar* of *haarkleur*; **fiesta de cumpleaños**, *verjaardagsfeest*

- onze genitiefvorm wordt weergeven met een voorzetselconstructie: **la fiesta de Teresa**, *het feest van Teresa of Teresa's feest*
• Bijzondere toepassingen met **a**:
- denk eraan een **a** in te lassen tussen **ir** en infinitief bij het uitdrukken van een voornemen, plan enz.: **vengo a visitar el piso, ¿vas a ir a la fiesta?, me voy a aburrir**
- denk eraan een persoon als lijdend voorwerp in te leiden met **a**: **no conozco a nadie, llamamos al (a + el) enfermero**.

WOORDEN DIE EEN HOEVEELHEID AANDUIDEN

Deze kunnen als bijwoord onveranderlijk bij een werkwoord of adjectief staan (**como mucho**, *ik eet veel*; **estoy muy cansado**, *ik ben heel moe*) of zich als adjectief richten naar hun substantief (**como mucha tortilla**, *ik eet veel tortilla*).

• **Muy**, *heel* - **mucho(s)/mucha(s)**, *veel* - **poco(s)/poca(s)**, *weinig:*
Mi perro es muy bueno, *Mijn hond is heel braaf.*
Duermo mucho, *Ik slaap veel.*
Duermo muchas horas, *Ik slaap vele uren.*
Hablan poco, *Ze spreken weinig.*
Hablan pocos idiomas, *Ze spreken weinig talen.*
• **Demasiado(s)/demasiada(s)**, *te (veel):*
Como demasiado, *Ik eet te veel.*
Tomo demasiadas pastillas, *Ik neem te veel pillen.*
• **Bastante(s)**, *nogal, tamelijk; genoeg, voldoende:*
Somos bastante diferentes, *We zijn nogal verschillend.*
No hay bastantes sillas, *Er zijn niet genoeg stoelen.*

BEKLEMTOONDE EN ZELFSTANDIGE BEZITTELIJKE VOORNAAMWOORDEN

• Bijvoeglijke bezittelijke voornaamwoorden: **mi, tu,…**, *mijn, jouw,…* (zie Module 3).
• Beklemtoonde bezittelijke voornaamwoorden staan achter een vorm van **ser** (**¿Es tuyo?** *Is het van jou?*; **¿Los ojos azules son suyos?** *Zijn de blauwe ogen van haar?*) of achter een naamwoord (**Es amigo mío**, *Het is een vriend van mij*).
• Bovenstaande vormen worden met een bepaald lidwoord ervoor zelfstandige bezittelijke voornaamwoorden: **Es el mío**, *Hij/Het is de/het mijne*; **la tuya**, *de/het jouwe* enz.

el mío, los míos, la mía, las mías
el tuyo, los tuyos, la tuya, las tuyas
el suyo, los suyos, la suya, las suyas
el nuestro, los nuestros, la nuestra, las nuestras
el vuestro, los vuestros, la vuestra, las vuestras
el suyo, los suyos, la suya, las suyas

MEER ONTKENNENDE VORMEN

In de dialoog zagen we drie nieuwe ontkennende vormen:
- **sino** i.p.v. **pero** *(maar)* na een ontkenning: **Lo peor no es eso sino el carácter.**
- **ni** kan overeenkomen met *noch* (**ni alto ni bajo**, *noch hoog noch laag*), maar staat hier als verkorte vorm van **ni siquiera**, *zelfs niet*: **ni físicamente**, *niet eens fysiek*
- **en absoluto** betekent, raar maar waar, *absoluut/helemaal niet*.

▲ VERVOEGING
WERKWOORDEN MET DE O.T.T. 1E PERS. EV. OP -ZCO

Werkwoorden op **-acer** (behalve **hacer**, *doen/maken*), **-ecer**, **-ocer** of **-ucir** krijgen in de 1e pers. ev. de uitgang **-zco**. Drie voorbeelden:

nacer, *geboren zijn*	**parecer**, *lijken*	**conocer**, *kennen*
naz**co**, *ik ben geboren*	**pare**z**co**, *ik lijk*	**cono**z**co**, *ik ken*
naces, *je bent geboren*	**pareces**, *je lijkt*	**conoces**, *je kent*
nace, *hij/ze is geboren*	**parece**, *hij/ze lijkt*	**conoce**, *hij/ze kent*
nacemos, *we zijn geboren*	**parecemos**, *we lijken*	**conocemos**, *we kennen*
nacéis, *jullie zijn geboren*	**parecéis**, *jullie lijken*	**conocéis**, *jullie kennen*
nacen, *ze zijn geboren*	**parecen**, *ze lijken*	**conocen**, *ze kennen*

⬢ OEFENINGEN

1. VINK DE BETEKENIS VAN DE 5 GEHOORDE ZINNEN AAN:

a. ☐ Ze bevalt me matig. – ☐ Ze bevallen me matig.

b. ☐ Ze heeft ons graag. – ☐ We hebben haar graag.

c. ☐ Wat vind je van hem? – ☐ Wat vindt hij van jou?

d. ☐ Ze mogen jullie echt niet. – ☐ Jullie mogen hen echt niet.

e. ☐ Ik zie hem niet zitten. – ☐ Hij ziet me niet zitten.

2. BELUISTER DE DIALOOG EN VUL DE STELLINGEN AAN:

a. Carmen piensa que Teresa está demasiado ....

b. Teresa le va a prestar el libro de recetas a ....

c. Teresa va a regalar a Carmen un libro que se llama ....

d. Teresa piensa que el amigo de Carmen es ....

e. A Carmen le caen fatal los chicos ...., ...y ....

WOORDENSCHAT

feliz *gelukkig*
cumpleaños (el) *verjaardag*
caer *vallen;* **caer bien** *in de smaak vallen, bevallen*
fiesta *feest*
apetecer *zin hebben/krijgen om/in*
enfadado/a con *boos op*
en absoluto *helemaal niet*
creer *geloven, denken*
demasiado/a *te (veel)*
diferente *verschillend*
desde luego *zeker, wel degelijk,...*
parecerse *op elkaar lijken;*
parecerse a *lijken op*
ni *zelfs niet, niet eens; noch*
físicamente *fysiek* (bijw.)
alto/a *groot, lang, hoog*
rubio/a *blond*
bajo/a *klein, kort, laag*
moreno/a *bruin, donker van huid/haar*
color (el) *kleur*
pelo *haar*
tinte (el) *kleuring*
además *bovendien, trouwens*
operado/a *geopereerd*
en serio *ernstig, serieus*
nariz (la) *neus*
oreja *oor*
labio *lip*
diente (el) *tand*
ojo *oog*
azul *blauw*
ja ja *ha ha*
sino *maar (na ontkenning)*
carácter (el) *karakter*
parecer *lijken*
bastante *voldoende, genoeg; nogal, tamelijk, vrij*
simpático/a *sympathiek*
pijo/a *snob, bekakt, posh*
buena persona *goed, aardig iemand*
tonto/a *dom, dwaas*
compra *aankoop;* **ir de compras** *gaan winkelen, shoppen* (**comprar** *(aan)kopen*)
dieta *dieet*
adelgazar *vermageren, afvallen*
delgado/a *slank, mager*
aburrir(se) *(zich) vervelen*
conocer *kennen*
entre *tussen*
pelirrojo/a *roodharig, ros*
corto/a *kort*
gordo/a *dik; dikkerd*
llevar *dragen*
gafas (las mv.!**)** *bril*
chico/chica *jongen, knaap / meisje, meid*
listo/a *slim*
regalar *cadeau doen, als geschenk geven*
libro *boek*
receta *recept*
malo/a *slecht, gemeen*

3. HERBELUISTER DE DIALOOG EN SCHRAP EEN VAN DE TWEE VOORNAMEN:

a. A Carmen / a Teresa le horroriza el azúcar.

b. A Carmen / a Teresa le caen bien los chicos listos.

c. Carmen / Teresa prefiere pasar hambre que estar gorda.

d. El amigo de Carmen / Teresa tiene la nariz grande.

e. El novio de Carmen / Teresa trabaja en Nueva York.

4. HERSCHRIJF WAT VOLGT ZOALS IN "HET IS MIJN HOND. HET IS DE MIJNE":

a. Es mi perro. Es ....

b. ¿Son tus libros? ¿Son ....

c. Son sus gafas. Son ....

d. Es tu problema. Es ....

e. Son mis labios. Son ....

5. DUID HET JUISTE EQUIVALENT VAN "VEEL" OF "HEEL" AAN:

	muy	mucho	muchos	mucha	muchas
a. Conozco............... recetas.					
b. Son .... listos.					
c. Tiene .... libros.					
d. Tiene .... carácter.					
e. Tengo .... hambre.					

6. VERTAAL DE VOLGENDE ZINNEN:

a. Ik lijk niet op mijn moeder.

→

b. Ik heb geen zin om uit te gaan.

→

c. Je hebt te veel vriendinnen.

→

d. Ik ken niet genoeg talen.

→

9. Gelukkige verjaardag!

10. WELKE STUDIERICHTING GA JE KIEZEN?

¿QUÉ CARRERA VAS A ELEGIR?

DOELSTELLINGEN

- DE SPAANSE ONDERWIJSSTRUCTUUR
- EEN VERPLICHTING UITDRUKKEN
- TWIJFEL UITDRUKKEN
- EEN KEUZE MAKEN EN DIE VERANTWOORDEN (VOORKEUR, BEKWAAMHEID, MOEITE, VOORDELEN)

BEGRIPPEN

- PERSOONLIJKE EN ONPERSOONLIJKE VERPLICHTING
- *ALGO/NADA, ALGUIEN/NADIE* EN *ALGUNO/NINGUNO*
- BIJZONDER LIDWOORDGEBRUIK
- WERKWOORDEN MET DE STAMKLINKERWISSEL *E → I*
- HANDELING DIE BLIJFT VOORTDUREN: *SEGUIR* OF *TODAVÍA*

WETENSCHAPPEN OF LETTEREN?

– Denk je nog altijd [Blijf denkend] Geneeskunde te doen volgend jaar [het jaar dat komt]?

– Dat zou ik willen. Tenminste, dat wil mijn vader...

– Het is niet gemakkelijk. Voor sommige studierichtingen vragen ze op zijn [voor het] minst een negen.

– Wel, eerst moet men slagen voor alle vakken van dit studiejaar.

– Jij zakt nooit voor een vak [geen enkel], man.

– De wetenschappelijke [D(i)e van wetenschappen] stellen me geen problemen, maar het kost me altijd moeite [werk] (om een) goed cijfer te behalen voor [in] Spaans [Castilliaanse taal].

– Als je wil, help ik je.

– Nou, ik zeg daarop [jou] niet [dat] nee. Waarvoor [in wat] ga jij je laten inschrijven?

– Ik ben eerder [meer goed] voor humane wetenschappen [letteren]: misschien Filosofie of Psychologie, of misschien Geschiedenis...

– Weet je nog niet wat [welk] je gaat kiezen?

– Ik heb geen haast. Voor mij is lezen, films kijken en musea bezoeken van [het] belang.

– Als ik dat thuis zeg, maken ze me af.

– Het beste is de studierichting [van] Kunstgeschiedenis: er zijn bijna alleen meisjes.

– Ik haat je!

– Maar heb je zin om arts te worden [zijn] of niet?

– Waar ik van hou [Het dat me bevalt], is [de] muziek, maar mijn vader zegt dat ik eerst iemand moet worden [zijn] in het leven.

– Geneeskunde is een lange en moeilijke opleiding. Waarom geen Kinesitherapie? Het zijn kortere studies en je verdient goed je brood [het leven].

– Het is geen slecht idee.

– En bovendien schijnt het dat er nogal geflirt wordt.

¿CIENCIAS O LETRAS?

– ¿Sigues pensando hacer Medicina el año que viene?

– Eso quisiera. En fin, eso quiere mi padre…

– No es fácil. Para algunas carreras piden por lo menos un nueve.

– Bueno, primero hay que aprobar todas las asignaturas de este curso.

– Tú nunca suspendes ninguna, hombre.

– Las de ciencias no me plantean problemas, pero siempre me cuesta trabajo conseguir buena nota en lengua castellana.

– Si quieres te ayudo.

– Pues no te digo que no. ¿Tú en qué te vas a matricular?

– Yo soy más bien de letras: tal vez Filosofía, o Psicología, o quizás Historia…

– ¿Todavía no sabes cuál vas a elegir?

– No tengo prisa. Para mí lo importante es leer, ver películas y visitar museos.

– Si digo eso en casa, me matan.

– Lo mejor es la carrera de Historia del arte: hay casi solo chicas.

– ¡Te odio!

– ¿Pero tienes ganas de ser médico o no?

– Lo que me gusta es la música, pero mi padre dice que primero tengo que ser alguien en la vida.

– Medicina es una carrera larga y difícil. ¿Por qué no Fisioterapia? Son estudios más cortos y te ganas bien la vida.

– No es mala idea.

– Y además parece que se liga bastante.

DE DIALOOG BEGRIJPEN
NUTTIGE UITDRUKKINGEN

→ **El fin**, *het einde*. **En fin** drukt voorbehoud uit: **En fin, eso quiere mi padre**, *Tenminste, dat wil mijn vader*; het kan ook vertaald worden met *kortom*. **Finalmente** leidt het laatste element in een reeks in: **Y finalmente, aquí tienen el salón**, *En tot slot hebben jullie hier het salon*. **Por fin** wordt gebruikt bij oplichting: **Por fin sé en qué me voy a matricular**, *Eindelijk weet ik waarvoor ik me ga laten inschrijven*.

→ De structuur "meewerkend voorwerp + **costar**, *kosten* (**trabajo**, *werk*) + infinitief" is heel gebruikelijk: **Les cuesta trabajo hablar inglés**, *Het kost hun moeite om Engels te spreken*; **Te cuesta mucho conseguir buenas notas**, *Je hebt het moeilijk om goede cijfers te halen*. Let op de stamklinkerwissel **o → ue** bij **costar**!

CULTURELE INFO

Het Spaanse **ESO (Educación Secundaria Obligatoria)**, *verplicht voortgezet onderwijs* betreft 12- tot 16-jarigen. Na het behalen van hun diploma kunnen jongeren terecht in het **Bachillerato** om zich gedurende 2 jaar voor te bereiden op universitaire studies. Om tot een universiteit toegelaten te worden, moet men slagen voor de **Selectividad**; de uitslag van deze proef, op een schaal van 1 tot 10, is doorslaggevend voor de studierichtingkeuze, want de verschillende universitaire graden vereisen elkeen een bepaalde minimum score.

Een paar termen uit de onderwijssector: **matricularse**, *zich (laten) inschrijven*; **asignatura**, *(studie)vak*; **curso**, *cursus, school- of studiejaar*; **clase**, *les*; **aprobar/ suspender**, *slagen/zakken (voor een examen)*.

◆ GRAMMATICA
PERSOONLIJKE EN ONPERSOONLIJKE VERPLICHTING

• Een persoonlijke verplichting wordt uitgedrukt met **tener que**, "hebben te" + infinitief of met **deber**, *moeten* (vaak met een nuance tussen morele verplichting of een gebaseerd op regels): **Tengo que trabajar**, *Ik moet (heb te) werken*; **Debo ayudar a mi hermanito**, *Ik moet mijn broertje helpen*.

• Een onpersoonlijke verplichting kan uitgedrukt worden met het onveranderlijke **hay que**, "er-is te" + infinitief: **Hay que trabajar para vivir**, *Er moet gewerkt worden* (is te werken) / *Men moet / Je moet/We moeten* (onpers. aangewend) *werken om te leven*.

ALGO/NADA, ALGUIEN/NADIE EN ALGUNO/NINGUNO

Onbepaalde voornaamwoorden:
- **Algo**, *iets* ↔ **nada**, *niets* en **alguien**, *iemand* ↔ **nadie**, *niemand* zijn onveranderlijk: *¿Hay alguien? Is er iemand?* – **No hay nadie**, *Er is niemand*; *¿Pasa algo? Gebeurt er iets?* – **No pasa nada**, *Er gebeurt niets*.
- **Alguno** ↔ **ninguno** richten zich in geslacht en getal naar het woord waarnaar ze verwijzen: *¿Quieres alguno/alguna? Wil je er een?, ¿Quieres algunos/algunas? Wil je er een paar?* – **No me gusta ninguno de los dos**, *Ik vind geen een/enkel* (m. ev.) *van de twee leuk*; **No quiero ninguna de ellas**, *Ik wil geen van beiden* (v. mv.).

Bijvoeglijke naamwoorden:
- **Alguno** en **ninguno** kunnen ook bijvoeglijk gebruikt worden en nemen dan uiteraard geslacht en getal aan van het woord waar ze bij staan: *¿Hay algún problema? Is er een (of ander) probleem?* – **No hay ningún problema**, *Er is geen (enkel) probleem*; *¿Hay alguna razón? Is er een (of andere) reden?* – **No hay ninguna razón**, *Er is geen (enkele) reden*.

Opmerking: vóór een substantief mannelijk enkelvoud verliezen sommige adjectieven hun eindklinker of -lettergreep, bv. **algún** en **ningún**.

BIJZONDER LIDWOORDGEBRUIK

- Er bestaat een "onbepaald" lidwoord, **lo**, dat voor iets abstracts, vaak uitgedrukt met een bijvoeglijk naamwoord, staat: **lo mejor**, *het beste;* **lo importante**, *het belangrijke*.
- Soms wordt een Spaans lidwoord vertaald door een voornaamwoord:
- vóór een betrekkelijk voornaamwoord: **los que hablan**, *degenen die spreken*; **la que me ayuda**, *zij die me helpt*; **lo que me gusta**, *wat (*lett. *het dat) me bevalt*
- vóór het voorzetsel de: **la tortilla de mi madre = la de mi madre**, *die van mijn moeder*
- door een bezittelijk voornaamwoord als de "eigenaar" af te leiden valt: **se gana bien la vida**, *hij verdient goed zijn boterham [het leven]*.

▲ VERVOEGING
WERKWOORDEN MET DE STAMKLINKERWISSEL *E → I*

Bij sommige werkwoorden op **-ir** verandert in de o.t.t de (laatste) stamklinker **e** in **i** in alle personen, behalve de 1e en 2e meervoud. We nemen **pedir** als model, en tonen ook **seguir** en **elegir** die beide ook een spellingaanpassing (later meer hierover) ondergaan:

pedir, vragen	seguir, volgen,...	elegir, (ver)kiezen
pido, ik vraag	sigo, ik volg,..	elijo, ik (ver)kies
pides, je vraagt	sigues, je volgt,..	eliges, je (ver)kiest
pide, hij/ze vraagt	sigue, hij/ze volgt,..	elige, hij/ze (ver)kiest
pedimos, we vragen	seguimos, we volgen,..	elegimos, we (ver)kiezen
pedís, jullie vragen	seguís, jullie volgen,..	elegís, jullie (ver)kiezen
piden, ze vragen	siguen, ze volgen,..	eligen, ze (ver)kiezen

Weet dat bij dergelijke werkwoorden ook het onvoltooid deelwoord deze stamklinkerwissel ondergaat: **pidiendo, siguiendo, eligiendo, sirviendo, repitiendo**, etc.

EEN HANDELING DIE BLIJFT VOORTDUREN: *SEGUIR* OF *TODAVÍA*

• Met een vorm van **seguir** + onvoltooid deelwoord wordt een handeling die nog altijd aan de gang, die blijvende is, uitgedrukt: **Sigo trabajando en la enseñanza**, *Ik blijf in het onderwijs werken*; **Seguimos viviendo en Madrid**, *We wonen nog steeds in Madrid*; **¿Sigues comiendo?** *Ben je nog altijd aan het eten?*

In de ontkennende vorm wordt deze structuur een vorm van **seguir** + **sin** + infinitief: **Sigue sin saber qué carrera elegir**, *Hij weet nog altijd niet welke studie te kiezen*.

• Ook het bijwoord van tijd **todavía** geeft deze idee weer: **¿Todavía estás trabajando?** *Ben je nog altijd aan het werk?*

●OEFENINGEN

◉ 1. BELUISTER DE OPNAME EN VUL DE ZINNEN AAN:

12
a. El .... , ... en historia.

b. Si .... una .... , mi padre ....

c. Para .... , ... ir ....

◉ 2. BELUISTER DE DIALOOG EN VINK HET JUISTE ANTWOORD AAN:

12
a. La nota de Selectividad del chico es…
☐ siete
☐ ocho y medio
☐ nueve y medio

c. La mejor idea es…
☐ matricularse en música
☐ presentar de nuevo Selectividad
☐ irse de casa

b. Con esa nota, puede matricularse en…
☐ Filosofía
☐ Fisioterapia
☐ Medicina

WOORDENSCHAT

carrera carrière, studierichting
elegir [i] kiezen, verkiezen
ciencia wetenschap, hier **ciencias** voor "exacte" wetenschappen
letra letter, hier **letras** voor "humane" wetenschappen
seguir [i] volgen, doorgaan (met); seguir + onvolt. deelw. blijven
medicina geneeskunde
en fin tenminste; kortom
fácil gemakkelijk
algún, alguna een (of ander)
pedir [i] vragen
menos min, minder, minst; **por lo menos** op zijn minst, ten minste
hay que moeten (onpersoonlijk)
aprobar [ue] slagen (voor)
asignatura (studie)vak
curso cursus, school-, studiejaar
suspender zakken (voor)
plantear problema een probleem stellen
costar [ue] kosten; **costar trabajo** moeite (lett. werk) kosten
conseguir [i] (be)halen, (ver)krijgen, erin slagen om
nota nota; cijfer
lengua taal
castellano/a Castilliaan(s)/-se
ayudar helpen
pues dan, nou,... (aan begin van zin)
matricularse zich (laten) inschrijven
más bien eerder, veeleer
tal vez misschien
filosofía filosofie
psicología psychologie
quizás misschien
historia geschiedenis
todavía nog (altijd)
cuál welk(e)
tener prisa haast hebben
leer lezen
película film
museo museum
matar doden
mejor beter, best
arte (el) kunst
casi bijna
odiar haten
tener ganas zin hebben
médico arts, dokter
tener que moeten
alguien iemand
largo/a lang
difícil moeilijk
fisioterapia kinesitherapie
estudios (los) studies
ganarse la vida aan de kost komen
idea idee
ligar flirten, opscharrelen

3. HERBELUISTER DE OPNAME EN DUID AAN WAT *VERDAD* OF *MENTIRA* IS:

	verdad	mentira
a. Con la nota que tiene puede matricularse en Historia del arte.		
b. Al chico le horrorizan las letras.		
c. El padre del chico es médico.		
d. El tío del chico es profesor de lengua.		
e. El chico tiene muchas ganas de estudiar.		

4. DRUK EEN PERSOONLIJKE EN ONPERSOONLIJKE VERPLICHTING UIT:

Voorbeeld: We werken. → We moeten werken. → Er moet gewerkt worden.

a. Trabajamos. → .... → ....

b. Eliges. → .... → ....

c. Apruebo. → .... → ....

d. Entendéis. → .... → ....

5. GEEF HET TEGENGESTELDE VAN DEZE ZINNEN:

a. Siempre suspendo alguna asignatura. →

b. Alguien te quiere. →

c. Odio a uno de ellos. →

d. No quiero nada de ti. →

6. VERVANG *TODAVÍA* DOOR EEN STRUCTUUR DIE CONTINUÏTEIT UITDRUKT:

a. Mi nota es todavía baja. →

b. ¿Todavía tienes ganas de ser médico? →

c. Todavía te quiero. →

d. Todavía tenemos hambre. →

7. VERTAAL DE VOLGENDE ZINNEN:

a. Men moet ten minste een negen hebben om zich voor Geneeskunde in te schrijven.

→

b. Als je nee tegen me zegt, maak ik me van kant!

→

c. Het kost me veel moeite om voor dit vak te slagen.

→

10. Welke studierichting ga je kiezen?

11. IK ZOEK EEN BAANTJE

BUSCO UN TRABAJILLO

DOELSTELLINGEN

- GELDZAKEN IN HET DAGELIJKSE LEVEN: REKENINGEN, UITGAVEN, SPAREN ENZ.
- EEN BEDRAG NOEMEN
- EEN IDEE MEEDELEN
- EEN BEHOEFTE OF NOODZAAK UITDRUKKEN

BEGRIPPEN

- BIJZONDER VOEGWOORDGEBRUIK
- WERKWOORDEN MET NUANCES
- PERSOONLIJKE EN ONPERSOONLIJKE BEHOEFTE EN NOODZAAK
- O.T.T. VAN *CREER* EN *OÍR*
- KENNISMAKING MET DE *PRESENTE DE SUBJUNTIVO* (O.T.T.-SUBJUNCTIEF)

IK ZIT ZONDER EEN CENT

– Ken je iemand die een babysit of privélessen nodig heeft (*behoeve*)?

– Ik zal (het) vragen en als ik iets verneem, zeg ik (het) je meteen/wel.

– Ja, alsjeblieft. Ik moet [Heb nodig] wat geld verdienen.

– Ík ben ook een baantje aan het zoeken... Ober, pizzabezorger, eender (*zij*) wat!

– Je bent zoals ik, zonder een cent, nietwaar?

– Met mijn studietoelage raak ik niet tot (het) eind van (de) maand, ook al [en dat dat] geef ik niets uit: ik ga niet uit, ik drink niet, ik rook niet.

– Dat (is het), je betaalt de huur, de elektriciteits- [van het licht] en de waterrekening, en je zit zonder [n]iets.

– Ja, de flat waar ik woon is te duur.

– Ík deel flat en onkosten met andere meisjes. Zo spaar je altijd iets (uit).

– Ik denk dat ik de mijne ga verlaten en naar een studentenhome [universitaire residentie] zal gaan.

– Luister [Hoor], er schiet me iets te binnen... Waarom kom je niet bij [met] ons wonen?

– Is er plaats voor mij?

– Ja, een van onze (flat)genotes is net weggegaan en er is een kamer vrij.

– En gaat/zal een jongen jullie niet hinderen?

– Je (onpers.) moet alleen netjes zijn, niet eten wat van de anderen (is) in de koelkast en voor iedereen koken af en toe.

– O, ik heb net een specialiteit: pasta met chocolade!

– Oke..., als je niet wil koken, geen probleem.

13 ESTOY SIN UN DURO

– ¿Conoces a alguien que necesite una canguro o clases particulares?

– Voy a preguntar y si me entero de algo ya te digo.

– Sí, por favor. Necesito ganar un poco de dinero.

– Yo también estoy buscando un trabajillo… Camarero, repartidor de pizzas, ¡lo que sea!

– Estás como yo, sin un duro, ¿verdad?

– Con la beca no llego a fin de mes, y eso que no gasto nada: ni salgo, ni bebo, ni fumo.

– Eso, pagas el alquiler, el recibo de la luz, el del agua, y te quedas sin nada.

– Sí, el piso donde vivo es demasiado caro.

– Yo comparto piso y gastos con otras chicas. Así siempre se ahorra algo.

– Creo que voy a dejar el mío e ir a una residencia universitaria.

– Oye, se me ocurre una cosa… ¿Por qué no vienes a vivir con nosotras?

– ¿Hay sitio para mí?

– Sí, acaba de marcharse una de nuestras compañeras y hay un cuarto libre.

– ¿Y no os va a molestar un chico?

– Solo hace falta ser limpio, no comerse lo de las demás en la nevera y cocinar para todas de vez en cuando.

– Ah, precisamente tengo una especialidad: ¡pasta con chocolate!

– Bueno…, si no quieres cocinar no pasa nada.

◼ DE DIALOOG BEGRIJPEN
BIJZONDER VOEGWOORDGEBRUIK

→ **Y**, *en* wordt **e** vóór een woord dat begint met **i** of **hi**: **Voy a dejar el piso e ir a una residencia**, *Ik ga mijn appartement verlaten en naar een tehuis gaan*; **o**, *of* wordt **u** vóór **o** of **ho**: **mujer u hombre**, *vrouw of man*.

→ **Y eso que** is het equivalent van het toegevende *hoewel, ook al*: **Estoy sin un duro, y eso que no gasto nada**, *Ik zit zonder een cent, hoewel ik niets uitgeef*.

→ Verwar **si**, *als, indien* niet met het bevestigende **sí** (waarop het accent net dient om het onderscheid met het voegwoord aan te duiden).

WERKWOORDEN MET NUANCES

→ Voor *leren* is er **aprender** in de betekenis van *kennis opdoen* en **enseñar** in de betekenis van *onderwijzen*: **Estoy aprendiendo español**, *Ik ben Spaans aan het leren*; **Te voy a enseñar a hablar español**, *Ik ga je Spaans leren spreken*. Voor iets *te weten komen, vernemen, horen, merken* is er **enterarse de**: **Nunca me entero de lo que pasa aquí**, *Ik ben nooit op de hoogte van wat hier gebeurt*.

→ Voor *gebeuren, aan de hand zijn* heb je de werkwoorden **ocurrir** en **pasar**: **¿Qué ocurre/pasa?** *Wat gebeurt er?*; **¿Qué le pasa?** *Wat overkomt hem?*; **¿Te ocurre algo?** *Scheelt er iets met je?*; **No pasa nada**, *Er is niets aan de hand* (een formule die ook als volgt aangewend kan worden: **Oh perdón**, *O sorry*. – **No pasa nada**, *Het geeft niet, is niet erg*. En in Module 4 zagen we **pasar** ook voor *voorbijkomen*: **Paso por aquí**, *Ik kom hier langs*).

Is "wat gebeurt" een idee of inval, dan wordt niet **ocurrir** maar **ocurrirse** in de 3ᵉ persoon gebruikt, met een persoonlijk voornaamwoord in de meewerkend voorwerpsvorm dat verwijst naar wie het overkomt: **Se me/nos ocurre una idea**, *Er komt een idee bij me/ons op*; **Se te/os ocurren cosas raras**, *Je haalt / Jullie halen je rare dingen in het hoofd*; **¿Se le/les ocurre algo?** *Schiet hem/hun iets te binnen?*; **¡A quién se le ocurre!** *Hoe komt men daarbij?!*

→ Voor *eindigen, beëindigen* enz. kan **acabar** dienen: **Acabo este último trabajo y voy**, *Ik maak dit laatste werk af en ga dan*; **acabar de** geeft *net gedaan hebben, net klaar zijn met* weer: **Acabo de salir del trabajo,** *Ik heb net het werk verlaten*.

CULTURELE INFO

El dinero, *geld in Spanje*. Op een 1 euromunt staat aan de kopzijde (**cara**, *gezicht*) de kathedraal van Santiago de Compostela, een portret van Cervantes of een van koning Felipe VI afgebeeld. Net als in het Nederlands wordt het woordje **céntimo**, *cent* meestal weggelaten als men een bedrag noemt: **Son dos cincuenta** of **Son dos con cincuenta**, *Dat is/maakt 2,50* (lett. *Zijn 2 (met) 50*). In de omgang werd vroeger, vóór de euro, de term **duro** gebruikt voor het muntstuk ter waarde van 5 **pesetas**, en die blijft voortleven in gemeenzame uitdrukkingen als **estar sin un duro**, *geen cent/duit meer bezitten*.

◆ **GRAMMATICA**
PERSOONLIJKE EN ONPERSOONLIJKE BEHOEFTE EN NOODZAAK

Behoefte en noodzaak kunnen op twee manieren uitgedrukt worden:
• persoonlijk: met het werkwoord **necesitar** vervoegd in de persoon om wie het gaat: **Necesito un trabajillo**, *Ik heb een baantje nodig* of met **hace(n) falta** en een persoonlijk voornaamwoord in de meewerkend voorwerpsvorm: **Me hace falta dinero**, *Ik heb geld nodig* (lett. *"mij doet gebrek (aan) geld"*), **Nos hacen falta euros**, *We hebben euro's nodig*;
• onpersoonlijk: met **hace(n) falta**: **Hace falta dinero para vivir**, *Men moet geld hebben / Er is geld nodig om te leven* of met **es necesario**: **No es necesario ser tan rico**, *Het is niet nodig om zo rijk te zijn*.

 VERVOEGING
CREER EN *OÍR*

In de dialoog stonden twee bijzondere werkwoorden: **creer**, *geloven* met twee opeenvolgende **e**'s, die je apart moet uitspreken (er is de stam **cre-** en de uitgang **-er**) en **oír**, *horen* met een o.t.t. 1e pers. ev. op **-go** en meer onregelmatigheden:

creer, *geloven*	**oír**, *horen*
creo, *ik geloof*	**oigo**, *ik hoor*
crees, *je gelooft*	**oyes**, *je hoort*
cree, *hij/ze gelooft*	**oye**, *hij/ze hoort*
creemos, *we geloven*	**oímos**, *we horen*
creéis, *jullie geloven*	**oís**, *jullie horen*
creen, *ze geloven*	**oyen**, *ze horen*

De vorm van **oír** in de dialoog is een imperatief 2e pers. ev.: **oye** (*hoor*). In deze context zouden wij in het Nederlands eerder *luister* of *zeg* gebruiken: **Oye, ¿cuánto pagas de alquiler?**, *Zeg (eens), hoeveel huur betaal jij?*

KENNISMAKING MET DE *PRESENTE DE SUBJUNTIVO*

Tot nu toe hadden we het over de onvoltooid tegenwoordige tijd van de "indicatief" (ook wel aantonende wijs genoemd). In het Spaans wordt echter ook veel gebruikgemaakt van de "subjunctief" (ook wel conjunctief of aanvoegende wijs genoemd). In het Nederlands vinden we die alleen in uitdrukkingen zoals "het zij zo", "het ware beter", "leve de liefde".

Vorming van de **presente de subjuntivo** (o.t.t.-subjunctief) bij werkwoorden op **-ar**: het volstaat om de **a** in de uitgangen van de o.t.t.-indicatief te veranderen in **e**, zoals in de dialoog blijkt met **necesit**a**r** → **alguien que necesit**e ..., *iemand die ... nodig heeft* ("behoeve").

Gebruik: met deze tijd wordt een onzekere toestand uitgedrukt, bv. een wens, mogelijkheid, mening (terwijl de indicatief geldt voor zekerheden zoals stellingen en feiten); we zagen hem ook voor het formuleren van een beleefd gebod: **perdon**a**r** → **perdon**e ("vergeve") en **disculp**a**r** → **disculp**e ("verontschuldige").

⬢ OEFENINGEN

🔊 1. VINK HET BEDRAG DAT JE HOORT AAN:

a. ☐ 3, 90 euro   ☐ 13, 20 euro

b. ☐ 19, 30   ☐ 29, 10

c. ☐ 147, 80   ☐ 400, 80

d. ☐ 56, 30   ☐ 15, 50

🔊 2. BELUISTER DE DIALOOG EN NOTEER DE EERSTE 3 ZINNEN:

a. ....

b. ....

c. ....

🔊 3. HERBELUISTER DE OPNAME EN VINK HET JUISTE ANTWOORD AAN:

a. En el piso, el chico…
☐ gasta demasiada agua
☐ gasta demasiada luz
☐ gasta demasiado en comer

b. El recibo de la luz es…
☐ 25,40 euros
☐ 60 euros
☐ 95,40 euros

c. Los hijos de la vecina…
☐ están locos
☐ son maleducados
☐ son pijos

d. La chica prefiere…
☐ gastar menos y no tener que buscar trabajillos
☐ ser canguro
☐ dar clases

WOORDENSCHAT

buscar *zoeken*
trabajillo *werkje, karwei, baantje*
duro *"cent"*
necesitar *nodig hebben*
canguro (el/la) *babysit*
clase (la) *les*
particular *privé, bijzonder*
preguntar *vragen*
enterarse de *ergens achter (zien te) komen*
ya *al; meteen; wel*
ganar *verdienen*
dinero *geld*
camarero/camarera *ober/ serveerster*
repartidor (el) *bezorger*
pizza *pizza*
lo que sea *eender wat*
beca *studietoelage, -beurs*
llegar *(ge)raken, aankomen,...*
mes (el) *maand*
y eso que *hoewel, ook al*
gastar *uitgeven, verbruiken*
beber *drinken*
fumar *roken*
pagar *betalen*
alquiler (el) *huur*
recibo *rekening, factuur*
luz (la) *licht → elektriciteit*
agua (vr.,maar met **el**!) *water*
quedarse *(komen te) zitten*
caro/a *duur*
compartir *(samen) delen*

gasto *uitgave*
ahorrar *(uit-, be)sparen*
creer *geloven den ken*
e *en* (vóór **(h)i**)
dejar *(ver)laten*
residencia *residentie*
universitario/a *universitair*
oír *horen*
ocurrirse *opkomen, te binnen schieten*
sitio *plaats*
acabar *eindigen;* **acabar de** *net ... hebben*
marcharse *weggaan*
compañero/compañera *genoot/ genote*
cuarto *kamer*
libre *vrij*
molestar *storen, hinderen*
hacer falta *nodig zijn*
limpio/a *net, proper*
nevera *koelkast*
cocinar *koken, eten klaarmaken*
de vez en cuando *af en toe*
precisamente *precies* (bijw.)
especialidad (la) *specialiteit*
pasta *pasta*
chocolate (el) *chocolade*
no pasa nada *het/dat is niet erg, geen probleem,...*

4. VORM EEN ZIN MET DE AANGEREIKTE ELEMENTEN:

a. yo / ocurrirse / una idea

→

b. la chica / no ocurrirse / nada

→

c. ¿usted / ocurrirse / algo?

→

d. nosotros / ocurrirse / muchas ideas

→

5. VAN DE TWEE VOORGESTELDE ZINNEN IS SLECHTS EEN CORRECT. SCHRAP DE FOUTE EN VERTAAL DE ANDERE:

a. Hay que un trabajillo. / Hace falta un trabajillo.

→

b. Es necesario comer bien. / El es necesario de bien comer.

→

c. Necesito ahorrar. / Necesario ahorrar.

→

d. Me hace falta un piso más barato. / Me hago falta un piso más barato.

→

6. VERTAAL DE VOLGENDE ZINNEN:

a. Ik verneem net wat je overkomt.

→

b. Als je de rekening niet kan betalen deze maand is dat niet erg.

→

c. Wanneer het einde van de maand er aankomt, zit ik zonder een cent ook al heb ik een studietoelage.

→

d. Ik slaag er niet in om te sparen, hoewel ik de onkosten deel met een (kamer)-genote.

→

12.
IK BEN STAGIAIR

SOY BECARIO

DOELSTELLINGEN

- PRATEN OVER STUDIE EN WERK
- ZEGGEN EN VRAGEN HOE HET GAAT (VERVOLG)
- KLAGEN EN ZICH VERHEUGEN
- IETS GOED- OF AFKEUREN
- EEN PAAR TUSSENWERPSELS GEBRUIKEN

BEGRIPPEN

- *DESDE / DESDE HACE* - SINDS WANNEER/HOELANG?
- *UNOS/AS, ALGUNOS/AS* BIJ ONBEPAALDE HOEVEELHEDEN
- WEDERKEREND/WEDERKERIG
- V.T.T. (*PRETÉRITO PERFECTO COMPUESTO*): VORMING EN GEBRUIK
- IMPERATIEF:
  - TWEE VORMEN
  - BIJ WERKWOORDEN MET EEN STAMKLINKERWISSEL
  - BIJ GEBRUIK MET EEN PERSOONLIJK VOORNAAMWOORD EN ACCENTTEKEN

DE WERELD VAN DE ARBEID

– Alejandro, da's lang geleden [hoeveel tijd]!

– Hé, Isabel, wat 'n verrassing!

– We hebben elkaar [ons] al een paar jaartjes niet gezien, hè?

– Ja, sinds het middelbaar!

– Wat is (er) van jou (geworden)? Vertel me!

– Goh, ik heb een beetje van alles gedaan, informatica, schone kunsten, en nu ben ik stagiair bij [in] een krant.

– Wat leuk, niet?

– Ja. Wel, niet zozeer...

– Ben je niet blij met wat je doet?

– Stagiair is niet het ideale... Enerzijds [Voor een deel] is het goed om ervaring op te doen, maar anderzijds zijn het altijd korte contracten.

– Dus eigenlijk [Of (het) zij dat] heb je nog altijd geen vaste baan gehad.

– Welnee! Ik doe stages gedurende een paar maanden en, wanneer ik iets begin te leren, ontslaan ze me en ben ik opnieuw werkloos [keer terug naar-de werkloosheid].

– Wat rot...

– En jij, hoe is het jou vergaan?

– Ik mag niet klagen [beklaag me niet]! Ík heb altijd vlug [een] werk willen [gewild] vinden, ik heb beroepsonderwijs gevolgd en nu ben ik bakkerin!

– Ik geloof dat uiteindelijk jij gelijk hebt gehad: het beste is een beroep te hebben.

– Luister, mijn bakkerij heeft een webpagina nodig. Hoeveel reken je om die te ontwerpen?

– Voor jou is het gratis, maar ik stel een voorwaarde.

– Zeg maar [me].

– Leer me gebakjes maken...

– Afgesproken [Overeenkomst gemaakt]!

EL MUNDO LABORAL

– Alejandro, ¡cuánto tiempo!

– Anda, Isabel, ¡qué sorpresa!

– No nos hemos visto desde hace unos añitos, ¿eh?

– ¡Sí, desde la ESO!

– ¿Qué es de ti? ¡Cuéntame!

– Pues he hecho un poco de todo, informática, bellas artes, y ahora soy becario en un periódico.

– Qué chulo, ¿no?

– Sí. En fin, no tanto…

– ¿No estás contento con lo que haces?

– Becario no es lo ideal… Por una parte está bien para adquirir experiencia, pero por otro lado son siempre contratos cortos.

– O sea que todavía no has tenido un empleo fijo.

– ¡Qué va! Hago prácticas durante unos meses y, cuando empiezo a aprender algo, me despiden y vuelvo al paro.

– Vaya rollo…

– ¿Y a ti qué tal te ha ido?

– ¡No me quejo! Yo siempre he querido encontrar rápidamente un trabajo, he cursado FP y ahora, ¡soy panadera!

– Creo que al final has tenido razón tú: lo mejor es tener un oficio.

– Oye, mi panadería necesita una página web. ¿Cuánto cobras por diseñarla?

– Para ti es gratis, pero pongo una condición.

– Dime.

– Enséñame a hacer pasteles…

– ¡Trato hecho!

DE DIALOOG BEGRIJPEN
VRAGEN HOE HET GAAT

We stelden de vraag al in Module 3, maar willen nu een paar idiomatische formules tonen: **¿Qué es de ti / de tu marido / de ellos?** *Hoe is het met jou / met je man / met hen gesteld?*; **¿Qué tal te va?** of **¿Cómo te va?** *Hoe gaat het met jou?* Verwijzend naar het leven in het algemeen of naar iets bepaalds (een examen, onderhoud,...): **¿Qué tal te ha ido?** *Hoe is het (voor jou) gegaan?*

ZEGGEN HOE HET GAAT

Bovenstaande vragen kunnen beantwoord worden met bv.: **(No) estoy contento**, *Ik ben (niet) tevreden*; **No me quejo**, *Ik mag niet klagen*; **Me va bien/mal**, *Het gaat goed/slecht met me*; **Me ha ido bien/mal**, *Het is goed/slecht verlopen*.

EEN PAAR TUSSENWERPSELS

Spaanse gesprekken klinken, net als in alle talen, levendiger door het gebruik van allerlei tussenwerpsels. Een paar voorbeelden:
- **¡Anda!** *Hé, Nee maar* enz. (bij verrassing, verbazing, ongeloof).
- **Pues**, *Nou, Wel* enz. (aan het begin van een zin)
- **O sea que**, *Dus eigenlijk, met andere woorden* enz. (samenvattend)
- **¡Vaya...!** *Wat ('n)...!* (vergelijkbaar met **qué** vóór een naamwoord)

- **¡Qué va!** *Welnee!* (bij het tegenovergestelde)

CULTURELE INFO

Het Spaans dat je op straat hoort, is vrij informeel, kan al eens een grof woord bevatten als het gespreksonderwerp zich daartoe leent (voetbal, politiek, het weer,...). Zo ver zullen we het niet drijven, maar aarzel niet om onder vrienden termen te gebruiken zoals het multifunctionele **rollo**: **¡Qué rollo de película!** *Wat 'n saaie film!*; **¡Vaya rollo ser becario!** *Stagiair zijn is kl...!*
Met **buen** of **mal** ervoor kan **rollo** een sfeer of een relatie bepalen: **¡Qué mal rollo!** *'t Is niet veel soeps!*; **En este bar hay buen rollo**, *In deze bar hangt een leuke sfeer;* **Tengo buen rollo con mis profes**, *Ik schiet goed op met mijn leraren.*
Om je positief uit te laten is er ook **chulo**, *leuk, tof, gaaf* enz.: **¡Qué chulo!** *Wat leuk!*; **¡Qué piso más chulo!** *Wat 'n toffe flat!*

◆ GRAMMATICA
SINDS WANNEER/HOELANG?

- Desde verwijst naar een specifiek moment waarop iets begon → *sinds, vanaf*: **No nos hemos visto desde la ESO**, *We hebben elkaar niet gezien sinds het middelbaar*;
- bij desde hace gaat het om een tijdsduur → *sinds, al*: **No nos hemos visto desde hace mucho tiempo**, *We hebben elkaar sinds lang / al een lange tijd niet gezien*.

EEN PAAR...

Waar in het Nederlands zaken in een onbepaald aantal ingeleid worden met *een paar, enkele, enige* is er in het Spaans:

- unos/unas: **Soy becario desde hace unos meses**, *Ik ben sinds enkele maanden stagiair*;
- algunos/algunas: **En algunos casos, las prácticas son interesantes**, *In een paar gevallen zijn stages interessant.*

ELKAAR

Merk op dat in het Spaans geen wederkerig (elkaar) maar een wederkerend (zich) voornaamwoord gebruikt wordt: **tutearse**, *elkaar tutoyeren* - **vamos a tutearnos**, *we gaan elkaar tutoyeren* (Module 4); **parecerse**, *op elkaar lijken* - **os parecéis**, *jullie lijken op elkaar* (Module 9); **verse**, *elkaar zien* - **nos hemos visto**, *we hebben elkaar gezien/ontmoet* (huidige Module).

▲ VERVOEGING
VOLTOOID TEGENWOORDIGE TIJD

VORMING

De v.t.t. wordt in het Spaans altijd gevormd met de o.t.t. van het hulpwerkwoord haber, *hebben* waarop meteen het (onveranderlijke) voltooid deelwoord van het hoofdwerkwoord volgt. Het voltooid deelwoord bestaat uit de stam met de uitgang **-ado** bij werkwoorden op **-ar** en **-ido** bij werkwoorden op **-er** of **-ir**.

haber	hablar	comer	vivir
he	he hablado	he comido	he vivido
has	has hablado	has comido	has vivido
ha	ha hablado	ha comido	ha vivido
hemos	hemos hablado	hemos comido	hemos vivido
habéis	habéis hablado	habéis comido	habéis vivido
han	han hablado	han comido	han vivido

Daarnaast zijn er natuurlijk onregelmatige vormen, bv.: **visto**, *gezien* (van **ver**) en **hecho**, *gedaan/gemaakt* (van **hacer**).

GEBRUIK

In principe wordt de v.t.t. of **pretérito perfecto compuesto** gebruikt voor:

- een recent voltooide handeling/gebeurtenis: **Esta mañana Alejandro ha visto a Isabel**, *Deze morgen / Vanmorgen heeft Alejandro Isabel gezien.*
- een voltooide handeling/gebeurtenis die voor de spreker nog in verband staat met het heden: **He cursado Formación Profesional**, *Ik heb een beroepsopleiding gevolgd* (bijgevolg heb ik nu een job).

Hou er rekening mee dat men een tijd in het Spaans niet altijd op dezelfde manier gebruikt als in het Nederlands, al was het maar omdat er nu eenmaal meer tijden gebruikt worden in het Spaans dan in het Nederlands, bv. in Module 1: **Nací en París** (soort o.v.t.), *Ik ben geboren in Parijs* (v.t.t.).

MEER OVER DE IMPERATIEF

Strict genomen, zijn er in het Spaans slechts twee imperatiefvormen, nl. in de:
- 2e persoon enkelvoud
- 2e persoon meervoud.

In Module 3 zagen we de vorming bij werkwoorden op **-ar**, bv. **hablar**:
- **habla**, *spreek* (stam **habl-** + uitgang **-a**)
- **hablad**, *spreken jullie* (stam **habl-** + uitgang **-ad**).

Houd rekening met een eventuele stamklinkerwissel, bv. **contar**, *vertellen*:
- **cuenta**, *vertel*
- **contad**, *vertellen jullie*.

Denk eraan dat wanneer in het Spaans de imperatief gebruikt wordt met een persoonlijk voornaamwoord, dit aan de werkwoordsvorm vastgeschreven wordt, bv.
- **cuéntame**, *vertel me*
- **enséñadme**, *leren jullie me*.

Let in dit geval ook op het accentteken dat de klemtoon op de stamklinker van het werkwoord (dus de derdelaatste lettergreep) moet houden.

WOORDENSCHAT

becario/becaria *stagiair/stagiaire*
mundo *wereld*
laboral *arbeids-, werk-*
tiempo *tijd*
sorpresa *verrassing*
desde *sinds, van(af)* ; **desde hace** *sinds, al*
contar [ue] *vertellen*
informática *informatica*
bellas artes (las) *schone kunsten*
periódico *krant*
chulo/a *leuk, tof, gaaf*
contento/a *blij, tevreden*
ideal (el) *ideaal*
por una parte *aan de ene kant, enerzijds*
adquirir [ie] *opdoen, verwerven*
experiencia *ervaring*
por otro lado *aan de andere kant, anderzijds*
contrato *contract*
empleo *baan, job*
fijo/a *vast*
prácticas (las) *stage*
despedir [i] *ontslaan*
paro *werkloosheid*
rollo *rol; (saai) gedoe*
quejarse *(zich be)klagen*
encontrar [ue] *vinden*
rápidamente *snel, vlug* (bijw.)
cursar *volgen (opleiding)*
FP (la Formación Profesional) *beroepsopleiding*
panadero/panadera *bakker/-in*
al final *uiteindelijk*
oficio *beroep*
panadería *bakkerij*
página *pagina*
web *web*
cobrar *innen, (aan)rekenen*
diseñar *ontwerpen, vormgeven*
condición (la) *voorwaarde*
pastel (el) *gebakje*
trato *overeenkomst, verdrag*

OEFENINGEN

1. BELUISTER DE ZINNEN EN VINK AAN HOE JE EROP ZOU REAGEREN:

a. ☐ ¡Qué chulo! – ☐ Vaya rollo…   c. ☐ ¡Qué chulo! – ☐ Vaya rollo…

b. ☐ ¡Qué chulo! – ☐ Vaya rollo…   d. ☐ ¡Qué chulo! – ☐ Vaya rollo…

2. BELUISTER DE DIALOOG EN VUL DE EERSTE 4 ZINNEN AAN:

14

a. Hola, Alejandro, ¿...?

b. ....

c. ¿................................... otra vez con tu novia, es eso?

d. No,..............................., ... muy bien desde hace unos meses.

3. HERBELUISTER DE OPNAME EN VINK HET JUISTE ANTWOORD AAN:

14

a. Alejandro está en el paro desde hace…
☐ tres semanas
☐ un mes y medio
☐ un año y medio

b. Ha sido becario…
☐ en una página web por quinientos euros
☐ en un periódico por doscientos euros
☐ en una panadería por quinientos euros

c. Las últimas prácticas…
☐ han acabado con un contrato fijo
☐ han acabado antes de tiempo
☐ le han parecido un rollo

4. ZET ONDERSTAANDE ZINNEN IN DE V.T.T.:

a. Isabel me cuenta su vida. →

b. ¿Qué haces? →

c. Vengo a ver qué pasa. →

d. No vemos nada. →

5. VUL AAN MET *DESDE* OF *DESDE HACE*:

a. No he salido .... tres días.

b. No he salido .... la semana pasada.

c. No lo he visto .... su cumpleaños.

d. No lo he visto .... un año.

6. VERTAAL DE VOLGENDE ZINNEN:

a. Hoeveel heb je betaald gekregen gedurende je stage?

→

b. We zijn niet tevreden met onze arbeidsvoorwaarden.

→

c. Dus heb je na je beroepsopleiding eigenlijk snel werk gevonden.

→

13.
IK KOM VOOR DE ADVERTENTIE

VENGO POR EL ANUNCIO

> **DOELSTELLINGEN**

- VRAGEN BEANTWOORDEN TIJDENS EEN SOLLICITATIEGESPREK: VAARDIGHEDEN, ERVARING, BESCHIKBAARHEID, MOTIVATIE
- EEN VOORBEHOUD UITEN
- SPAANS EN ANGLICISMEN

> **BEGRIPPEN**

- MEER OVER HET VOORZETSEL *DE*
- BIJWOORDEN VAN WIJZE OP *-MENTE*
- MEER OVER HET NEUTRALE LIDWOORD *LO* (*LO QUÉ, LO MÍO, LO DE*)
- VOLGORDE VAN PERSOONLIJKE VOORNAAMWOORDEN
- ONREGELMATIG VOLTOOID DEELWOORD VAN *DECIR/PONER*
- *DAR*: O.T.T. EN UITDRUKKINGEN

SOLLICITATIEGESPREK

– Goedemorgen, ik kom voor de advertentie. Men heeft me gezegd dat ik (een) afspraak heb om 12 uur.

– Ja, komt u binnen alstublieft. Goed, ik zie op uw cv dat u momenteel werkt als [werkend bent van] serveerster.

– Die als serveerster is een tijdelijke job: ik kan onmiddellijk beginnen [ben bereid om-te inlijven-me meteen].

– Perfect. Zegt u mij eens: waarom hebt u op deze advertentie geantwoord?

– Ik heb al rechtstreeks met mensen gewerkt [heb geweest gezicht naar-het publiek] en heb beseft [me heb gegeven rekening van] dat mijn ding [het mijne] het contact met de mensen is. Daarom [Voor dat] wil ik graag met u (mv.) werken.

– Dat is heel goed, maar dit is een kledingwinkel: het gaat niet alleen om verkopen, maar ook om advies geven.

– [De] Mode boeit me en ik voel me bekwaam om welke klant ook te bedienen.

– Goed, maar uw stijl is niet precies die die we zoeken: wíj verkopen T-shirts, jeans, jekkers, sportschoenen...

– Ik heb [me] een rok en geklede [van kleden] schoenen aangetrokken voor het onderhoud, maar bekijkt u deze foto: ziet u hoe ik me gewoonlijk kleed?

– Bent u het helemaal in het [van] zwart geklede meisje?

– Ja, en ik heb ook een tatoeage! Toon ik hem u?

– Nee..., dat is niet nodig. U hebt me overtuigd.

– Wanneer begin ik dan?

– Interesseert het u niet (te) weten wat [welk] het loon is?

– Dat is [geeft] me gelijk, ik zeg het u nogmaals [u het herhaal]: verkoopster zijn, is de droom [illusie] van mijn leven!

ENTREVISTA DE TRABAJO

— Buenos días, vengo por el anuncio. Me han dicho que tengo cita a las doce.

— Sí, pase, por favor. Bien, veo en su currículum que actualmente está trabajando de camarera.

— Lo de camarera es un trabajo eventual: estoy dispuesta a incorporarme enseguida.

— Perfecto. Dígame: ¿por qué ha contestado a este anuncio?

— Ya he estado cara al público, y me he dado cuenta de que lo mío es el contacto con la gente. Por eso me apetece trabajar con ustedes.

— Está muy bien, pero esto es una tienda de ropa: no se trata solo de vender, sino también de aconsejar.

— Me apasiona la moda y me siento capacitada para atender a cualquier cliente.

— Ya, pero su estilo no es exactamente el que buscamos: nosotros vendemos camisetas, vaqueros, cazadoras, deportivas…

— Me he puesto una falda y zapatos de vestir para la entrevista, pero mire esta foto: ¿ve cómo me visto habitualmente?

— ¿Es usted la chica enteramente vestida de negro?

— ¡Sí, y también tengo un tatuaje! ¿Se lo enseño?

— No…, no hace falta. Me ha convencido.

— Entonces, ¿cuándo empiezo?

— ¿No le interesa saber cuál es el sueldo?

— Me da igual, se lo repito: ¡ser dependienta es la ilusión de mi vida!

■ DE DIALOOG BEGRIJPEN

NUTTIGE WOORDENSCHAT EN UITDRUKKINGEN

→ De eerste betekenis van *ya* is *al*: **Ya he trabajado**, *Ik heb al gewerkt*. In een gesprek is **ya** ook een formule om in te stemmen, maar ze klinkt minder krachtig dan **sí**: **Mi ilusión es ser dependienta**, *Mijn droom is verkoopster zijn/worden*. – **Ya**, *Nou, ja*; **Usted lleva ropa demasiado clásica**, *U draagt te klassieke kleren*. – **Ya**, *Eigenlijk wel*.

→ Maar is **pero**: **Soy camarera, pero quisiera ser dependienta**, *Ik ben serveerster, maar ik zou verkoopster willen zijn*; is echter het eerste deel van de zin ontkennend, dan verandert **pero** in **sino**: **Mi ilusión no es ser camarera sino dependienta**, *Mijn droom is niet serveerster zijn, maar verkoopster*.

→ **Sentir**, *voelen*; **sentirse**, *zich voelen*. In het Spaans worden werkwoorden die een gevoel uitdrukken vaak wederkerend gebruikt: **apetecer**, *zin hebben in / om te, graag willen ...*: **No me apetece mucho**, *Dat zegt me niet veel*.

MEER OVER HET VOORZETSEL *DE*

Dat voorzetsels klakkeloos vertalen dikwijls fout uitloopt, is intussen al meermaals gebleken. Een typisch voorbeeld is **de**:

ilusión de mi vida, *droom van mijn leven*; **darse cuenta de**, *zich rekenschap geven van*; **tienda de ropas**, *klerenwinkel* (lett. *winkel van kleren*); **profesor de Inglés**, *leraar* [van] *Engels*

trabajar de camarera, *werken als serveerster* ("in de rol van serveerster")

tratarse de, *gaan over/om, betreffen*

vestido/a de negro, *in het zwart gekleed*; **a las 4 de la madrugada**, *om 4 uur in de ochtend, 's ochtends*

eerder hadden we o.a. ook **¿De donde eres? – De Inglaterra**, *Waar kom je vandaan? – Uit Engeland*.

CULTURELE INFO

De meer dan 500 miljoen Spaanstaligen in de wereld gebruiken wel Engelse woorden, maar niet zozeer voor alledaagse termen, bv. *een T-shirt* blijft **una camiseta**, *een jeans* heet **unos vaqueros** (meervoud!) en *sportschoenen* noemen ze **unas deportivas** (van **zapatillas deportivas**, "sportieve sloffen"). Sommige Engelse leenwoorden worden "verspaanst", bv. *leader* wordt **líder**, *heavy metal* **jevi metal**, andere gewoon aanvaard, bv. **la web**, **un blog** of **un chat**. In Latijns-Amerika is de Engelse invloed uiteraard groter en krijgt men zelfs te maken met het zgn. *Spanglish*.

GRAMMATICA
BIJWOORDEN VAN WIJZE OP -MENTE

Veel bijwoorden van wijze eindigen op **-mente**, een uitgang die toegevoegd wordt aan de vrouwelijke vorm van het bijvoeglijk naamwoord. Even herhalen: een adjectief dat in de mannelijke vorm eindigt op **-o** krijgt in de vrouwelijke vorm de uitgang **-a**; bij een andere eindletter is er geen onderscheid tussen mannelijk en vrouwelijk.

mannelijk bijv. nw.	vrouwelijk bijv. nw.	bijwoord
exacto	exacta	exactamente
actual	actual	actualmente
agradable	agradable	agradablemente

MEER OVER HET NEUTRALE LIDWOORD *LO*

Het neutrale **lo** verwijst naar iets onbepaalds, abstracts:
• **lo** + beklemtoond bezittelijk voornaamwoord geeft "mijn/jouw enz. ding, iets voor mij/jou enz." weer: **Lo mío es estar cara al público**, *Mijn ding is met mensen bezig zijn*; **Lo tuyo no es la venta**, *Verkoop is niet jouw ding;* **Lo suyo nunca han sido los estudios**, *Studeren is nooit iets voor hem geweest.*
• **lo de** + naamwoord/werkwoord staat voor "dat (van)": **Lo de camarera es un empleo eventual**, *Dat werk als serveerster is tijdelijk*; **Lo de estar cara al público me apasiona**, *Dat omgaan met mensen boeit me.*
• **lo que** komt overeen met "dat dat" of beter "wat, hetgeen": **lo que se hace** (Module 7), *wat men doet;* **lo que pasa** (Module 11), *wat gebeurt.*
Wordt naar iets specifieks verwezen, dan is **el/la** aangewezen: **su estilo no es exactamente el que buscamos**, *uw stijl is niet exact die die we / wat we zoeken.*

VOLGORDE VAN PERSOONLIJKE VOORNAAMWOORDEN

In Module 4 hadden we het al over het persoonlijk voornaamwoord als lijdend en meewerkend voorwerp. Wat als twee van die voornaamwoorden bij elkaar staan? Wel, dan komt het meewerkend voorwerp eerst: **Te lo digo**, *Ik zeg het je (lett. jou het)*; **Me los presenta**, *Hij stelt ze (aan) me voor;* **Préstamelo**, *Leen het (aan) me.* Gaat het om twee voornaamwoorden in de 3e persoon, dan verandert het meewerkend voorwerp **le** of **les** in **se**: **Se lo repito**, *Ik herhaal het (voor) u.*; **¿Se la enseño?** *Toon ik het (aan) u?*

▲ VERVOEGING

ONREGELMATIG VOLTOOID DEELWOORD VAN *DECIR* EN *PONER*

Onthoud alvast het onregelmatige voltooid deelwoord van:
- decir → dicho: ¿Qué has dicho? *Wat heb je gezegd?*
- poner → puesto: ¿Dónde has puesto las llaves?, *Waar heb je de sleutels gelegd?*; **Me he puesto una falda**, *Ik heb een rok aangetrokken* (en zo ook **disponer**, *opstellen, voorbereiden* → **dispuesto**: **He dispuesto lo siguiente**, *Ik heb het volgende voorbereid*).

Onthoud ook dat wanneer een voltooid deelwoord bijvoeglijk gebruikt wordt, het zich richt naar zijn onderwerp, bv. **foto(s) dispuesto(s), cosa(s) dicha(s).**

HET WERKWOORD *DAR*

Dar, *geven* heeft een onregelmatige o.t.t. in de 1e pers. ev.:

doy	me doy cuenta, *ik geef me rekenschap*	me da igual, *het is me gelijk*
das	te das cuenta, *je geeft je rekenschap*	te da igual, *het is je gelijk*
da	se da cuenta, *hij/ze geeft zich rekenschap*	le da igual, *het is hem/haar gelijk*
damos	nos damos cuenta, *we geven ons rekenschap*	nos da igual, *het is ons gelijk*
dais	os dais cuenta, *jullie geven je rekenschap*	os da igual, *het is jullie gelijk*
dan	se dan cuenta, *ze geven zich rekenschap*	les da igual, *het is hun gelijk*

Ook het voltooid deelwoord is onregelmatig: **dado**.

Dar wordt in heel wat uitdrukkingen gebruikt, zoals nog zal blijken in de volgende module.

● OEFENINGEN

🔈 1. NUMMER DE ZINNEN IN DE VOLGORDE WAARIN JE ZE HOORT:

15

a. Je beseft niet. ....

b. Ik heb niet beseft. ....

c. Hij beseft niet. ....

d. Ze hebben niet beseft. ....

🔈 2. BELUISTER DE DIALOOG EN VUL DE EERSTE 4 ZINNEN AAN:

15

a. ¿Qué tal ....?

b. Fenomenal, ... el trabajo es para mí.

c. ¡Me .... mucho! ¿Cómo ....?

d. Pues no sé, creo que ....

WOORDENSCHAT

entrevista *onderhoud, gesprek*
cita *afspraak*
currículum (el) *curriculum*
actualmente *momenteel*
eventual *tijdelijk*
dispuesto/a (a) *bereid (om)*
incorporarse *zich inlijven, hier aan de slag gaan*
enseguida *onmiddellijk*
contestar *antwoorden*
cara *gezicht, gelaat*
público *publiek*
dar *geven;* **darse cuenta** *zich rekenschap geven, beseffen, inzien*
contacto *contact*
gente (la ev.!) *mensen, volk*
tienda *winkel*
ropa *kleding*
tratarse *gaan over/om, betreffen*
vender *verkopen*
no solo… sino *niet alleen… maar*
aconsejar *advies geven*
apasionar *boeien, passioneren*
moda *mode*
sentir [ie] *voelen, ook ruiken;* **sentirse** *zich voelen*
capacitado/a *bekwaam*
atender [ie] *bedienen, helpen (m.b.t. een klant)*
cualquier(a) *(bijw. nw.) welke ook, eender welke*
ya *al; goed, nou, oké, wel*
estilo *stijl*
exactamente *exact, precies* (bijw.)
camiseta *T-shirt*
vaqueros (los) *jeans, spijkerbroek*
cazadora *jekker*
deportivas (las) *sportschoenen*
ponerse *aantrekken (m.b.t. kledij)*
falda *rok*
zapato *schoen;* **zapato de vestir** *geklede schoen*
mirar *kijken*
foto (la) *foto*
vestirse [i] *zich kleden*
habitualmente *gewoonlijk*
vestido/a *gekleed*
enteramente *helemaal*
negro *zwart*
tatuaje (el) *tatoeage*
enseñar *tonen, ook onderwijzen*
convencer *overtuigen*
interesar *interesseren*
sueldo *loon*
dar igual *gelijk, om het even zijn*
repetir [i] *herhalen*
dependiente/dependienta *verkoper/verkoopster*
ilusión (la) *illusie, hier droom*

3. HERBELUISTER DE OPNAME EN VINK HET JUISTE ANTWOORD AAN:

a. Para la entrevista de trabajo, el chico se ha puesto…
☐ zapatos de vestir
☐ una cazadora
☐ deportivas

c. Durante la entrevista, …
☐ han fumado todos
☐ ha fumado el chico
☐ no ha fumado nadie

b. El chico quiere cobrar …
☐ 2000 euros o más
☐ menos de 2000 euros
☐ más de 2000 euros

4. ZET DE ZINNEN IN DE V.T.T.:

a. No digo nada. →

b. Nos ponemos unos vaqueros. →

c. Les da igual. →

d. Te lo repito. →

5. VERVANG HET ONDERSTREEPTE ZINSDEEL DOOR EEN BIJWOORD OP –*MENTE*:

a. Esto lo hago con facilidad: lo hago ....

b. Puedes hablar con tranquilidad: puedes hablar ....

c. Siempre se comporta con amabilidad: se comporta..

d. Escribe español a la perfección: lo escribe..

6. VERTAAL DE VOLGENDE ZINNEN:

a. Mijn contract is niet vast maar tijdelijk.

→

b. Ik heb het u gezegd: mijn ding is verkoopster zijn en het loon is me eender.

→

c. Hoe laat hebt u een afspraak voor het sollicitatiegesprek?

→

d. Dat met die tatoeage heeft geen belang voor mij: voelt u zich bekwaam om klanten te bedienen?

→

14.
ZULLEN WE EEN ZAAK OPSTARTEN?

¿MONTAMOS UN NEGOCIO?

DOELSTELLINGEN	BEGRIPPEN

- PRATEN OVER EEN PROJECT: EEN ARGUMENTATIE VOORBEREIDEN; EEN REDENERING BEOORDELEN
- VERVELING UITDRUKKEN
- TERMEN UIT HET BEDRIJFSLEVEN

- ER IS/ZIJN: *HAY* EN *ESTÁ*
- BEPAALD LIDWOORD I.P.V. BEZITTELIJK VOORNAAMWOORD
- DE BIJWOORDEN VAN PLAATS *AQUÍ, AHÍ, ALLÍ*
- WEGLATEN VAN DE EINDKLINKER (*BUEN, MAL, PRIMER, TERCER, ALGÚN, NINGÚN*)
- WERKWOORDEN OP *-UIR* (*DISTRIBUIR*)
- *PRESENTE DE SUBJUNTIVO*:
  - GEBRUIK
  - VORMING

PROJECTEN

– Je ziet er niet goed uit [hebt slecht gezicht]...

– Ik kan niet meer: ik kan mijn chef niet uitstaan en ik verdraag mijn collega's niet. Ik ben het kantoor beu!

– Je lijkt [Jou zie] (op)gebrand.

– Ik ga vragen [hem] aan de dokter dat hij me [het] ziekteverlof geeft [*geve*].

– Dat is geen oplossing...

– Nou. Eigenlijk [In werkelijkheid] heb ik ingezien dat ik het niet naar (mijn) zin heb [ben] in een traditioneel bedrijf, met vergaderingen en...

– Het is niet nodig dat je me meer zegt [*zegge*], ik begrijp je perfect.

– Zeg , wil je niet dat we samen een zaak opstarten [*subj.*]?

– Een zaak?

– Ja, wees je eigen baas als je niet wil dat (een) ander het is [*zij*].

– Met de crisis lijkt me dat niet gemakkelijk.

– In [het] tegendeel! Internet creëert [opent] opportuniteiten: je hebt niet veel investering nodig om een zaak online op te starten.

– En wat wil je verkopen?

– Bio-olijfolie, voor de buitenlandse markt.

– Nu [dat] je het zegt... Deze zomer in New York heb ik me geen tortilla kunnen [niet heb gekund] klaarmaken: ginder is de prijs van een goede olie waanzinnig hoog [een waanzin].

– Er zijn kosten: er is degene [hij] die invoert, degene die de distributie verzorgt...

– Natuurlijk! Via internet [het Net] vermijd je [schaf je af de] tussenpersonen, verkoop je goedkoper en de klant komt er als winnaar [winnend] uit.

– We moeten ons haasten [Er moet geven-zich haast], voordat (een) ander het idee van ons steelt (*stele*)!

– Kijk hem aan... In een flits is zijn gezicht opgefleurd [zich heeft veranderd het gezicht]!

PROYECTOS

– Tienes mala cara…

– No puedo más: no aguanto a mi jefe y no soporto a mis compañeros. ¡Estoy harto de la oficina!

– Te veo muy quemado.

– Voy a pedirle al médico que me dé la baja.

– No es una solución…

– Ya. En realidad me he dado cuenta de que no estoy a gusto en una empresa tradicional, con reuniones y…

– No hace falta que me digas más, te comprendo perfectamente.

– Oye, ¿no quieres que montemos un negocio juntos?

– ¿Un negocio?

– Sí, sé tu propio jefe si no quieres que otro lo sea.

– Con la crisis no lo veo fácil.

– ¡Al contrario! Internet abre oportunidades: no necesitas mucha inversión para montar un comercio en línea.

– ¿Y qué quieres vender?

– Aceite de oliva ecológico, para el mercado extranjero.

– Ahora que lo dices… Este verano en Nueva York no he podido hacerme una tortilla: allí el precio de un buen aceite es una locura.

– Hay costes: está el que importa, el que distribuye…

– ¡Claro! A través de la Red suprimes los intermediarios, vendes más barato y el cliente sale ganando.

– ¡Hay que darse prisa, antes de que otro nos robe la idea!

– Míralo… ¡En un pis-pas le ha cambiado la cara!

■ DE DIALOOG BEGRIJPEN
NUTTIGE WOORDEN EN UITDRUKKINGEN

→ **La baja** slaat in een professionele context op *het ziekteverlof*: **El médico me ha dado la baja**, *De arts gaf me ziekteverlof;* **Estoy de baja**, *Ik ben met ziekteverlof.* Weet dat **dar de baja** ook *ontslaan* betekent: **El patrón ha dado de baja a toda la plantilla**, *De baas heeft al het personeel ontslagen.*

→ Buiten de beroepssfeer staat **el alta** en **la baja** voor *het inschrijven/uitschrijven*, **darse de alta** en **darse de baja**: **Me he dado de alta en Latacel**, *Ik ben klant geworden bij Latacel*; **Gracias por darse de alta en nuestro club**, *Bedankt voor uw toetreding tot onze club*; **¿Por qué te has dado de baja del gimnasio?** *Waarom ben je uit de sportclub gegaan?*; **Latacel me ha dado de baja**, *Latacel heeft mijn contract opgezegd.*

→ **Hay** ken je al: **¿Hay alguien?** *Is er iemand?* Let er evenwel op "er is/zijn" niet steevast te vertalen met **hay**. Als, bijvoorbeeld, wat volgt ingeleid wordt door een bepaald lidwoord, moet niet **hay** maar **está** gebruikt worden: **Hay costes: está el que importa**, *Er zijn kosten, er is degene die invoert.*

→ Merk op hoe in de dialoog het werkwoord **ver** *(zien)* een "gevoel" uitdrukt: **Lo veo difícil al principio**, *Volgens mij is het (Ik zie het) in het begin moeilijk*; **Te veo quemado**, *Je lijkt me (Ik zie jou) opgebrand.*

◆ GRAMMATICA
BEPAALD LIDWOORD I.P.V. BEZITTELIJK VOORNAAMWOORD

In module 9 zagen we al dat in het Spaans een bepaald lidwoord wordt gebruikt i.p.v. een bezittelijk voornaamwoord wanneer uit andere elementen blijkt om wiens "bezit" het gaat: **¿Me da el pasaporte, por favor?** *Geeft u me uw paspoort, alstublieft?*; **Me pongo las deportivas**, *Ik trek mijn sportschoenen aan.*

BIJWOORDEN VAN PLAATS

Met de volgende drie bijwoorden kan de afstand tussen de spreker en hetgene waarover hij het heeft, verduidelijkt worden:

• **aquí** → dichtbij de spreker: **Estoy aquí**, *Ik ben hier.*
• **ahí** → verwijderd van de spreker, dichtbij de aangesprokene: **¡Ahí, hay una cucaracha!**, *Er zit daar een kakkerlak!*
• **allí** (of **allá**) → verder verwijderd, zowel van de spreker als van de aangesprokene: **Allí, el aceite es carísimo**, *Ginder is de olie pokkeduur.*

APOCOPE

Apocope of het wegvallen van de eindklinker treedt in het Spaans op bij een aantal adjectifeven als ze vóór een naamwoord in het mannelijk enkelvoud staan:
Este aceite es bueno. / Es un buen aceite.
Eres malo. / Eres un mal amigo.
Es la primera vez. / Es el primer momento.
Soy el tercero. / Es el tercer año.
En algunas ocasiones. / En algún momento.
No hay ninguna razón. / No hay ningún argumento.

▲ VERVOEGING
WERKWOORDEN OP -*UIR*

Bij werkwoorden op **-uir** verandert in o.a. de o.t.t. de **i** in **y**, nl. vóór **e** of **o** en dus niet bij alle personen, zoals blijkt uit de vervoeging van **distribuir**.

Volgen hetzelfde model: **huir**, *vluchten*; **construir**, *bouwen*; **concluir**, *besluiten, concluderen* etc.

Let op: werkwoorden op **-guir** (**seguir**) vallen hierbuiten.

distrib**uir**
distrib**uyo**
distrib**uyes**
distrib**uye**
distrib**uimos**
distrib**uís**
distrib**uyen**

O.T.T.-SUBJUNCTIEF

GEBRUIK VAN DE SUBJUNCTIEF

In Module 11 zagen we al dat de subjunctief of aanvoegende wijs gebruikt wordt om iets onzekers uit te drukken (wil, wens, twijfel, spijt, advies,...):

• meestal in een bijzin ingeleid door **que** (*dat*) of afleidingen hiervan (bv. **antes de que**, *voordat*) en als ook het onderwerp wisselt: **Qiero que vengas**, *Ik wil dat je komt [kome]*.

• als in de hoofdzin o.a. een wil, verlangen of wens wordt uitgedrukt: **Quiero que montemos un negocio**, *Ik wil dat we een zaak opstarten [subj.]*; **No quiero que otro sea mi jefe**, *Ik wil niet dat een ander mijn chef is [zij]*.

• of een verzoek of voorstel: **Le pido al médico que me dé la baja**, *Ik vraag aan de arts dat hij me ziekteverlof geeft [geve]*; **Te pido que me ayudes**, *Ik vraag je me te helpen [dat je me helpe]*; ¿**No quieres que montemos un negocio juntos?** *Wil je niet dat we samen een zaak opstarten [subj.])*?

• of na bepaalde werkwoorden en wendingen die een verplichting uitdrukken: **No hace falta que me lo digas**, *Het is niet nodig dat je het me zegt [zegge]*.

• of voor een beleefd gebod (zie Module 8).

VORMING VAN DE O.T.T.-SUBJUNCTIEF

- stam + uitgang **-e, -es, -e, -emos, -éis,-en** bij werkwoorden op **-ar** en **-a, -as, -a, -amos, -áis, -an** bij werkwoorden op **-er/-ir**
- is de 1e pers. ev. o.t.t.-indicatief onregelmatig (bijvoorbeeld bij werkwoorden met een **-go**-vorm zoals **decir**, **tener**), dan duikt die onregelmatigheid op bij alle personen in de o.t.t.-subjunctief
- er zijn veel onregelmatigheden in de subjunctief, bv. bij **ser**, zoals bleek in de dialoog.

hablar	comer	vivir	decir	ser
hable	coma	viva	diga	sea
hables	comas	vivas	digas	seas
hable	coma	viva	diga	sea
hablemos	comamos	vivamos	digamos	seamos
habléis	comáis	viváis	digáis	seáis
hablen	coman	vivan	digan	sean

⬢ OEFENINGEN

🔊 1. VINK AAN WAT BEANTWOORDT AAN DE DEFINITIE:

16

a. ☐ la oficina – ☐ el jefe   c. ☐ estar quemado – ☐ estar a gusto

b. ☐ estar de baja – ☐ estar harto   d. ☐ la inversión – ☐ la empresa

🔊 2. BELUISTER DE DIALOOG EN NOTEER DE EERSTE 3 ZINNEN:

16

a. ....

b. ....

c. ....

🔊 3. HERBELUISTER DE OPNAME EN VINK AAN WAT *VERDAD* OF *MENTIRA* IS:

16

	verdad	mentira
a. El chico ha realizado una inversión importante.		
b. Ha diseñado él mismo su página web.		
c. Ha montado su negocio con otras tres personas.		
d. Ha tenido que pagar un estudio de mercado.		
e. A los españoles les encanta comprar salmorejo en línea.		
f. El chico se queja de su vida de empresario.		

● WOORDENSCHAT

montar *opbouwen, -starten*
negocio *(handels)zaak*
proyecto *project, plan*
aguantar *kunnen uitstaan*
jefe/jefa *chef, baas/bazin*
soportar *verdragen*
compañero/compañera *collega*
harto/a *vol;* **estar harto/a de...**
 ... beu/moe zijn, zijn buik vol hebben van ...
oficina *kantoor, bureau*
quemar *branden;* **quemado/a** *(op)gebrand, verbrand*
dar la baja *ziekteverlof geven*
solución (la) *oplossing*
realidad (la) *realiteit, werkelijkheid*
estar a gusto *op z'n gemak zijn*
empresa *bedrijf*
tradicional *traditioneel*
reunión (la) *vergadering*
comprender *begrijpen, verstaan*
propio/a *eigen*
crisis (la) *crisis*
al contrario *in tegendeel*
Internet *Internet*
abrir *openen*
oportunidad (la) *opportuniteit*
inversión (la) *investering*
comercio *handel, winkel*
línea *lijn*
aceite (el) *olie;* **aceite de oliva** *olijfolie*
ecológico/a *ecologisch, bio*
mercado *markt*
extranjero/a *buitenlands, vreemd*
verano *zomer*
allí *ginder*
precio *prijs*
locura *waanzin*
costes *(on)kosten*
importar *importeren, invoeren*
distribuir *verdelen, de distributie verzorgen*
a través de *via, door*
red (la) *net*
suprimir *weglaten, afschaffen, uitschakelen*
intermediario/intermediaria *tussenpersoon*
darse prisa *zich haasten*
antes de que *voordat*
robar *stelen, roven*
en un pis-pas *in een flits, oogwenk*
cambiar *veranderen*

4. HERSCHRIJF DE BEVELEN MET GEBRUIK VAN DE *SUBJUNTIVO*:

Voorbeeld: Zeg me de waarheid! → Ik wil dat je me de waarheid zegt.

a. ¡Dime la verdad! Quiero que

....

b. ¡Sé bueno! Quiero que

....

c. ¡Vende más barato! Quiero que

....

d. ¡Compra aceite ecológico! Quiero que

....

e. ¡Robadle la idea! Quiero que

....

5. GEBRUIK HET BIJVOEGLIJK NAAMWOORD IN DE CORRECTE VORM:

a. Es un .... momento para hacer negocios. [bueno]

b. Ha sido una muy .... inversión. [malo]

c. Es el .... negocio que monto. [primero]

d. Es la .... vez que te lo digo. [tercero]

e. No tengo .... cliente en España. [ninguno]

f. El precio de .... aceites es una locura. [alguno]

6. VERTAAL DE VOLGENDE ZINNEN:

a. Het is niet nodig dat je me helpt: ik vraag je alleen dat je me begrijpt.

→

b. Hier is er [een] goede olijfolie en ginder zijn er [de] klanten: starten we een zaak op?

→

c. Internet creëert opportuniteiten, maar met de crisis ziet het me er moeilijk uit.

→

III

ZAKEN

REGELEN

15. WAAR IS ... , ALSTUBLIEFT?

POR FAVOR, ¿DÓNDE ESTÁ...?

DOELSTELLINGEN	BEGRIPPEN

- DE WEG VRAGEN/UITLEGGEN (IN DE JIJ- EN U-VORM)
- TWIJFEL EN VERONDERSTELLING UITDRUKKEN
- BELEEFD EEN AANBOD AFWIJZEN
- WOORDENSCHAT BIJ EEN MUSEUMBEZOEK
	- BEVELEN
	- *AQUÍ/AHÍ/ALLÍ* EN *ESTE/ESE/AQUEL*
	- HET WEERGEVEN VAN "MISSCHIEN": *TAL VEZ, QUIZÁS, PUEDE SER, A LO MEJOR*
	- *PRESENTE DE SUBJUNTIVO*
	  - VAN *GIRAR* EN *DAR*
	  - BIJ WERKWOORDEN MET *-GO* / STAMKLINKERWISSEL *E → I*
	  - VAN HET ONREGELMATIGE *IR*

EEN ARTIEST IN MADRID

– Excuseert u me, ik ben op zoek naar het Museum van... Ach, ik herinnner me [van] de naam niet.

– Ik veronderstel dat 't het Pradomuseum is, niet?

– Nee, dat zegt me niets...

– Kent u het Prado niet?

– Nou, ik ben niet van hier.

– O..., dan beveel ik het u aan. Ziet u dat plein daar met een fontein in (het) midden?

– Ja, het is heel mooi.

– Gaat u tot ginder, slaat u linksaf [draait u aan de linker(kant)] en gaat u verder rechtdoor gedurende een tiental [enige tien] minuten.

– Wat ver... En welke soort [van] schilderijen zijn er in dat museum?

– Er is van alles, en vooral [boven alles] werken van de grote klassieke Spaanse schilders.

– Dat wat ik zoek is veeleer [meer goed van] moderne schilderkunst.

– Dan is het misschien het Reina Sofía.

– Ik denk dat het dat is! Het heeft een zwart-wit [in wit en zwart] doek van Dalí dat heel beroemd is, niet?

– [Het] Guernica?

– Exact!

– Het is van Picasso...

– Ja, dat is gelijk. Ligt dat hier dichtbij [dicht van hier]?

– (Hier) Tegenover, jongeman, de straat over[stekend].

– Ík ben immers ook artiest. Wilt u een van mijn schilderijen zien?

– Dank u, maar ik heb haast.

– Komaan, geeft u me wat [een hulpje] om te (kunnen) eten...

– Het spijt me. Hiernaast is er een goedkoop restaurant: in de eerste zijstraat aan de rechterkant.

– Ik heb niet(s) om de rekening te betalen...

– Wel, als u toch artiest bent, doet u hem (dan) een portret, aan de eigenaar. Wie weet, als het hem bevalt, nodigt hij u misschien uit...

17 — UN ARTISTA EN MADRID

– Disculpe, estoy buscando el Museo de.... Ah, no me acuerdo del nombre.

– Supongo que es el Museo del Prado, ¿no?

– No, no me suena…

– ¿No conoce el Prado?

– Es que no soy de aquí.

– Ya…, pues se lo recomiendo. ¿Ve aquella plaza con una fuente en medio?

– Si, es muy bonita.

– Vaya hasta allí, gire a la izquierda y siga todo recto durante unos diez minutos.

– Qué lejos... ¿Y qué tipo de cuadros hay en ese museo?

– Hay de todo, y sobre todo obras de los grandes pintores clásicos españoles.

– El que busco es más bien de pintura moderna.

– Entonces tal vez sea el Reina Sofía.

– ¡Creo que es ese! Tiene un cuadro en blanco y negro de Dalí que es muy famoso, ¿verdad?

– ¿El Guernica?

– ¡Exacto!

– Es de Picasso…

– Sí, da igual. ¿Queda cerca de aquí?

– Enfrente, joven, cruzando la calle.

– Es que yo también soy artista. ¿Quiere ver uno de mis cuadros?

– Gracias, pero tengo prisa.

– Venga, deme una ayudita para comer…

– Lo siento. Aquí al lado hay un restaurante barato: en la primera bocacalle a la derecha.

– No tengo para pagar la cuenta…

– Pues ya que es artista, hágale un retrato al dueño. Quién sabe, si le gusta quizás le invite…

■ DE DIALOOG BEGRIJPEN
DE WEG VRAGEN/UITLEGGEN

→ ¿Dónde está...? of ¿Dónde se encuentra...?, *Waar is, ligt, staat ...* of *bevindt zich ...?*; ¿Cómo se va a...? *Hoe ga je* (onpers.) *naar ...?* Ook mogelijk is: **Estoy buscando...**, *Ik ben op zoek naar ...* of **Quiero ir a...** *Ik wil naar ... (gaan).* Het mag zeker hoffelijker: **Por favor, ¿me puede decir dónde está... / dónde hay un...?** *Kunt u me alstublieft zeggen waar ... is / waar er een ... is?*

→ **Quedar** kan **estar** vervangen bij meer persoonlijke betrokkenheid: **¿Dónde está el Museo del Prado?** en **¿Dónde queda el Museo del Prado?**, waar de tweede formulering inhoudt dat men er zelf heen wil gaan. Met het voorzetsel **por** erbij vraagt men het "bij benadering": **¿Por dónde queda?**, *Waarlangs, waar ongeveer ligt het?*

→ Mogelijke antwoorden zijn, afhankelijk van de "tratamiento": **Vaya/Ve hasta ...**, *Gaat u / Ga tot ...*; **Gire/Gira a...**, *Slaat u / Sla af naar, aan, bij ...*; **Siga/Sigue todo recto**, *Gaat u verder rechtdoor / Blijf rechtdoor gaan.*

→ **Izquierda/derecha**, *links/rechts* wordt in deze context soms gecombineerd met **mano**, *hand*: **Tome ... a mano izquierda**, *Neem ... aan uw linkerhand.*

→ **Bocacalle**, samengesteld uit **calle**, *straat* en **boca**, *mond*, dus waar de ene straat "uitmondt" in de andere: **Toma la segunda bocacalle a la derecha**, *Neem de tweede zijstraat rechts.*

CULTURELE INFO

Het aanbod aan schilderkunst is nergens in Europa zo rijk als in de Madrileense **Triángulo del Arte** ("Kunstdriehoek"): gevormd uit het **Museo del Prado** (volledig overzicht van de Spaanse schilders uit de 12e tot eind 17e eeuw), het **Centro de Arte Reina Sofía** (moderne en hedendaagse kunst) en het **Museo Thyssen-Bornemisza** (schitterende inmiddels door de Staat verworven voormalige privé-collectie uit de gotiek tot 20e eeuw).

◆ GRAMMATICA
BEVELEN

Even de Spaanse regels herhalen:
- men spreekt iemand beleefd aan in de 3e pers. ev. **usted** (mv. **ustedes**)
- de imperatief bestaat alleen in de 2e persoon enkelvoud (**habla**, *spreek*) en meervoud (**hablad**, *spreken jullie*)

- voor een beleefd gebod moet de presente de subjuntivo in de 3e persoon gebruikt worden, zoals in deze dialoog met bv. **gire**, *slaat u af, draait u*; **deme**, *geeft u me*; **vaya**, *gaat u*; **siga**, *gaat u verder, blijft u gaan*; **hágale**, *doet/maakt u (voor) hem*.

AQUÍ/AHÍ/ALLÍ EN *ESTE/ESE/AQUEL*

Merk het verband op tussen de bijwoorden **aquí**, **ahí** en **allí**, en de aanwijzende voornaamwoorden **este**, **ese** en **aquel** (en afgeleide vormen):

	dichtbij de spreker	verwijderd van de spreker, dichtbij de aangesprokene	verder verwijderd van spreker en aangesprokene
bijwoorden	**aquí** *hier*	**ahí** *daar*	**allí/allá** *ginder*
aanwijzende voornaamwoorden	**este museo** **estos museos** **esta plaza** **estas plazas**	**ese museo** **esos museos** **esa plaza** **esas plazas**	**aquel museo** **aquellos museos** **aquella plaza** **aquellas plazas**
neutrale aanw. vnmwn	**esto** *deze, dit*	**eso** *die, dat*	**aquello** *die/dat daar*

Aquí al lado (hiernaast, t.o.v. waar ik me bevind)
¿Qué cuadros hay en ese museo?; Creo que es ese (waarover u me spreekt)
Aquella plaza... , **Vaya hasta allí** (van beiden verwijderde plaats).
De zelfstandige aanwijzende voornaamwoorden dragen een accentteken (**éste**, **ése**, **aquél** enz.).

"MISSCHIEN"

Onzekerheid, twijfel of veronderstelling kan uitgedrukt worden met **quién sabe**, *wie weet* en **supongo**, *ik veronderstel* of ook met **tal vez, quizás, puede ser, a lo mejor**, allemaal equivalenten van *misschien*. Volgt er een werkwoord op, dan geldt als regel: **tal vez, quizás** en **puede ser que** worden doorgaans gebruikt met de subjunctief; bij **a lo mejor** hoort de indicatief:
Tal vez sea el Reina Sofia, *Het is misschien het Reina Sofia*.
Quizás le invite, *Misschien nodigt hij u uit*.
Puede ser que vaya a Madrid, *Misschien ga ik naar / Het kan zijn dat ik naar Madrid ga*.
A lo mejor no es de aquí, *Misschien komt hij niet hiervandaan*.

▲ VERVOEGING
PRESENTE DE SUBJUNCTIVO...

In de dialoog stonden de volgende o.t.t.-subjunctiefvormen: **gire**, **invite**, **dé**, **sea**, **haga**, **siga** en **vaya**.

... BIJ REGELMATIGE WERKWOORDEN

Girar, **invitar** en **dar** zijn regelmatige werkwoorden op **-ar**, dus stam (**gir-**, **inv-** en **d-**) + uitgangen met **e**. Let bij **dar** evenwel op: er moet een klemtoonteken op **dé** (om verwarring met het voorzetsel **de** te vermijden), maar geen klemtoonteken op **deis** (een klemtoonteken om dubbelzinnigheid uit te sluiten, is bij eenlettergrepige woorden zelden nodig).

girar, draaien	dar, geven
gire	dé
gires	des
gire	dé
giremos	demos
giréis	deis
giren	den

... BIJ WERKWOORDEN MET -GO / STAMKLINKERWISSEL E → I

Dergelijke werkwoorden volgen de basisregel (**e** in de uitgang bij werkwoorden op **-ar**, **a** in de uitgang bij werkwoorden op **-er/-ir**), maar de onregelmatigheid in de 1e pers. ev. o.t.t.-indicatief (**hag-o**, *ik doe, maak*; **sig-o**, *ik volg, ga door*) is nu terug te vinden in alle vormen van de subjunctief.

hacer, doen, maken	seguir, verder gaan
haga	siga
hagas	sigas
haga	siga
hagamos	sigamos
hagáis	sigáis
hagan	sigan

... VAN HET ONREGELMATIGE IR

ir, gaan
vaya
vayas
vaya
vayamos
vayáis
vayan

Herbekijk ook even de onregelmatige o.t.t.-subjunctief van **ser** in Module 14.

●WOORDENSCHAT

artista (el/la) *artiest/artieste*
acordarse [ue] (de) *zich herinneren*
suponer *veronderstellen*
sonar [ue] *(bekend in de oren) klinken*
recomendar [ie] *aanbevelen*
plaza *plein, plaats*
fuente (la) *fontein*
en medio *middenin*
girar *afslaan, draaien*
izquierda *links*
(todo) recto *(alsmaar) rechtdoor*
lejos *ver*
tipo *type, soort*
cuadro *schilderij, doek, kader*
sobre todo *vooral*
obra *werk, oeuvre*
pintor/pintora *schilder/schilderes*
clásico/a *klassiek*
pintura *schilderij*
moderno/a *modern*
blanco/a *wit*
famoso/a *beroemd*
quedar *gelegen zijn, liggen*
cerca *dicht(bij)*
enfrente *tegenover*
joven *jongeman/-dame, jongere*
cruzar *oversteken*
calle (la) *straat*
ayuda *hulp*
restaurante (el) *restaurant*
bocacalle *zijstraat*
derecha *rechts*
cuenta *rekening*
ya que *toch, aangezien*
retrato *portret*
dueño/dueña *eigenaar, baas/ eigenares, bazin*

●OEFENINGEN

◉ 1. IS DE INFORMELE OF DE FORMELE VORM TE HOREN?

17

a. ☐ de tú – ☐ de usted
b. ☐ de tú – ☐ de usted
c. ☐ de tú – ☐ de usted
d. ☐ de tú – de usted

◉ 2. BELUISTER DE DIALOOG EN VUL DE VIERDE ZIN (TWEEDE REPLIEK) AAN:

17

Pues tiene que .... Luego ....
y .... durante un cuarto de hora.

3. HERBELUISTER DE OPNAME EN VINK HET JUISTE ANTWOORD AAN:

a. La chica quiere ir…
☐ al Museo del Prado
☐ al Museo Reina Sofía
☐ a un museo, le da igual el que sea

b. El Reina Sofía le queda…
☐ más cerca que el Prado
☐ más lejos
☐ igual de lejos

c. Para comer, la chica…
☐ pide dinero en la calle
☐ hace retratos y los vende
☐ le hace su retrato al dueño del restaurante

d. Al final, el hombre …
☐ la invita a comer
☐ le da cuarenta euros para que coma
☐ le dice dónde hay un restaurante barato

4. VUL DE ZINNEN AAN MET HET PASSENDE AANWIJZEND VOORNAAMWOORD:

a. ¿Quien es .... chico de quien tanto me hablas?

b. .... cuadros están bien aquí.

c. ¿Ve usted .... calle, allí?

d. Quiero .... zapatos negros, los que están ahí.

e. ¿Qué es .... allí a lo lejos?

5. HERFORMULEER DE ZINNEN MET DE NIEUWE AANZET:

a. A lo mejor es un gran artista. → Tal vez ....

b. Quizás le compréis un retrato. → A lo mejor ....

c. A lo mejor voy a visitarte. → Puede ser que ....

d. Tal vez te den algo. → A lo mejor ....

e. A lo mejor comemos allí. → Quizás ....

6. VERTAAL DE VOLGENDE ZINNEN:

a. Het zegt me niets: waar ligt het ongeveer? →

b. Hij is een heel beroemde schilder, maar ik herinner me zijn naam niet.

→

c. Er is een goedkoop restaurant hier dichtbij: neemt u de eerste zijstraat links, daar is het.

→

16.
IK BEN GEZAKT VOOR MIJN RIJEXAMEN

HE SUSPENDIDO EL CARNÉ

DOELSTELLINGEN

- WOORDENSCHAT ROND IDENTITEITS- EN RIJBEWIJZEN EN VERVOER
- HERHALING UITDRUKKEN
- EEN MENING (NIET) DELEN
- EEN MENING GENUANCEERD UITDRUKKEN: *NO CREO QUE...*, *ME PARECE BIEN QUE...*
- VERANDERENDE TOESTAND UITDRUKKEN
- VERGELIJKEN, VOOR- EN NADELEN AFWEGEN

BEGRIPPEN

- GEBRUIK VAN DE *SUBJUNTIVO*
  - BIJ EEN VERBOD
  - IN EEN BIJZIN MET ONZEKERE UITKOMST
  - NA EEN MENING IN DE ONTKENNENDE VORM EN NA EEN BEOORDELING
- COMPARATIEF BIJ GELIJKHEID
- PRESENTE DE *SUBJUNTIVO*:
  - HET ONREGELMATIGE *ESTAR*
  - WERKWOORDEN MET DE STAMKLINKERWISSEL $O \rightarrow UE$
  - BIJ WERKWOORDEN MET *-ZCO*
- IMPERATIEF:
  - WERKWOORDEN OP *-ER/-IR*
  - HET ONREGELMATIGE *IR*
- *VOLVER*: VOLTOOID DEELWOORD

DE AUTO OF NIETS

– Ik ben opnieuw gezakt voor mijn rijexamen [-bewijs]...

– Het theoretische?

– Het theoretische, daarvoor ben ik al lang geslaagd [me het heb verkregen sinds tijd]. Het is het praktische, niet te doen [er-is manier]: wanneer ik me achter [(aan) voor(kant) van] het stuur zet, word ik zenuwachtig...

– Wat heb je deze keer gedaan?

– Hij zei me dat ik langzaam rijd op (de) weg en heel snel in (de) stad. O, en ik ben door rood gereden [me heb gesprongen een verkeerslicht].

– Weet je wat? Ik denk niet dat je gemaakt bent om te rijden...

– Ik ga ermee door tot[dat] ik het behaal, ook al moet ik het twintig keer [keren] overdoen.

– Ik vind het goed dat je volhardend bent, maar men kan zonder auto leven.

– Dat zeg je omdat je (er) een hebt.

– Geloof dat maar niet. Het stoort me niet (om) de metro (te) nemen.

– Mij wel. Er zijn vaak [Heeft-de-gewoonte-om-te hebben] vertragingen en dat is iets waar ik niet tegen kan!

– Maar men verliest niet zo veel tijd als in een file.

– Bovendien is het heel onveilig [er-is veel onveiligheid].

– De auto is gevaarlijker.

– Oké, verkoop dan de jouwe!

– Wel, ik denk erover na... Met [Tussen] de benzine, de verzekering en de boetes, is het voor mij voordeliger om [me brengt meer rekening] overal [naar alle delen] met de [in] taxi naartoe te gaan.

– En voor [de] vakanties?

– Zijn er geen andere vervoermiddelen?

– Voor mij niet: ik ben bang in vliegtuigen [heb angst aan-het vliegtuig], heb een hekel aan treinen [de trein], word zeeziek op (een) boot en val met (de) fiets.

– Ga bij [te zien aan] een psycholoog, serieus. Misschien kan hij je helpen.

EL COCHE O NADA

– He vuelto a suspender el carné…

– ¿El teórico?

– El teórico me lo he sacado hace tiempo. Es el práctico, no hay manera: cuando me siento delante del volante me pongo nervioso…

– ¿Qué has hecho esta vez?

– Me ha dicho que conduzco despacio en carretera y rapidísimo en ciudad. Ah, y me he saltado un semáforo.

– ¿Sabes qué? No creo que estés hecho para conducir…

– ¡Voy a seguir hasta que lo consiga, aunque tenga que repetirlo veinte veces!

– Me parece bien que seas perseverante, pero se puede vivir sin coche.

– Eso lo dices porque tienes uno.

– No creas. No me molesta coger el metro.

– A mí sí. Suele haber retrasos, ¡y es algo que no soporto!

– Pero no se pierde tanto tiempo como en un atasco.

– Además hay mucha inseguridad.

– Más peligroso es el coche.

– Vale, ¡entonces vende el tuyo!

– Pues lo estoy pensando… Entre la gasolina, el seguro y las multas, me trae más cuenta ir en taxi a todas partes.

– ¿Y para las vacaciones?

– ¿No hay otros medios de transporte?

– Para mí no: le tengo miedo al avión, detesto el tren, me mareo en barco y me caigo en bicicleta.

– Ve a ver a un psicólogo, en serio. Tal vez pueda ayudarte.

■ DE DIALOOG BEGRIJPEN
HERHALING UITDRUKKEN

Herhaling uitdrukken, kan met **de nuevo**, *opnieuw*, maar ook met de structuur **volver a** + infinitief: **He vuelto a suspender el carné**, *Ik heb opnieuw mijn rijbewijs niet behaald*; **Vuelvo a pasar el teórico**, *Ik doe mijn theoretisch examen over*.

"WORDEN"

Een "overgang" wordt uitgedrukt met **ponerse**: **Me pongo nervioso**, *Ik word zenuwachtig* (van rustig naar nerveus); **Se pone enfermo**, *Hij wordt ziek* (van gezond naar ziek); **Se ha puesto contenta/triste**, *Ze werd blij/droevig* (verandering van gemoedstoestand).

"IK OOK, IK OOK NIET, IK WEL, IK NIET"

También/ tampoco, *ook/evenmin* en **sí/no**, *wel/niet*:
Tengo un coche. — Yo **también**, *Ik ook*. / Yo **no**, *Ik niet*.
No tengo coche. — Yo **tampoco**, *Ik ook niet*. / Yo **sí**, *Ik wel*.
Me gustan los coches. — **A mí también**, *Mij ook*. / **A mí no**, *Mij niet*.
No me gustan los coches. — **A mí tampoco**, *Mij evenmin*. / **A mí sí**, *Mij wel*.

"OVERAL"

Todas partes, *overal* (lett. "alle delen") kan door verschillende voorzetsels ingeleid worden: **A partir de mañana, voy a todas partes con el coche**, *Vanaf (*lett. *Te vertrekken van) morgen ga ik overal naartoe met de auto*; **¡Estás en todas partes!** *Je bent overal!*; **Vienen de todas partes**, *Ze komen overal vandaan*.

CULTURELE INFO

El carné (soms gespeld als **carnet**) is de verkorte vorm van **el carné de conducir**, *het rijbewijs*. Er is ook **el carné (de identidad)**, *de identiteitskaart*, maar die heet veeleer **el DNI** (**de-ene-i**), van **Documento Nacional de Identidad**: **¿Me da su DNI, por favor?**, *Geeft u me / Mag ik uw identiteitskaart, alstublieft?* Een rijbewijs kan men *behalen* (**sacarse**) of *niet behalen* (**suspender**, dat ook *zakken voor een examen* betekent): **Me he sacado / He suspendido el carné**, *Ik heb mijn rijbewijs behaald / niet behaald*. De proef bestaat uit **el teórico**, *de theoretische (kennis)* en **el práctico**, *de praktische (of rijvaardigheid)*.

◆ GRAMMATICA
NOG EEN PAAR TOEPASSINGEN MET DE *SUBJUNTIVO*

VERBOD

Een verbod (eigenlijk de ontkennende vorm van een gebod) uitdrukken, gebeurt voor <u>alle</u> personen met **no** + subjunctief: **No creas**, *Geloof niet*; **No hables**, *Praat niet*; **No hable/hablen**, *Praat u* (ev./mv.) *niet*; **No vayáis**, *Gaan jullie niet*; **No digáis nada**, *Zeggen jullie niets*; **No lo comamos**, *Laten we het niet eten*.

Let erop dat in dergelijke structuur het persoonlijk voornaamwoord als lijdend of meewerkend voorwerp los voor het werkwoord staat: **Dímelo** → **No me lo digas**.

IN EEN BIJZIN VAN TIJD EN TOEGEVING

Verwijst die bijzin naar iets waarvan de uitkomst onzeker is, dan is de subjunctief van toepassing: **hasta que lo consiga**, *tot ik het behaal*; **aunque tenga que pasarlo veinte veces**, *ook al moet ik het twintig keer overdoen*.

NA EEN MENING IN DE ONTKENNENDE VORM

Drukt het werkwoord in de hoofdzin een mening uit in de ontkennende vorm, dan hoort de bijzin in de subjunctief: **No creo que estés hecho para...**, *Ik denk/geloof niet dat je gemaakt bent om...*; **No pienso que sea verdad**, *Ik denk niet dat het waar is*.

NA HET UITDRUKKEN VAN EEN BEOORDELING

Houdt de hoofdzin een beoordeling in, dan staat de bijzin in de subjunctief: **Me parece bien que conduzcas un coche**, *Het lijkt me / Ik vind het goed dat je autorijdt*; **Detesto que el metro tenga retraso**, *Ik heb er een hekel aan dat de metro vertraging heeft*.

VERGELIJKEN

- Groter/kleiner dan → **más/menos ... que** (Module 8).
- Bij gelijkheid is het iets ingewikkelder:

- met een bijvoeglijk naamwoord → **tan ... como**: **Mi coche es tan rápido como el tuyo**, *Mijn auto is even snel als de jouwe*.

-met een werkwoord → **tanto ... como**: **Detesto el avión tanto como tú**, *Ik haat (reizen met) het vliegtuig net als jij*.

- met een zelfstandig naamwoord → **tanto(s)/tanta(s) ... como**: **No tengo tanto dinero como tú**, *Ik heb niet zoveel geld als jij*; **Hay tantos hombres como mujeres**, *Er zijn evenveel mannen als vrouwen*; **Gasto tanta gasolina como tú**, *Ik verbruik evenveel benzine als jij*; **Tienes tantas multas como yo**, *Je hebt net zoveel bekeuringen als ik*.

▲ VERVOEGING

PRESENTE DE SUBJUNTIVO (VERVOLG)

We komen terug op de o.t.t.-sunjunctiefvormen **estés**, **tenga**, **seas**, **creas** en **pueda** uit de dialoog:
- **seas**, onregelmatige vorm van **ser** (Module 14);
- **creas** (regelmatige vorm van **creer**);
- **tener** en alle andere werkwoorden met de 1e pers. ev. o.t.t.-ind. op **-go** behouden deze eigenschap in de subjunctief (**tenga, tengas, tenga, tengamos, tengáis, tengan**);
- **estar** is onregelmatig, met een klemtoonteken bij alle personen, behalve de 1e mv.;
- de stamklinkerwissel die zich bij werkwoorden voordoet in de o.t.t.-indicatief (alle personen, behalve 1e en 2e mv.), blijft behouden in de o.t.t.-subjunctief; hieronder een voorbeeld met **o → ue**.

estar	poder
esté	pueda
estés	puedas
esté	pueda
estemos	podamos
estéis	podáis
estén	puedan

IMPERATIEFVORMEN

Vorming van de imperatief (alleen mogelijk in de 2e pers. enkelvoud en meervoud!):

hablar	habla, *spreek*	hablad, *spreken jullie*
vender	vende, *verkoop*	vended, *verkopen jullie*
vivir	vive, *leef/woon*	vivid, *leven/wonen jullie*

Onthoud de onregelmatige imperatief van **ir**: **ve**, *ga* en **id**, *gaan jullie*.

WERKWOORDEN MET -ZCO

Werkwoorden met de infinitief op **-acer** (behalve **hacer**), **-ecer-, -ocer-, -ucir** krijgen in de 1e pers. ev. o.t.t.-ind. de uitgang **-zco**, een eigenschap die zich voortzet in de o.t.t.-subj.

conducir
o.t.t.-ind.:
conduzco, conduces,
conduce,...
o.t.t.-subj.:
conduzca, conduzcas,
conduzca,...

VOLTOOID DEELWOORD VAN *VOLVER*

Volver heeft een onregelmatig voltooid deelwoord, nl. **vuelto**: **he vuelto**, *ik ben teruggekeerd* (onthoud dat in het Spaans altijd het hulpwerkwoord **haber**, *hebben* van toepassing is!).

WOORDENSCHAT

carné (el) *rijbewijs*
coche (el) *auto*
volver [ue] a + inf. *her-, opnieuw*
teórico/a *theoretisch*
sacarse *(be)halen, verkrijgen*
práctico/a *praktisch*
manera *manier, wijze*
sentarse [ie] *gaan zitten, zich neerzetten*
delante (de) *voor*
volante (el) *stuur*
(ponerse) nervioso/a *nerveus, zenuwachtig (worden)*
conducir *(be)sturen, rijden*
despacio *langzaam*
carretera *(auto)weg*
saltar *springen;* **saltarse un semáforo** *door rood rijden*
semáforo *verkeerslicht*
aunque *ook/zelfs al*
repetir [i] *herhalen, overdoen*
perseverante *doorzettend, -tastend*
coger *nemen*
metro *metro*
retraso *vertraging*
perder [ie] *verliezen*
atasco *file, verkeersopstopping*
inseguridad (la) *onveiligheid*
peligroso/a *gevaarlijk*
gasolina *benzine*
seguro *verzekering*
multa *boete, bekeuring*
traer *brengen;* **traer cuenta de** *moeite lonen, voordeliger uitkomen*
taxi (el) *taxi*
todas partes *overal*
vacaciones (las , mv.!) *vakantie(s)*
medio *middel*
transporte (el) *transport, vervoer*
miedo *schrik, angst*
avión (el) *vliegtuig*
detestar *een hekel hebben aan*
tren (el) *trein*
marearse *zeeziek worden*
barco *boot*
caer(se) *vallen*
bicicleta *fiets*
psicólogo/psicóloga *psycholoog/-loge*

OEFENINGEN

1. WELK WOORD BEANTWOORDT AAN DE DEFINITIES IN DE OPNAME?

18
a. Es el ....

b. Es una ....

c. Es un ....

2. BELUISTER DE OPNAME EN VUL DE EERSTE 3 DIALOOGZINNEN AAN:

a. ¡...................! Me .... a .... una multa.

b. ¿Y qué .... esta vez?

c. ¡..................¡ Dice que .... saltado un ...., ¡pero ....

3. HERBELUISTER DE OPNAME EN VINK DE JUISTE ANTWOORDEN AAN:

a. La chica…

☐ va a vender su coche
☐ no cree que el taxi sea mucho más rápido
☐ no quiere pagar para tomar el metro
☐ piensa que el metro es peligroso para las mujeres
☐ va a ir en bicicleta a todas partes

b. El chico…

☐ nunca ha pagado multas
☐ piensa que no trae cuenta tomar taxis
☐ cree que el mejor medio de transporte es el metro
☐ nunca ha tenido problemas en el metro
☐ detesta la bicicleta

4. ZET DE BEVELEN OM IN EEN VERBOD:

a. ¡Conduce rápido! ¡No .... rápido!

b. ¡Vende tu coche! ¡No .... tu coche!

c. ¡Siéntate! ¡No ....!

d. ¡Id al trabajo en coche! ¡No .... al trabajo en coche!

5. GEBRUIK HET AANGEREIKTE PERSOONLIJK VOORNAAMWOORD EN WERKWOORD IN DE CORRECTE VORM:

a. ¿Te parece bien que .... un taxi? [nosotros/tomar]

b. No creo que .... tan harto del coche como yo. [tú/estar]

c. No me gusta que .... nervioso. [tú/ponerse]

d. Aunque me .... dinero, no pienso tomar el metro. [tú/dar]

6. VERTAAL DE VOLGENDE ZINNEN:

a. Ik ben weer door rood gereden. →

b. Ik vind fietsen niet zo leuk als jij. →

c. Zelfs als je langzaam rijdt, is de weg gevaarlijk.

→

17.
IK WIL GELD OPNEMEN

QUIERO HACER UN REINTEGRO

DOELSTELLINGEN

- WOORDENSCHAT BIJ BANKVERRICHTINGEN
- UITDRUKKINGEN MET RELIGIEUZE BIJKLANK
- EEN UITROEP FORMULEREN
- EEN GEMOEDSTOESTAND UITDRUKKEN (ZORGEN, SPIJT, VREUGDE ENZ.)

BEGRIPPEN

- *QUEDAR(SE)*, EEN WERKWOORD MET VEEL BETEKENISSEN
- "WORDEN" ALS *PONERSE* EN *VOLVERSE*
- COMPLEXE UITROEPENDE ZIN
- *PRESENTE DE SUBJUNTIVO*:
  - HET HULPWERKWOORD *HABER* EN *HAY*
  - SPELLINGAANPASSINGEN (*PAGUE, SAQUE*)
  - IN EEN BELEEFD GEBOD

DE VERSTROOIDE GROOTVADER

– Goeiedag, waarmee kan ik u helpen?

– Wat vervelend [ongenoegen meest groot], juffrouw! De geldautomaat heeft mijn kredietkaart ingeslikt...

– O, misschien is er een probleem met uw rekening.

– Nee, het is (om)dat ik de pin(code) verkeerd heb ingetikt. Met de leeftijd wordt men [een] heel onhandig[e], meisje [mijn].

– Komaan [Komt u], eender wie kan zich vergissen.

– Gaan ze ze me teruggeven of ze inhouden voor altijd?

– We geven ze u terug, natuurlijk! Toont u mij alstublieft [Staat u me toe] uw identiteitskaart.

– Ja... Ach, ik ben ze thuis vergeten.

– Zonder uw bewijs [document] kan ik ze u niet geven.

– Hier is het! Maar wat ben ik dom geworden, God nog aan toe!

– Gaat u even zitten terwijl ik een collega roep.

– Ik kan niet wachten: ik heb zo meteen afgesproken met mijn kleinkinderen om een ijsje te eten [nemen].

– Goed, dan haalt u ze morgen op, oké?

– Ja euh, maar hoe ga ik de ijsjes betalen?

– Bent u klant bij onze bank?

– Ja, ik heb mijn pensioen in het filiaal in mijn dorp. [Is dat] Ik ben hier op vakantie.

– Dan volstaat uw identiteitskaart om een opname in contanten te doen.

– Een wat?

– Geld halen. Hoeveel hebt u nodig?

– Dertig euro['s].

– Zonder probleem.

– Wat aardig! Laat u me u uitnodigen om een ijsje te eten met mijn kleinkinderen.

– Ik zou wel willen... [Wat meer zou ik willen]

– Goed, dat God u dan belone met een goede verloofde!

19 EL ABUELO DESPISTADO

– Hola, ¿en qué puedo ayudarle?

– ¡Qué disgusto más grande, señorita! El cajero se ha tragado mi tarjeta de crédito…

– Ah, puede que haya un problema con su cuenta.

– No, es que he tecleado mal el pin. Con la edad se vuelve uno muy torpe, hija mía.

– Venga, cualquiera se puede equivocar.

– ¿Me la van a devolver o se quedan con ella para siempre?

– ¡Se la devolvemos, por supuesto! Permítame su DNI.

– Sí… Vaya, me lo he olvidado en casa.

– Sin su documento no se la puedo dar.

– ¡Aquí está! ¡Pero qué tonto me he vuelto, por Dios!

– Siéntese un momento mientras llamo a un compañero.

– No puedo esperar: he quedado ahora mismo con mis nietos para tomar un helado.

– Bueno, pues mañana la recoge, ¿vale?

– Ya, pero ¿cómo voy a pagar los helados?

– ¿Es usted cliente de nuestro banco?

– Sí, tengo mi jubilación en la sucursal del pueblo. Es que estoy de vacaciones aquí.

– Entonces basta con el DNI para hacer un reintegro en efectivo.

– ¿Un qué?

– Sacar dinero. ¿Cuánto necesita?

– Treinta euros.

– Sin problema.

– ¡Qué amable! Déjeme invitarla a tomar un helado con mis nietos.

– Qué más quisiera…

– Bueno, ¡pues Dios se lo pague con un buen novio!

■ DE DIALOOG BEGRIJPEN
BANK

→ Woordenschat die nuttig kan zijn bij bankverrichtingen: **banco**, **sucursal**, **cajero**, **cuenta**... Voor *een geldopname doen* is er **hacer un reintegro** (naast **retirar/sacar dinero**, *geld opnemen, afhalen*). Betalen kan met *de kaart*, **la tarjeta** of *in contanten, cash*, **en efectivo**. *De cheque*, **el cheque** of **el talón** wordt nog weinig gebruikt. Voor de *geheime code*, **código secreto** gebruikt men veeleer het anglicisme **pin** (zoals op het scherm van de betaalterminal: **Introduzca su pin**, *Tik uw pincode in*).

QUEDAR/QUEDARSE

→ Zoals je al kon zien, heeft het werkwoord **quedar/quedarse** verschillende betekenissen, zoals:
- gelegen zijn, liggen: **¿Dónde queda el Prado?**, *Waar ligt het Prado?*
- zich bevinden, zitten: **Me quedo sin dinero**, *Ik zit zonder geld.*
- blijven: **Me quedo en casa**, *Ik blijf thuis.*

→ **Quedarse con**, *voor, bij zich houden, nemen*: **Me quedo con la tarjeta**, *Ik houd de kaart.*

→ Onthoud vooral dat **quedar** veel gebruikt wordt voor *afspreken*: **¿Quedamos?** *Spreken we af?* Eventueel aangevuld met plaats, tijdstip of gezelschap: **¿Quedamos en tu casa?** *Spreken we af bij jou thuis?;* **Quedamos a las tres**, *We spreken af, ontmoeten/zien elkaar om 3 uur;* **He quedado con mi novia**, *Ik heb afgesproken met mijn verloofde.*

CULTURELE INFO

Soms duikt God op in het dagelijks taalgebruik. In de dialoog neemt de grootvader God als getuige van zijn stommiteiten (**¡Por Dios!**) en roept diens hulp in om de jongedame goeds te wensen (**¡Dios se lo pague con un buen novio!**). Zo zijn er in het Spaans meer uitdrukkingen met religieuze inslag, bijvoorbeeld: **Como Dios manda**, *Zoals het hoort*; **No hay ni Dios**, *Er is geen kat*; **No hay Dios que trabaje aquí**, *Hier valt niet te werken*. Ze in de mond nemen, houdt niet in dat met gelovig is. Sommige termen kregen zelfs een heel andere connotatie: **Hostia**, *hostie* slaat in de omgang op een *oorveeg* en is als de vloek **¡Hostia!** vergelijkbaar met *Verd...!*

◆ GRAMMATICA
"WORDEN" ALS *PONERSE* EN *VOLVERSE*

• In de vorige module zagen we **ponerse** voor het uitdrukken van een overgang, een tijdelijke "verandering": **Me pongo triste**, *Ik word droevig*; **Te pones nervioso**, *Je wordt zenuwachtig*.

• Beschouwt men de "verandering" als duurzaam, dan is **volverse** van toepassing, zoals in de dialoog: **Me he vuelto torpe**, *Ik ben onhandig geworden*.

Indirect is hier ook het grote verschil tussen **ser** en **estar** herkenbaar: **Se ha puesto enfermo**, *Hij is ziek geworden* (= **está enfermo**, *hij is momenteel ziek*); **Se ha vuelto tonto**, *Hij is dom geworden* (= **es tonto**, *hij is onherroepelijk dom*).

COMPLEXE UITROEPENDE ZIN

• Je kent de uitroep m.b.t. een zelfstandig + bijvoeglijk naamwoord **¡Qué** + substantief + **más** + adjectief: **¡Qué disgusto más grande!**

• Wanneer de zin een werkwoord en een onderwerp bevat, is de volgorde belangrijk: **¡Qué** + adjectief + werkwoord + onderwerp (indien uitgedrukt)**!**: **¡Qué torpe me he vuelto!**, *Wat ben ik onhandig geworden!;* **¡Qué simpático es este abuelo!** *Wat is deze grootvader sympathiek!*

▲ VERVOEGING
MEER BIJZONDERHEDEN IN DE *PRESENTE DE SUBJUNTIVO*

O.T.T.-SUBJUNCTIEF VAN HET HULPWERKWOORD *HABER*

Het (onregelmatige) hulpwerkwoord **haber** wordt gebruikt in samengestelde tijden, bv. in de v.t.t. (**Has** (o.t.t.) **tenido razón**, *Je hebt gelijk gehad*) en in de v.t.t.-subj. (**No creo que haya** (o.t.t.-subj.) **venido**, *Ik denk niet dat hij gekomen "is"*), alsook in de verschillende tijden/wijzen van de onpersoonlijke wending **hay**, *er is/zijn*, bv. **Tal vez haya un problema**, *Misschien "is" er een probleem*.

Vervoeging van **haber** in de tegenwoordige tijd van de aanvoegende wijs:

haber
haya
hayas
haya
hayamos
hayáis
hayan

SPELLINGAANPASSINGEN

Bij woorden waarvan de laatste lettergreep begint met **ga/go** of **ca/co** moet soms de spelling aangepast worden om de basisuitspraak [G] resp. [k] te behouden, bv.:
- bij de verkleinvorm **-ito** van zelfstandige naamwoorden: **amigo**, *vriend* → **amiguito** en **vaca**, *koe* → **vaquita** (met de ingelaste **u** blijft de uitspraak behouden)
- zelfde fenomeen bij werkwoorden op **-gar/-car** die in de subjunctief gespeld worden met **-gu/-qu**:

pagar	sacar
pague	saque
pagues	saques
pague	saque
paguemos	saquemos
paguéis	saquéis
paguen	saquen

BELEEFD GEBOD

Herhaling: een bevel in de beleefdheidsvorm staat in de 3e persoon o.t.t.-subjunctief: **Espere, señor**, *Wacht u, meneer*. Een persoonlijk voornaamwoord in de voorwerpsvorm of een wederkerend voornaamwoord hangt aan het werkwoord, dat dan vaak een accentteken krijgt om de klemtoon op z'n plaats te houden: **Permítame**, *Staat u mij toe*; **Siéntese**, *Gaat u zitten*; **Déjeme**, *Laat u mij*.

● OEFENINGEN

🔊 1. BELUISTER DE OPNAME EN VINK AAN WELKE *TRATAMIENTO* GEBRUIKT WORDT:

19
a. ☐ de tú – ☐ de usted

b. ☐ de tu – ☐ de usted

c. ☐ de tú – ☐ de usted

d. ☐ de tú – ☐ de usted

🔊 2. BELUISTER DE OPNAME EN NOTEER DE EERSTE 4 DIALOOGZINNEN:

19
a. ....

b. ....

c. ....

d. ....

17. Ik wil geld opnemen

●WOORDENSCHAT

reintegro (geld)opname
abuelo/abuela grootvader/-moeder
despistado/a verstrooid
disgusto ongenoegen, narigheid
cajero geldautomaat
tragarse inslikken
tarjeta de crédito kredietkaart
teclear intikken
pin (el) pin(code)
volverse [ue] worden
torpe onhandig
cualquiera (vnw.) wie/welke ook
equivocarse zich vergissen
devolver [ue] teruggeven
quedarse (con) (in-, be-, bij zich) houden
permitir toestaan, -laten
olvidar(se) vergeten
documento document
Por Dios God nog aan toe, hemeltjelief
mientras terwijl
esperar wachten
quedar afspreken, een ontmoeting plannen
ahora mismo onmiddellijk, zo meteen
nieto/nieta kleinzoon/-dochter
helado ijsje
mañana morgen
recoger ophalen
banco bank
jubilación (la) pensioen
sucursal (la) filiaal
pueblo dorp
bastar con volstaan
efectivo contanten, cash
sacar halen (op-, af-, be-)
Qué más quisiera… Ik zou wel, niets liever willen…
novio/novia verloofde

🔊 3. HERBELUISTER DE OPNAME EN VINK HET JUISTE ANTWOORD AAN:

19

a. Cuando le traen la cuenta, la mujer dice que…

☐ no se acuerda de su pin
☐ no tiene tarjeta
☐ no quiere pagar

b. Quiere pagar…

☐ en efectivo
☐ con un talón
☐ lavando los platos

c. No puede dejar su DNI porque…

☐ lo ha olvidado en casa
☐ no le gusta dejarlo
☐ lo necesita para ir al banco

d. Finalmente, …

☐ se acuerda del pin
☐ va al banco a hacer un reintegro
☐ el camarero la invita

4. ZET DE UITROEPEN IN DE JUISTE WOORDORDE:

a. ¡más/qué/amable/chica!

→

b. ¡enfermo/puesto/qué/he/me!

→

c. ¡son/qué/abuelos/los/despistados!

→

d. ¡helado/comido/qué/me/buen/he!

→

5. GEBRUIK *PONERSE* OF *VOLVERSE* IN DE GEVRAAGDE TIJD EN PERSOON:

a. Con la edad .... despistados. [ellos/v.t.t.]

b. Comes demasiado: vas a .... gordo. [infinitief]

c. No creo que .... simpático. [él/v.t.t.-subj.]

d. Cuando veo una tortilla, ... loco. [yo/o.t.t.]

6. VERTAAL DE VOLGENDE ZINNEN:

a. Ik ben mijn kaart thuis vergeten: kan ik cash betalen?

→

b. Zien we elkaar vanmiddag om een ijsje te eten met mijn kleinzoon?

→

c. Als ik me niet vergis, heeft dit filiaal een geldautomaat.

→

d. Geeft u me mijn kaart onmiddellijk terug.

→

18.
MIJN MOBIELE TELEFOON WERKT NIET

SE ME HA ESTROPEADO EL MÓVIL

DOELSTELLINGEN	BEGRIPPEN

• OM HULP VRAGEN
• ARGUMENTEREN VOOR EN TEGEN IETS
• DE TOON VAN EEN GESPREK: HUMOR EN ERNST
• WOORDENSCHAT ROND BRIEVEN, MAILS EN INTERNET
	• GEBRUIK VAN WEDERKERENDE VOORNAAMWOORDEN
	• RANGTELWOORDEN
	• O.T.T.-INDICATIEF VAN *REÍR(SE)*
	• IMPERATIEF:
	  - ONREGELMATIGE VORMEN (*HAZ, PON, TEN, SAL, VEN, DI, SÉ, VE*)
	  - PLAATS VAN PERSOONLIJKE VOORNAAMWOORDEN

HELP!

– Help, help me, alsjeblieft!

– Voel je je niet goed [Je vindt je slecht]?

– Vreselijk! Ik ga sterven. Doe iets!

– Breng ik je naar het ziekenhuis? Wat overkomt je?!

– Het is verschrikkelijk... Mijn mobiele telefoon werkt niet!

– Maar wat ben je dwaas! Je hebt me laten schrikken met je (flauwe) grappen.

– Lijkt het je een grap? Maakt het je aan het lachen misschien?

– Ja, natuurlijk lach ik!

– Wel, het is niet grappig [heeft geen humor]! (Als) men míj mijn gsm afneemt, ga ik dood!

– Man toch, zo erg is dat niet…

– Maar in welke eeuw leef je? In de twintig(ste), in de negentien(de)?

– Zo verslaafd zijn aan technologische snufjes [de technologieën] is niet goed, weet je?

– Aha! En hoe stuur je zonder mobieltje [de] foto's naar je vrienden? Hoe vertel je hun wat je aan het doen bent? Hoe zet je iets op Internet? Nou? Zeg het me!

– Wel, je schrijft brieven en kaartjes, zoals men altijd heeft gedaan.

– Zeg me niet dat je nog brieven schrijft…

– Vanzelfsprekend. Ik geniet ervan een balpen en papier te nemen, naar de tabakswinkel te gaan, een zegel en een omslag te kopen, een brievenbus [van Post] te zoeken, de brief te posten…

– Wat 'n gedoe! Die doet er dagen over om aan te komen en dikwijls gaat ie verloren.

– O? En een mobiele telefoon raakt nooit zoek? Gaat nooit stuk?

– Toch wel, helaas…

– Stel je voor dat al je foto's en al je berichten gewist worden.

– Zwijg, ik smeek je [uit medelijden]!

¡SOCORRO!

– ¡Socorro, ayúdame, por favor!

– ¿Te encuentras mal?

– ¡Fatal! Me voy a morir. ¡Haz algo!

– ¿Te llevo al hospital? ¿¿Qué te pasa??

– Es horrible… ¡Se me ha estropeado el móvil!

– ¡Pero qué tonto eres! Me has asustado con tus bromas.

– ¿Te parece una broma? ¿Acaso te hace reír?

– Sí, ¡claro que me río!

– ¡Pues no tiene gracia! A mí me quitan el móvil y me muero.

– Hombre, no es para tanto…

– ¿Pero en qué siglo vives, en el veinte, en el diecinueve?

– No es bueno ser tan adicto a las tecnologías, ¿sabes?

– ¡Ah! ¿Y sin móvil cómo mandas las fotos a tus amigos? ¿Cómo les cuentas lo que estás haciendo? ¿Cómo subes algo a Internet? ¿Eh? ¡Dímelo!

– Pues escribes cartas y postales, como siempre se ha hecho.

– No me digas que sigues escribiendo cartas…

– Por supuesto. Me encanta coger un bolígrafo y papel, ir al estanco, comprar un sello y un sobre, buscar un buzón de Correos, echar la carta…

– ¡Qué rollo! Tarda días en llegar, y a menudo se pierde.

– ¿Ah? ¿Y un móvil nunca se pierde? ¿Nunca se estropea?

– Sí, desgraciadamente…

– Imagina que se te borran todas las fotos y todos los mensajes.

– ¡Cállate, por compasión!

■ DE DIALOOG BEGRIJPEN

POST

→ **Correos**, zonder lidwoord en met hoofdletter, slaat op de *Post* als instelling of het postkantoor: **Voy a Correos**, *Ik ga naar de post;* **Vengo de Correos**, *Ik kom terug van de post.* We kunnen de basiswoordenschat rond briefwisseling uit de dialoog nog aanvullen: **mandar una carta**, *een brief versturen* (in het algemeen) en **echar una carta**, *een brief posten* (in de brievenbus "werpen"). Mogelijke verzendingswijzen: **correo normal**, *normaal;* **certificado**, *aangetekend;* **urgente**, *per expresse.*

INTERNET

→ Het anglicisme **mail** wordt naast **correo electrónico** gebruikt: **¿Me das tu mail / correo electrónico?** *Geef je me jouw mail?* Bekende termen m.b.t. een e-mailadres: **arroba**, *at;* **punto**, *punt;* **guion**, *streepje;* **guion bajo**, *underscore*. Voor het op het net zetten / van het net halen van bestanden gebruikt men in het Spaans, net als in het Engels, de idee van "op/neer": **Me he bajado una película (bajar**, *(af)dalen)*, *Ik heb een film gedownload;* **He subido una foto (subir**, *stijgen, klimmen, oplopen)*, *Ik heb een foto online gezet, geüpload, gepost.*

HUMOR EN ERNST

→ **El chiste** en **la broma** kunnen allebei vertaald worden door *grap*, maar verwar ze niet met elkaar. **Contar un chiste**, *een grap vertellen;* **gastar una broma**, *een grap uithalen.* In beide gevallen kan er positief/negatief gereageerd worden met: **Tiene / No tiene gracia**, *Het is / is niet grappig;* **Me hace / No me hace gracia**, *Ik vind het / vind het niet grappig.* Bij slecht nieuws kan je met iemand meeleven: **¡Qué lástima!** of **¡Qué pena!** *Wat jammer, zonde* enz.*!* of trachten te minimaliseren: **No es para tanto**, *Zo erg is het nu ook weer niet.*

CULTURELE INFO

Tegenwoordig slaat **la arroba** op het computerteken @, *at, apenstaartje*, maar oorspronkelijk was het een gewichtsmaat, een vierde van een kwintaal, geschreven als @ en ontleend aan het Arabische **ar-rub'**, *het kwart.* Leuk om weten: @ wordt soms gebruikt om zowel de mannelijke als vrouwelijke vorm van iets aan te duiden: **Querid@s amig@s**, *Beste vriend(inn)en* (waarbij @ als het ware zowel een **o** als een **a** voorstelt).

◆ GRAMMATICA
GEBRUIK VAN WEDERKERENDE VOORNAAMWOORDEN

• Zoals in het Nederlands: **No me acuerdo del nombre**, *Ik herinner me de naam niet.*
• Bij wederzijdsheid: **Nos vemos mañana**, *We zien elkaar morgen.*
• Vaak bij werkwoorden met "emotie": **alegrarse,** *plezier doen;* **calmarse**, *bedaren*
• of waar "bezit, verwerving" speelt: **gañarse la vida**, *z'n boterham verdienen;* **Me quedo con la tarjeta**, *Ik houd de kaart.*
• Om nuance weer te geven, bv. **reír/reírse**, *fysiek/emotioneel lachen;* **perder/perderse,** *verliezen, kwijtraken / verdwalen, verdwijnen;* **estropear/estropearse**, *stukmaken/stukgaan.*
• Bij iets "onvrijwilligs" (verlies, schade enz.) → wederkerend werkwoord + persoonlijk voornaamwoord-lijdend voorwerp: **Se me ha estropeado el móvil**, *Mijn mobiele telefoon werkt niet* (lett. *Men me heeft stukgemaakt (Er is stukgegaan) de mobiele*); **Imagina que se te borran las fotos**, *Stel je voor dat je foto's gewist zijn* (lett. *Stel je voor dat ze je wissen de foto's*).

RANGTELWOORDEN

In het Spaans zijn rangtelwoorden alleen gebruikelijk van "eerste" tot "tiende" (vandaar dat de dialoog **el siglo veinte/diecinueve**, *de 20e/19e* (lett. *twintig/negentien) eeuw* bevat). Daarna wordt het vrij complex, bv. 900e = **noningentésimo**, wat ook voor een Spanjaard niet evident is. Let erop dat rangtelwoorden zich bij bijvoeglijk gebruik naar hun onderwerp richten.

1e primero/a	6e sexto/a
2e segundo/a	7e séptimo/a
3e tercero/a	8e octavo/a
4e cuarto/a	9e noveno/a
5e quinto/a	10e décimo/a

M.b.t. koningen, pausen of eeuwen geeft dit:
Juan Pablo segundo, *Johannes Paulus II*, maar **Benedicto dieciséis**, *Benedictus XVI*
Felipe sexto, *Filips VI*, maar **Luis catorce,** *Lodewijk XIV*
El siglo quinto, *de 5e eeuw*, maar **el siglo diecinueve**, *de 19e eeuw*

▲ VERVOEGING
O.T.T.-INDICATIEF VAN *REÍR(SE)*

Let bij **reír(se)**, *lachen* op de stamklinkerwissel **e → i** en het klemtoonteken op de **i**:

reír(se)
(me) río
(te)ríes
(se) ríe
(nos) reímos
(os) reís
(se) ríen

IMPERATIEF (VERVOLG)

ONREGELMATIGE IMPERATIEFVORMEN

Intussen zijn de meeste van de 8 onregelmatige imperatiefvormen aan bod gekomen; dit zijn de vormen in de 2e pers. ev.:

hacer	¡haz! *doe/maak!*
poner	¡pon! *zet!*
tener	¡ten! *heb!*
salir	¡sal! *ga weg!*
venir	¡ven! *kom!*
decir	¡di! *zeg!*
ser	¡sé! *wees!*
ir	¡ve! *ga!*

PLAATS VAN PERSOONLIJKE VOORNAAMWOORDEN (ALS VOORWERP)

- achteraan het werkwoord geplakt (*): **¡ayúdame!** *help me!*; **¡cállate!** *zwijg!*
- zijn er twee persoonlijke voornaamwoorden, dan staat het meewerkend vóór het lijdend voornaamwoord: **¡dímelo!** *zeg het me!*; **¡díselo!** *zeg het hem!* Merk op hoe het accentteken de klemtoon in het werkwoord altijd op zijn plaats houdt, ook na het toevoegen van voornaamwoord(en).

(*) niet bij een ontkennende imperatief of verbod (zie Module 16)

WOORDENSCHAT

estropearse *stukgaan, niet werken*
socorro *hulp;* **¡socorro!** *help!*
encontrarse [ue] *zich vinden/voelen*
morir(se) [ue] *sterven, doodgaan*
llevar *(weg)brengen*
hospital (el) *ziekenhuis*
horrible *verschrikkelijk*
asustar *laten schrikken*
broma *grap*
acaso *misschien*
reír(se) *lachen*
tener gracia *grappig zijn* (lett. *geestigheid hebben*)
quitar *af-, wegnemen*
no es para tanto *zo erg is het niet*
siglo *eeuw*
adicto/a *verslaafd*
tecnología *technologie*
mandar *(op)sturen, (ver)zenden*
subir *stijgen, klimmen; posten, uploaden*
carta *brief*
postal (la) *postkaartje*
bolígrafo *balpen*
papel (el) *papier*
estanco *tabakswinkel*
sello *zegel*
sobre (el) *omslag, envelop*
buzón (el) *brievenbus*
Correos (los) *de Post, postkantoor*
echar *werpen; posten*
tardar *dralen, lang doen over*
a menudo *dikwijls*
desgraciadamente *helaas*
imaginar *zich voorstellen, inbeelden*
borrar *wissen*
mensaje (el) *bericht*
callarse *zwijgen*
compasión (la) *medelijden*

OEFENINGEN

1. NUMMER DE 4 E-MAILADRESSEN IN DE VOLGORDE WAARIN JE ZE HOORT:

20
a. j.cordoba@gmail.com ....
b. jc.cordoba@gmail.com ....
c. jc-cordoba@gmail.com ....
d. jc_cordoba@gmail.com ....

2. BELUISTER DE OPNAME EN VUL DE PRIJZEN AAN:

a. El paquete cuesta ....

b. La postal para Francia cuesta ....

c. La postal para España cuesta ....

3. HERBELUISTER DE OPNAME EN DUID AAN WAT *VERDAD* OF *MENTIRA* IS:

	verdad	mentira
a. La chica manda el paquete por correo certificado.		
b. Manda las dos postales por correo urgente.		
c. A la chica se le ha estropeado el móvil.		
d. El hombre piensa que una postal es mejor que un mensaje de móvil.		
e. Una de las postales es para el abuelo de la chica.		
f. La otra es para un amigo que no soporta las tecnologías.		

4. ZET IN DE IMPERATIEF MET GEBRUIK VAN EEN PERSOONLIJK VOORNAAMWOORD:

a. ¡Tienes que llevar a tu abuela al hospital: ....al hospital!

b. ¡Tenéis que quitar el móvil a vuestro hijo: .... el móvil!

c. ¡Tienes que hacerlo por mí: .... por mí!

d. ¡Tienes que decirnos tu nombre: .... tu nombre!

5. VERTAAL DE VOLGENDE ZINNEN MET GEBRUIK VAN WEDERKEREND WERKWOORD + MEEWERKEND VOORWERP EN DE ELEMENTEN *CAER / PERDER / ESTROPEAR / BORRAR / EL PELO / EL MÓVIL / LA TELE / LAS FOTOS:*

a. Mijn haar is (uit)gevallen.

→

b. Je bent je mobiele telefoon kwijt.

→

c. Onze tv werkt niet.

→

d. Hun foto's zijn gewist.

→

19.
IK WIL EEN KLACHT INDIENEN

QUIERO PONER UNA DENUNCIA

DOELSTELLINGEN

- EEN KLACHT INDIENEN
- IEMANDS UITERLIJK EN KLEDIJ BESCHRIJVEN
- OVER OPEENVOLGENDE GEBEURTENISSEN IN HET VERLEDEN VERTELLEN
- KLEUREN BENOEMEN

BEGRIPPEN

- *YA (NO)*
- ONPERSOONLIJKE WENDINGEN IN DE 3E PERSOON
- BELEEFD GEBOD (SAMENVATTING)
- O.V.T. (*IMPERFECTO*):
  - GEBRUIK
  - REGELMATIGE VERVOEGING
  - HET ONREGELMATIGE *SER, IR, VER*
- DE *PERFECTO SIMPLE*, NOG EEN VERLEDEN TIJD:
  - GEBRUIK
  - REGELMATIGE VERVOEGING
  - HET ONREGELMATIGE *CAER*

ZE HEBBEN MIJN PORTEFEUILLE GESTOLEN!

– Ik kom een klacht indienen! Ze [Me] hebben mijn portefeuille gestolen!

– Kalmeert u [zich], mevrouw, en vertelt u me wat u is overkomen.

– Ik keerde rustig terug van de markt toen plotseling een jonge kerel tegen me aanbotste [met me botste].

– Ik zie het…

– Al mijn aankopen [ev.] vielen op de grond. Hij verontschuldigde zich, vroeg me of ik oké was, hielp me…

– En even later zag u dat u uw portefeuille niet meer had, juist?

– Zo is het… Hij drong zelfs aan om met me mee te gaan en zelf [hij] mijn tas te dragen. Wat 'n schoft!

– Kunt u zeggen hoe de dief eruit zag [was]?

– Hij had [het] zwart, heel lang haar. Was middelmatig van gestalte, nogal corpulent. Hij kan ongeveer 16 jaar geweest zijn [hebben].

– Hoe was [ging] hij gekleed?

– Hij droeg een paarse zonnebril [brillen van zon], een groen T-shirt, een gele trainingsbroek en rode sportschoenen.

– Mist u iets, behalve uw portefeuille? Uw sleutels, identiteitspapieren?

– Nee, hij heeft alleen de portefeuille meegenomen.

– Wat zat erin [had binnen]?

– Geld, en mijn kredietkaart.

– Goed, vult u deze verklaring in, zet u de datum en ondertekent u ze.

– Jawel, even kijken of ik een balpen vind nu… In deze zak niet, in deze ook niet, misschien in deze… Nee maar, hier zat mijn portefeuille!

21 ¡ME HAN ROBADO LA CARTERA!

– Vengo a poner una denuncia. ¡Me han robado la cartera!

– Cálmese, señora, y cuénteme qué le ha pasado.

– Volvía tranquilamente del mercado cuando, de pronto, un muchacho chocó conmigo.

– Ya veo…

– Toda la compra cayó al suelo. Se disculpó, me preguntó si estaba bien, me ayudó…

– Y al rato vio usted que ya no tenía la cartera, ¿verdad?

– Así es… Hasta insistió en acompañarme y llevar él la bolsa. ¡Qué sinvergüenza!

– ¿Puede decir cómo era el ladrón?

– Tenía el pelo negro, muy largo. Era de mediana estatura, bastante corpulento. Podía tener unos dieciséis años.

– ¿Cómo iba vestido?

– Llevaba gafas de sol moradas, una camiseta verde, un pantalón de chándal amarillo y deportivas rojas.

– ¿Aparte de la cartera, le falta algo? ¿Las llaves, documentos de identidad?

– No, solo se ha llevado la cartera.

– ¿Qué había dentro?

– Dinero, y la tarjeta de crédito.

– Bien, rellene esta declaración, ponga la fecha y fírmela.

– Sí, a ver si encuentro un bolígrafo ahora… En este bolsillo no, en este tampoco, tal vez en este… ¡Anda, estaba aquí la cartera!

■ DE DIALOOG BEGRIJPEN
AANDACHTSPUNTJES

→ In de groepen **que/qui** en **gue/gui** wordt de **u** niet uitgesproken: **Miguel** klinkt als [mieGel, met G zoals in "girl"], en niet als [mieGoeèl]! Als in die groepen de **u** uitgesproken moet worden, staat er een trema op: **la vergüenza** [verGoeènZa, met Z zoals in "think"], *de schaamte, schande*; **un sinvergüenza**, *een schoft* (lett. *zonder-schaamte*).

→ Instemmen of bevestigen kan met **sí**, *ja* of **por supuesto**, *uiteraard*, maar ook met bv. **así es**, *zo is het/dat*: **Le han robado la cartera, ¿verdad?** *Men heeft uw portefeuille gestolen, nietwaar?* — **Así es...**, *Inderdaad... / Klopt...*

→ **Más o menos**, lett. *meer of minder*, dus *ongeveer*: **Tenía más o menos dieciséis años**. Dit kan ook weergegeven worden met **unos/unas**: **Tenía unos dieciséis años**, *Hij was ongeveer 16*; **Había unas veinte personas**, *Er was een twintigtal mensen*.

→ **Ya** = *al* en **ya no** = *niet meer*: **La cartera ya no estaba**, *De portefeuille was er niet meer*.

CULTURELE INFO

In grote steden en provinciehoofdsteden staat **la Policía Nacional** in voor de veiligheid; om een diefstal te melden, een klacht in te dienen enz. moet men er naar **la comisaría**, *het commissariaat, politiebureau*. In landelijk gebied wordt de wet gehandhaafd door **la Guardia Civil** (vgl. rijkswacht/-politie) en moet men **al cuartel de la Guardia Civil**, *naar het (hoofd)kwartier van de Spaanse militaire politie*. Het uniform van **el policía**, *de politieagent* is blauw, dat van **el guardia civil**, *de agent van de Guardia Civil* is groen.

◆ GRAMMATICA
ONPERSOONLIJKE WENDINGEN IN DE 3E PERSOON

Wanneer de actie belangrijker is dan de uitvoerder worden onpersoonlijke wendingen gebruikt (in het Nederlands vaak met "men", "er", onpersoonlijk bedoeld "we/ze/je" of een passieve vorm):

• **se** + 3e persoon enkelvoud: **Aquí se habla español**, *Hier spreekt men Spaans, wordt Spaans gesproken, We spreken Spaans*.

• 3e persoon meervoud, bij een veeleer geïsoleerde actie: **Me han robado la cartera**, *Ze hebben / Men heeft mijn portefeuille gestolen, Mijn portefeuille werd/is gestolen*.

BELEEFD GEBOD (SAMENVATTING)

In het Spaans is het onderscheid tussen een bevelende zin tegenover iemand die men met jij aanspreekt en een in de u-vorm belangrijk, dus samengevat:
- de beleefdheidsvorm staat in de 3e pers. ev. (**usted**) of mv. (**ustedes**);
- een beleefd gebod wordt geformuleerd in de subjunctief (alleen voor de 2e persoon enkelvoud (**tú**) en meervoud (**vosotros**) bestaat er een "echte" imperatiefvorm);
- bij een wederkerend werkwoord is het voornaamwoord **se**;
- een persoonlijk voornaamwoord als lijdend of meewerkend voorwerp wordt achteraan het werkwoord geschreven
- en in dat geval is vaak een accentteken nodig om de klemtoon op de juiste plaats in het werkwoord te houden, zoals blijkt in de 5 beleefde gebodsvormen in de dialoog, die we hieronder vergelijken met een imperatief in de jij-vorm:

cálmese, kalmeert u zich	**cálmate**, kalmeer je
cuénteme, vertelt u me	**cuéntame**, vertel me
rellene, vult u (in)	**rellena**, vul (in)
ponga, zet u	**pon**, zet
fírmela, ondertekent u ze	**fírmala**, onderteken ze

▲ VERVOEGING
O.V.T., *IMPERFECTO*

GEBRUIK

De onvoltooid tegenwoordige tijd of **imperfecto** in de indicatief (er is ook een in de subjunctief) wordt gebruikt voor een toestand in het verleden, een herhaalde of gewoontehandeling in het verleden, iets wat bezig was terwijl iets anders gebeurde, het beschrijven van de context van een verhaal in het verleden: **Volvía del mercado**, *Ik kwam terug van de markt*; **Llevaba gafas**, *Hij droeg een bril*.

REGELMATIGE VERVOEGING

stam van de infinitief + uitgangen met **-aba** bij werkwoorden op **-ar** en
met **-ía** bij werkwoorden op **-er/-ir**:
Let op het accentteken dat de te beklemtonen lettergreep aanwijst!

llev**ar**, dragen, (weg)brengen,...	ten**er**, hebben, bezitten	viv**ir**, leven, wonen
llevab**a**	ten**ía**	viv**ía**
llevab**as**	ten**ías**	viv**ías**
llevab**a**	ten**ía**	viv**ía**
llev**áb**amos	ten**ía**mos	viv**ía**mos
llevab**ais**	ten**ía**is	viv**ía**is
llevab**an**	ten**ía**n	viv**ía**n

3 ONREGELMATIGE WERKWOORDEN

ser, zijn	**ir**, gaan	**ver**, zien
era	iba	veía
eras	ibas	veías
era	iba	veía
éramos	íbamos	veíamos
erais	ibais	veíais
eran	iban	veían

NOG EEN VERLEDEN TIJD: DE *PERFECTO SIMPLE*

De **perfecto simple** is een heel gebruikelijke verleden tijd in gesproken Spaans.

GEBRUIK

De **perfecto simple** wordt gebruikt voor een duidelijk helemaal afgelopen (eenmalige) gebeurtenis/handeling waarvan de invloed op het heden niet relevant is (bij invloed op het heden: **perfecto compuesto**, v.t.t.). Doordat hij in het Nederlands niet bestaat, zal hij - afhankelijk van de interpretatie - vertaald worden met een v.t.t. of o.v.t: **Insistió en acompañarme**, *Hij "drong" aan om met me mee te gaan*; **Nací en España**, *Ik "ben geboren" in Spanje*. .

REGELMATIGE VERVOEGING

stam van de infinitief + **-é, -aste, -ó, -amos, -asteis, -aron** bij werkwoorden op **-ar**
en **-í, -iste, -ió, -imos, -isteis, -ieron** bij werkwoorden op **-er/-ir**
Denk aan de accenttekens: ze geven de te beklemtonen lettergreep aan én vermijden verwarring met andere tijden!

preguntar, *vragen*	**com**er, *eten*	**insist**ir, *aandringen*
pregunté	comí	insistí
preguntaste	comiste	insististe
preguntó	comió	insistió
preguntamos	comimos	insistimos
preguntasteis	comisteis	insististeis
preguntaron	comieron	insistieron

ONREGELMATIGE WERKWOORDEN

De onregelmatige vormen zijn talrijk in de **perfecto simple**; een voorbeeld:

caer, *vallen*	
caí	caímos
caíste	caísteis
cayó	cayeron

WOORDENSCHAT

denuncia *klacht;* **poner una denuncia** *een klacht indienen*
cartera *portefeuille*
calmarse *(zich) kalmeren*
tranquilamente *rustig*
quando *wanneer, toen*
de pronto *plotseling*
muchacho/muchacha *jongeman/ meisje*
chocar *botsen*
compra *(ev.) aankopen, aangekochte dingen*
suelo *vloer, grond*
disculparse *zich verontschuldigen*
rato *poos, tijdje;* **al rato** *even later*
ya no *niet meer*
hasta *zelfs; tot*
insistir *aandringen*
acompañar *begeleiden, meegaan met, vergezellen*
bolsa *(plastic boodschappen)tas*
sinvergüenza (el/la) *schoft*
ladrón/ladrona *dief/dievegge*
mediano/a *gemiddeld*
estatura *gestalte*
corpulento/a *corpulent*
sol (el) *zon*
morado/a *paars*
verde *groen*
pantalón (el) *lange broek, pantalon*
chándal (el) *trainingspak*
amarillo/a *geel*
rojo/a *rood*
aparte de *(lett. apart van) behalve*
faltar *missen, ontbreken*
llave (la) *sleutel*
llevarse *meenemen*
dentro *(binnen)in*
rellenar *(in)vullen*
declaración (la) *verklaring*
fecha *datum*
firmar *(onder)tekenen*
bolsillo *zak (jas-, vest-, broek-)*

OEFENINGEN

1. BELUISTER DE OPNAME EN NUMMER DE WOORDEN IN DE VOLGORDE VAN HUN DEFINITIE:

a. la bolsa ....

b. el bolsillo ....

c. la denuncia ....

d. la cartera ....

2. BELUISTER DE DIALOOG EN VUL DE EERSTE ZINNEN AAN:

a. Buenas, ... una cartera.

b. ¿Una cartera?

c. Sí, me la .... en la .... ,y .... la dejo en comisaría.

3. LUISTER OPNIEUW EN VINK DE JUISTE STELLINGEN AAN:

a. ☐ Al chico nunca le han robado la cartera.

b. ☐ En la cartera hay trescientos euros y una foto.

c. ☐ La dueña de la cartera iba vestida de azul.

d. ☐ La cartera se quedó en un taxi.

e. ☐ La mujer perdió la cartera saliendo de la comisaría.

f. ☐ El chico quiere volver a ver a la mujer.

4. VERVOEG DE WERKWOORDEN IN DE *IMPERFECTO* OF *PERFECTO SIMPLE*:

a. Yo .... por la calle, cuando de pronto unos chicos .... conmigo. [ir/chocar]

b. Un hombre la .... y la .... a comisaría. [encontrar/llevar]

c. Cuando nosotros .... jóvenes, ... todas las noches. [ser/salir].

5. GEEF DE BEVELEN IN DE U-VORM:

a. Ponte gafas de sol. →

b. Discúlpate. →

c. Pregúntale cómo está. →

6. VERTAAL DE VOLGENDE ZINNEN:

a. Er zat ongeveer driehonderd euro in de portefeuille.

→

b. Even later vond ik de sleutels: ze zaten in de zak van mijn trainingspak.

→

c. Ik ben op de grond gevallen bij het verlaten van de markt.

→

20.
DOKTER, IK HEB OVERAL PIJN

DOCTOR, ME DUELE TODO

DOELSTELLINGEN

- BIJ DE DOKTER: SYMPTOMEN BESCHRIJVEN EN LICHAAMSDELEN BENOEMEN
- OVER GEBEURTENISSEN VERTELLEN IN DE *PERFECTO SIMPLE*
- VREES EN VERPLICHTING UITDRUKKEN
- WOORDENSCHAT ROND DE AANGETROUWDE FAMILIE

BEGRIPPEN

- ZINSSTRUCTUUR MET *DOLER*
- UITROEPEN MET *¡MENUDO(S)/MENUDA(S)...!*
- NOG EEN PAAR TOEPASSINGEN VAN *SER* EN *ESTAR*
- ONREGELMATIGE *PERFECTO SIMPLE* VAN *PONER, QUERER, TENER, SER, IR*
- ENKELVOUDIGE EN SAMENGESTELDE (VERLEDEN) TIJDSVORMEN

WAT 'N VAKANTIE!

(Aan het loket)
– Goeidag, we willen een arts zien. Gisteren zijn we de hele dag naar het strand gegaan en we zijn allemaal ziek geworden.

– Wie zijn de zieken?

– Mijn schoonbroer, mijn schoonmoeder en ik.

– Wat scheelt u (met u)?

– Mijn zwager wilde een barbecue (aan)maken en heeft zijn hand verbrand. Mijn schoonmoeder is gevallen en kan haar arm niet bewegen. En mij doet alles pijn, van mijn hoofd tot mijn voeten.

– Gaat u in de wachtzaal zitten. Een arts helpt u meteen verder.

(Bij de arts)
– Men heeft me gezegd dat u gisteren wat problemen [enige narigheid] hebt gehad…

– Ach, dokter, het was verschrikkelijk!

– Ik zie het… Goed, dat met die brandwond is niets ergs [grote zaak], maakt u zich geen zorgen. Ik zal u een crème voorschrijven.

– Moet ik een verband aanbrengen?

– Nee, het is niet nodig [noodzaak]. Uw probleem [het uwe] daarentegen [In ruil], mevrouw, is delicater: ik vrees dat u een bot gebroken hebt.

– Ik was (er) zeker (van)! Het is de schuld van mijn schoonzoon [heeft de schuld], 't is een nietsnut!

– En u, meneer, legt u mij (eens) uit: wat doet u pijn?

– Ik heb hoofdpijn, ik heb pijn aan mijn benen, mijn keel en mijn oren doen pijn…

– En bovendien hebt u [bent u met] koorts. U hebt een stevige verkoudheid. De zee is heel mooi, maar men moet voorzichtiger zijn [hebben meer voorzichtigheid]!

– Ja, wat 'n vakantie… [Het] Volgend jaar blijf ik thuis!

¡MENUDAS VACACIONES!

(En ventanilla)
– Buenas, queremos ver a un médico.
Ayer fuimos a la playa el día entero y nos pusimos todos malos.

– ¿Quiénes son los enfermos?

– Mi cuñado, mi suegra y yo.

– ¿Qué les pasa?

– Mi cuñado quiso hacer una barbacoa y se quemó la mano. Mi suegra se cayó y no puede mover el brazo. Y a mí me duele todo, desde la cabeza hasta los pies.

– Siéntense en la sala de espera. Enseguida les atiende un médico.

(Con la médica)
– Me han dicho que tuvieron algún disgusto ayer…

– Ay, doctora, ¡fue horrible!

– Ya veo… Bueno, lo de la quemadura no es gran cosa, no se preocupe. Le voy a recetar una crema.

– ¿Tengo que ponerme una venda?

– No, no es menester. En cambio lo suyo, señora, es más delicado: temo que se haya roto un hueso.

– ¡Estaba segura! Mi yerno tiene la culpa, ¡es un inútil!

– Y usted, caballero, explíqueme: ¿qué le duele?

– Me duele la cabeza, me duelen las piernas, me duelen la garganta y los oídos…

– Y además está con fiebre. Tiene usted un fuerte catarro. El mar es muy bonito, ¡pero hay que tener más cuidado!

– Sí, menudas vacaciones… ¡El año próximo me quedo en casa!

■ DE DIALOOG BEGRIJPEN
AANDACHTSPUNTJES

→ *Ik heb hoofdpijn* is in het Spaans letterlijk *"Me doet-pijn het hoofd"*: **Me duele la cabeza**, een indirecte constructie zoals bij **Me gusta(n)/encanta(n)...** (zie Module 8). **Te duele el brazo** (lett. Jou doet-pijn de arm), *Je arm doet pijn, Je hebt pijn aan je arm*; **Nos duele la garganta** (lett. Ons doet-pijn de keel), *We hebben keelpijn*; **Le duelen las piernas** (lett. Hem doen-pijn de benen), *Zijn benen doen pijn, Hij heeft pijn aan zijn benen*.

→ Let op het gebruik van de subjunctief na een hoofdwerkwoord dat vrees uitdrukt: **Se ha roto el brazo**, *U hebt uw arm gebroken* maar **Temo que se haya roto el brazo**, *Ik vrees dat u uw arm gebroken hebt (hebbe)*.

→ Drie manieren om een noodzakelijkheid uit te drukken: **No hace falta / No es necesario / No es menester ponerse una venda**, *Een verband aanbrengen is niet nodig*.

LICHAAMSDELEN

→ Laten we de lijst met lichaamsdelen aanvullen: **el cuerpo**, *het lichaam*; **el hombro**, *de schouder;* **la espalda**, *de rug*; **el vientre**, *de buik*; **el dedo**, *de vinger*; **la rodilla**, *de knie*. En verder: **el (los) ojo(s)**, *oog (ogen)*; **la nariz**, *de neus*; **la boca**, *de mond* en de termen **oreja** voor het *(buiten)oor* en **oído** voor het *(geh)oor*: **Me he hecho un piercing en la oreja**, *Ik heb een oorpiercing gedaan*; **Me duelen los oídos**, *Ik heb oorpijn*.

DE AANGETROUWDE FAMILIE

→ In de dialoog en de woordenlijst staan termen m.b.t. *de schoonfamilie*, **la familia política** opgenomen. Alleen bij **yerno/nuera**, *schoonzoon/-dochter* is er geen typische **-o/-a**-uitgang.

CULTURELE INFO

Met de **Tarjeta sanitaria europea**, *Europese ziekteverzekeringskaart* heeft men gratis toegang tot het Spaanse gezondheidszorgsysteem. In de lokale **Centros de salud** verstrekt men de *basiszorg*, **atención primaria**, waartoe ook pediatrie behoort. Zo nodig stuurt men je door naar een specialist in *het ziekenhuis*, **el hospital**, waar men in dringende gevallen ook op de *spoeddienst*, **urgencias** terechtkan. Wie kiest voor een privé-arts en niet aangesloten is bij een ziekenfonds moet zelf alle kosten betalen.

◆ GRAMMATICA
JIJ- EN U-VORM

Vergelijk de beleefdheidsvormen uit de dialoog met hun jij-tegenhanger:

u-vorm	jij-vorm
Le voy a recetar…	Te voy a recetar…
¿Qué les pasa?	¿Qué os pasa?
No se preocupe.	No te preocupes.
Temo que se haya roto…	Temo que te hayas roto…
Me han dicho que tuvieron…	Me han dicho que tuvisteis…

UITROEPEN

Naast **¡Qué vacaciones!** of **¡Vaya vacaciones!** *Wat 'n vakantie!* maken we in de dialoog kennis met een derde uitroepvorm, met het adjectief **menudo(s)/a(s)**: **¡Menudas vacaciones!** *Wat 'n vakantie!*; **¡Menuda playa!** *Wat 'n strand!*; **¡Menudo catarro/resfriado!** *Wat 'n verkoudheid!*; **¡Menudos amigos!** *Wat 'n vrienden!* De uitroep kan positief of, zoals in de dialoog, heel negatief bedoeld zijn!

SER EN *ESTAR*

De meeste bijvoeglijke naamwoorden kunnen, door hun betekenis, slechts met een van de twee "zijn-werkwoorden", **ser** of **estar**, gebruikt worden: **Es inteligente**, *Hij is intelligent* (een persoonlijke eigenschap) / **Está solo**, *Hij is alleen* (huidige toestand). Soms is dubbel gebruik mogelijk, maar dan sluit de betekenis aan bij de waarde van **ser** of **estar**: **Soy malo**, *Ik ben slecht* - **Estoy malo**, *Ik ben ziek*; **Eres guapa**, *Je bent knap* - **Estás guapa**, *Je ziet er knap uit*; **Es moreno**, *Hij is donker* - **Está moreno**, *Hij is gebruind*.

▲ VERVOEGING
ONREGELMATIGE *PERFECTO SIMPLES*

Veel courante Spaanse werkwoorden hebben een onregelmatige **perfecto simple** met de volgende eigenschappen:
- een bijzondere stam (**tuv-** bij **tener**; **quis-** bij **querer** etc.)
- uitgangen zonder accentteken: **-e**, **-iste**, **-o**, **-imos**, **-isteis**, **-ieron**.

Let dus op de plaats van de klemtoon bij de vervoeging in de **perfecto simple**: **canté**, *ik "zong"* (regelmatig); **tuve**, *ik "had"* (onregelmatig).

poner, zetten,...	querer, willen,...	tener, hebben, bezitten
puse	quise	tuve
pusiste	quisiste	tuviste
puso	quiso	tuvo
pusimos	quisimos	tuvimos
pusisteis	quisisteis	tuvisteis
pusieron	quisieron	tuvieron

IDENTIEKE VORMEN BIJ SER, ZIJN EN IR, GAAN

Ser en **ir** nemen dezelfde vormen aan in de **perfecto simple**: **Fuimos amigos**, *We "waren" vrienden;* **Fuimos a la playa**, *We "zijn" naar het strand "gegaan"*. Let erop dat hun uitgangenreeks verschilt van die van de andere onregelmatige werkwoorden: **-i, -iste, -e, -imos, -isteis, -eron**.

ser, *zijn* en **ir**, *gaan*
fui
fuiste
fue
fuimos
fuisteis
fueron

ENKELVOUDIGE/SAMENGESTELDE (VERLEDEN) TIJDSVORMEN

- "Enkelvoudige" vormen bestaan uit slechts één woord, nl. de stam van de infinitief die uitgebreid wordt met een uitgang, zoals:
- de **imperfecto** (onvoltooid verleden tijd)
- de in het Nederlands onbestaande **perfecto simple**.

- "Samengestelde" vormen bevatten een vorm van het hulpwerkwoord **haber**, *hebben* waarop meteen het voltooid deelwoord van het te vervoegen werkwoord volgt (door het hulpwerkwoord **haber** in een andere tijd te vervoegen, kunnen alle samengestelde tijden gevormd worden), zoals:
- de **perfecto compuesto** (voltooid tegenwoordige tijd) met **he, has, ha, hemos, habéis, han** (o.t.t.): **he comido**, *ik heb gegeten*; **has venido**, *je bent gekomen*
- de **pluscuamperfecto** (voltooid verleden tijd) met **había, habías, había, habíamos, habíais, habían** (o.v.t.): **había comido**, *ik had gegeten*
- de **perfecto de subjuntivo** (verleden tijd-subj.) met **haya, hayas, haya, hayamos, hayáis, hayan** (o.t.t.-subj.): **Temo que se haya roto un hueso**, *Ik vrees dat u een bot gebroken hebt* (merk in dit voorbeeld het onregelmatige voltooid deelwoord op: **romper**, *breken* → **roto**, *gebroken*).

Later meer hierover. Alles op z'n tijd...

● WOORDENSCHAT

doler [ue] *pijn doen, pijn hebben aan*
menudo/a *onbeduidend;*
 ¡**menudo(s)/ a(s)…!** *wat 'n…!*
ventanilla *loket*
ayer *gisteren*
playa *strand*
entero/a *heel, volledig*
ponerse malo/a *ziek worden*
enfermo/a *zieke; ziek*
cuñado/cuñada *schoonbroer, zwager / schoonzus*
barbacoa *barbecue*
quemar *(ver)branden*
mano (la) *hand*
suegro/suegra *schoonvader/-moeder*
mover(se) [ue] *(zich) bewegen*
brazo *arm*
cabeza *hoofd, kop*
sala (de espera) *(wacht)zaal*
atender [ie] *helpen, zorgen voor*
quemadura *brandwond*
preocuparse *zich zorgen maken*
recetar *voorschrijven*
crema *crème*

venda *verband*
menester (el) *noodzaak;* **(no) es menester** *het is (niet) nodig*
en cambio *daarentegen*
delicado/a *delicaat, netelig, moeilijk,…*
temer *vrezen*
romper *breken;* **roto/a** *gebroken*
hueso *bot*
yerno/nuera *schoonzoon/-dochter*
culpa *schuld;* **tener la culpa** *schuld treffen, de schuld zijn van*
inútil *nutteloos; nietsnut*
caballero *meneer*
explicar *uitleggen*
pierna *been*
garganta *keel*
oído *(geh)oor*
fiebre (la) *koorts*
fuerte *sterk, stevig*
catarro *verkoudheid*
mar (el) *zee*
tener cuidado *opletten, voorzichtig zijn*
próximo/a *volgend*

⬢ OEFENINGEN

🔴 **1. BELUISTER DE DEFINITIES EN NOEM HET VERWANTSCHAP:**

22 a. Es mi ....

b. Es mi ....

c. Es mi ....

d. Es mi ....

e. Es mi ....

2. BELUISTER DE OPNAME EN VUL DE EERSTE 3 DIALOOGZINNEN AAN:

22 a. Entonces, ¿ .... esas vacaciones?

b. Horribles. El año próximo .... en Madrid solito.

c. ¿Pero ....? ¿No .... buen tiempo?

3. LUISTER OPNIEUW EN VINK DE JUISTE STELLINGEN AAN:

22 a. ☐ Esta familia tuvo buen tiempo durante las vacaciones.

b. ☐ El cuñado se quemó haciendo una barbacoa.

c. ☐ El hijo se puso enfermo y lo llevaron a urgencias.

d. ☐ Tuvo fiebre porque había bebido demasiado.

e. ☐ El hombre se rompió la pierna.

f. ☐ La suegra tuvo un fuerte catarro.

4. HERSCHRIJF DE ZINNEN IN DE *PERFECTO SIMPLE*:

a. Voy al médico y me receta unas pastillas.
→ Ayer .... al médico y me .... unas pastillas.

b. Bebo demasiada agua y me pongo enfermo.
→ Ayer .... demasiada agua y .... enfermo.

c. Mi suegra va a la playa y se pone muy morena.
→ Este verano mi suegra .... a la playa y .... muy morena.

5. VORM ZINNEN AAN DE HAND VAN DE AANGEREIKTE ELEMENTEN:

a. yo / doler / los ojos →

b. ellas / doler / la espalda →

c. vosotros / doler / los oídos →

6. VERTAAL DE VOLGENDE ZINNEN:

a. Gaat u zitten, mevrouw, ik help u dadelijk verder.
→

b. Het is niet nodig om voor een verkoudheid naar de spoeddienst te gaan.
→

c. Het is de schuld van mijn schoonmoeder: ze let nooit op!
→

21.
WIE IS DE LAATSTE IN DE RIJ?
¿QUIÉN ES EL ÚLTIMO?

DOELSTELLINGEN

- BOODSCHAPPEN DOEN: VRAGEN EN ZEGGEN WIE AAN DE BEURT IS, VRAGEN HOEVEEL IETS KOST, HET HEBBEN OVER HOEVEELHEID, KWALITEIT EN BEREIDING VAN EEN PRODUCT

- BIJ EEN ONENIGHEID BELEEFD VOOR ZICHZELF OPKOMEN EN AANDRINGEN

- DANK EN VERZOEK FORMULEREN

- OVER GEBEURTENISSEN IN HET VERLEDEN VERTELLEN

- WOORDENSCHAT IN DE VISHANDEL

BEGRIPPEN

- BIJZINNEN VAN TIJD:
  - *CUANDO* + VERVOEGD WERKWOORD
  - *AL* + INFINITIEF

- DUURTIJD: *LLEVAR* + TIJDSAANDUIDING + ONVOLTOOID DEELWOORD

- *ANTES (DE) / DESPUÉS DE)*, BIJWOORDEN EN VOORZETSELS VAN TIJD

- *DELANTE (DE) / DETRÁS (DE)*, BIJWOORDEN EN VOORZETSELS VAN PLAATS:

- SPELLINGAANPASSINGEN OM DE K-KLANK TE BEHOUDEN

- ONREGELMATIGE *PERFECTO SIMPLE* VAN *ESTAR, PEDIR, DAR*

IN DE RIJ

– Carmen, meisje, geef me (een) halve kilo [van] mosselen en een kwart [van]…

– Excuseer, mevrouw, ík was (er) vóór (u).

– Ik betwijfel het, meneer.

– Ik heb aan het meisje dat net is weggegaan gevraagd na wie ik aan de beurt ben en aan deze dame gezegd dat zij na mij aan de beurt is.

– Wat? Ík ben hier al een heel [goed] poosje aan het wachten!

– Echt? Hebt u bij het aankomen gevraagd wie de laatste (in de rij) was?

– Nee, ik heb het vergeten…

– Wel, dan ben ík de volgende en u bent aan de beurt [gaat] na deze dame.

– Alstublieft, ik ben doodmoe. Gisteravond heeft mijn man een hartaanval gehad en…

– Het is míjn beurt, sorry.

– Ik ben de hele nacht in het ziekenhuis geweest. Ik wil alleen een paar [van] dingetjes…

– Oké, gaat u maar! Maar haast u zich.

– O, dank u wel [u ervoor dank heel-veel]! Zeg, Carmen, [aan] hoeveel staan de gamba's?

– [Aan] 16 euro, kraakvers.

– En de calamares, welke prijs hebben die?

– [Ze staan aan] 18, héél lekker [rijk].

– Ik dacht [een] rijst met schaal- en schelpdier(en te) maken, maar alles is zó duur… [Aan] Hoe staan de zeebaarzen (geprijsd)?

– Weggeschonken: 8 euro. Hoe ga je ze klaarmaken: gefrituurd, op de plaat (gebakken), in het zout? Reinig ik ze voor je?

– Het is toch kweekvis?

– Nou ja, tegen die prijs…

– Laat [hem] dan maar zitten… Uiteindelijk ga ik rijst met kip klaarmaken.

HACIENDO COLA

— Carmen, guapa, ponme medio kilo de mejillones y un cuarto de…

— Disculpe, señora, estaba yo antes.

— Lo dudo, caballero.

— Le pedí la vez a la chica que acaba de irse y se la di a esta señora.

— ¿Qué? ¡Yo llevo un buen rato aquí esperando!

— ¿De veras? Al llegar, ¿preguntó usted quién era el último?

— No. Se me olvidó…

— Pues entonces yo soy el siguiente, y usted va detrás de esta señora.

— Por favor, estoy muerta de cansancio. Anoche le dio un ataque al corazón a mi marido y…

— Me toca a mí, lo siento.

— Estuve en el hospital toda la noche. Solo quiero un par de cositas…

— ¡Vale, pase! Pero dese prisa.

— ¡Se lo agradezco muchísimo! A ver, Carmen, ¿a cuánto están las gambas?

— A 16 euros, fresquísimas.

— ¿Y los calamares qué precio tienen?

— Están a 18, riquísimos.

— Pensaba hacer un arroz con marisco, pero está todo carísimo… ¿Las lubinas a cómo están?

— Regaladas: a ocho euros. ¿Cómo las vas a cocinar, fritas, a la plancha, a la sal? ¿Te las limpio?

— Es pescado de crianza, ¿verdad?

— Pues sí, a ese precio…

— Déjalo entonces… Finalmente voy a hacer arroz con pollo.

◼ DE DIALOOG BEGRIJPEN
HOEVEEL KOST(EN)...?

→ Om naar de prijs van iets te vragen, zijn er twee courante formules, nl. **¿Cuánto cuesta(n)?** of **¿Qué precio tiene(n)?**: **¿Cuánto cuesta / Qué precio tiene esta botella de vino?** *Hoeveel kost / Wat is de prijs van* (lett. Welke prijs heeft) *deze fles wijn?* Gaat het om voedingsmiddelen waarvan de prijs kan schommelen, (fruit, vis enz.), dan is een formule met **estar** gebruikelijk: **¿A cuánto están las gambas?** *Hoeveel staan de garnalen (geprijsd)?*; **¿A cómo están las naranjas?** *Wat kosten de sinaasappelen?*

DANK UITDRUKKEN

→ **Dar las gracias** kan gebruikt worden zonder te vermelden wie of waarom bedankt wordt: **Siempre hay que dar las gracias**, *Je moet altijd dank u zeggen.* Vermeldt men de persoon die bedankt wordt, dan vervult die de rol van meewerkend voorwerp (*de bedankingen* zijn lijdend voorwerp bij *dar, geven*): **Doy las gracias a mis amigos**, *Ik dank mijn vrienden*; **Os doy las gracias**, *Ik dank jullie*. De reden wordt ingeleid met **por**: **Te doy las gracias por lo que has hecho**, *Ik dank je voor wat je hebt gedaan.*

→ **Agradecer**, *dankbaar zijn voor* of *bedanken voor* is een transitief werkwoord en kan dus niet alleen gebruikt worden. Zeg je gewoon **Agradezco** of **Te agradezco**, dan wacht je gesprekspartner op het vervolg van de zin. De te bedanken persoon (meewerkend voorwerp) en de reden waarom er bedankt wordt (lijdend voorwerp) dienen vermeld te worden: **Te agradezco lo que has hecho**, *Ik ben je dankbaar, dank je voor wat je hebt gedaan*; **Te lo agradezco**, *Ik dank je daarvoor*; **Le agradezco su ayuda**, *Ik dank u voor uw hulp.*

CULTURELE INFO

Als er bij een wachtrij geen ticketsysteem is, vraag je bij aankomst **¿Quién es el último?** *Wie is de laatste?* Wie "**yo**" antwoordt, is in zekere zin je getuige. Deze twee handelingen heten **pedir la vez**, lett. "de beurt vragen", *vragen na wie men aan de beurt is* en **dar la vez**, lett. "de beurt geven", *zeggen wie na jou aan de beurt is*. Is er toch onenigheid, dan kan je zeggen: **esta señora me ha dado la vez**. En wanneer de winkelier dan vraagt **¿Quién va?** of **¿A quién le toca?** *Wiens beurt is het?*, kan je gerust antwoorden **¡Voy yo!** of **¡Me toca a mí!** *Ík ben aan de beurt!*

◆ GRAMMATICA
BIJZINNEN VAN TIJD

CUANDO:
- *(telkens) wanneer, als* iets gebeurt: **Cuando llego, siempre pregunto quién es el último**, *Wanneer ik aankom, vraag ik altijd wie de laatste is.*
- m.b.t. iets in het verleden staat de afgelopen handeling in de perfecto simple en de context in de imperfecto (o.v.t.): **Cuando llegué, pregunté quién era el último**, *Toen ik aankwam, heb ik gevraagd wie de laatste was;* **Cuando llegué, no había nadie**, *Toen ik aankwam, was er niemand.*

AL **+ INFINITIEF**:
om aan te geven dat iets gebeurt gelijktijdig met of net vóór wat het hoofdwerkwoord uitdrukt: **Al llegar, ¿preguntó usted quién era el último?** *Hebt u bij het aankomen gevraagd wie de laatste was?*

EEN DUURTIJD UITDRUKKEN:
- Hace ... que / desde hace: **Hace una hora que estoy esperando** of **Estoy esperando desde hace una hora**, *Ik ben al een uur aan het wachten.*
- een vorm van het werkwoord **llevar** + tijdsduur + onvoltooid deelwoord: **Llevo un buen rato esperando**, *Ik ben al een hele poos aan het wachten.*

BIJWOORDEN EN VOORZETSELS VAN TIJD EN PLAATS

BIJWOORDEN
Antes, *voor* ↔ **después**, *na* en **delante**, *voor* ↔ **detrás**, *achter* zijn bijwoorden. Ze staan bij een werkwoord om het nader in tijd of ruimte te bepalen:
Antes todo estaba más barato, *Vroeger was alles goedkoper.*
Vuelvo después, *Ik kom daarna/nadien terug.*
Prefiero estar delante, *Ik sta liever vooraan.*
Hay un coche detrás, *Er is een auto achter (ons).*

VOORZETSELS
Dezelfde woorden + **de** kunnen als voorzetselconstructie (**delante de**, **detrás de** etc.) vóór een naamwoord, voornaamwoord of infinitief staan:
delante de usted, *voor u* – **detrás de esta señora**, *na deze dame*
antes de comer, *alvorens te, voor het eten* – **después de la siesta**, *na de siësta.*

SPELLINGAANPASSINGEN OM DE K-KLANK TE BEHOUDEN

De stam van een werkwoord of naamwoord kan uitgebreid worden met vervoegings-, meervouds- en andere uitgangen of suffixen. Om hierbij de basisuitspraak van de stam te behouden, is soms een spellingaanpassing nodig.

- Zo zagen we in Module 17 dat de k-klank in het werkwoord **sacar** (**c** vóór **a**) in de subjunctiefvorm behouden blijft door hem anders te schrijven: **saque** (**qu** vóór **e**, want een **c** vóór een **e** klinkt in het Spaans niet als [k], maar zoals in het Engelse "thing").

- Vergelijkbaar voorbeeld: voeg aan **fresco**, *fris, vers* en **rico**, *rijk, lekker* het superlatiefsuffix **-ísimo** toe en **c** wordt **qu** → **fresquísimo**, **riquísimo** (want **c** vóór **i** klinkt in het Spaans niet als [k], maar zoals in "thing").

▲ VERVOEGING
NOG DRIE ONREGELMATIGE *PERFECTO SIMPLES*

In de dialoog vinden we drie werkwoorden met een onregelmatige perfecto simple terug, nl.:
- **estar** met een vervoeging die hier vergelijkbaar is met die van **tener**
- **pedir** met zijn stamklinkerwissel **e** → **i** in de 3e persoon enkelvoud en meervoud
- **dar** dat het model van werkwoorden op **-er/-ir** volgt, maar dan zonder accentteken, omdat dit overbodig is in deze eenlettergrepige vormen (net als bij de 1e en 3e pers. ev. van **ser/ir** → **fui, fue** en van **vivir** → **vi, vio**).

estar, *zijn*	pedir, *vragen*	dar, *geven*
estuve	pedí	di
estuviste	pediste	diste
estuvo	pidió	dio
estuvimos	pedimos	dimos
estuvisteis	pedisteis	disteis
estuvieron	pidieron	dieron

WOORDENSCHAT

último/última *laatste*
cola *rij, staart;* **hacer cola** *in de rij staan*
poner *geven, toedienen*
medio/a *half*
kilo *kilo*
mejillón (el) *mossel*
cuarto *kwart*
antes *voor, eerder*
dudar *(be)twijfelen*
pedir la vez *vragen na wie men aan de beurt is*
irse *weggaan*
dar la vez *zeggen wie na u aan de beurt is*
llevar + *onvoltooid deelwoord al aan het ... zijn*
de veras *echt (waar)*
siguiente *volgende*
detrás (de) *na*
muerto/a *dood*
cansancio *vermoeidheid*
anoche *gisteravond, vannacht*
ataque (el) *aanval;* **me dio un ataque** *ik heb een aanval gehad*
corazón (el) *hart*
tocar *aanraken;* **me toca** *het is mijn beurt*
par (un ~ de) *een paar*
agradecer *(be)danken, dankbaar zijn voor*
gamba *gamba, soort grote garnaal*
fresco/a *vers; fris*
calamar (el) *calamaris, soort inktvis*
rico/a *rijk(elijk), lekker*
arroz (el) *rijst*
marisco *zeevrucht, schaal-/schelpdier*
lubina *zeebaars*
regalado/a *geschonken, cadeau gedaan*
frito/a *gefrituurd*
plancha *(grill)plaat;* **a la plancha** *op de plaat gebakken, gegrild*
sal (la) *zout*
limpiar *schoonmaken, reinigen*
pescado *vis*
crianza *kweek*
pollo *kip*

OEFENINGEN

1. BELUISTER DE OPNAME EN VERBIND DE ZINNEN MET HUN DEFINITIE:

23
a. Hago cola.
b. Pido la vez.
c. Doy la vez.
d. Me doy prisa.

A. Definitie 1
B. Definitie 2
C. Definitie 3
D. Definitie 4

2. VUL DE EERSTE 3 DIALOOGZINNEN AAN:

🔊 23

a. Antonio, guapo, ... de gambas.

b. Lo siento, señora, pero ....

c. ¡Lo dudo mucho! ....

3. LUISTER OPNIEUW EN VINK DE CORRECTE STELLINGEN AAN:

🔊 23

a. ☐ La mujer dice que cuando se pone nerviosa le dan ataques.

b. ☐ Las gambas están a 21 euros y los calamares a 10.

c. ☐ Para hacer la dorada a la sal, hay que limpiarla.

d. ☐ La mujer prefiere hacer la dorada a la plancha.

e. ☐ Finalmente compra calamares y gambas.

f. ☐ El pescadero aconseja hacer las gambas a la plancha.

4. VERVANG *AL* + INFINITIEF DOOR *CUANDO* + CORRECT VERVOEGD WERKWOORD:

a. Al llegar a casa, le dio un ataque. → Cuando ....

b. Al entrar, pidieron la vez. → Cuando ....

c. Al ver el precio de las gambas, te pusiste nervioso. → Cuando ....

5. DRUK DE DUURTIJD IN DE ZINNEN UIT MET *LLEVAR* + ONVOLTOOID DEELWOORD:

a. ¿Cuánto tiempo hace que estás limpiando pescado?

→

b. Está comiendo desde hace dos horas.

→

c. Cuando llegaste, estaba esperándote desde hace una hora.

→

6. VERTAAL DE VOLGENDE ZINNEN:

a. Ik dank je voor je brief. (twee mogelijke vertalingen)

→

b. Hij dankt de dame. →

22.
IK GA NAAR DE SUPERMARKT

VOY AL SÚPER

DOELSTELLINGEN

- BOODSCHAPPEN DOEN: DE NAAM VAN HANDELSZAKEN, HET BEROEP VAN DE UITBATER EN DE VERKOCHTE BASISPRODUCTEN; GEWICHT/INHOUD EN VERPAKKING
- VERTELLEN OVER AFGELOPEN GEBEURTENISSEN
- ZEGGEN DAT IETS GOED/SLECHT, GEZOND/ONGEZOND IS

BEGRIPPEN

- GEBRUIK VAN HET VOORZETSEL *DE*
- *SER/ESTAR + BUENO/MALO*
- ONREGELMATIGE *PERFECTO SIMPLE* VAN *HACER, DECIR, TRAER*
- *TRAER*
  - VERVOEGEN IN DE O.T.T.- INDICATIEF/SUBJUNCTIEF
  - VERGELIJKEN MET *LLEVAR*

DE BOODSCHAPPENLIJST

– De boter is op, er is geen [ontbreekt] jam voor het ontbijt… De koelkast is leeg!

– Je hebt gelijk. Kom, ik neem de auto en ga naar de super(markt).

– Niet zo overhaast [Niet ren zo]: de vorige keer dat je naar het winkelcentrum bent gegaan, was een ramp.

– Vond je de aankopen die ik gedaan had niet oké?

– Niet echt, je bracht duizend overbodige dingen mee.

– Dat is niet míjn schuld: jij hebt me niet gezegd wat er nodig was [deed gebrek]!

– Wel, deze keer maak ik een lijst voor je. Noteer: detergent, tandpasta, watten, shampoo, toiletpapier…

– Hé, zachtjesaan!

– Er is bijna geen drank meer [niet resten dranken]: breng blikjes [van] bier mee, zes liter[s van] melk en ook wijn.

– Vruchtensap [Sappen van fruit]?

– Ja, [van] sinaasappel. Maar in een glazen fles [in fles van glas], niet in karton, hé? O, en yoghurt[s].

– En als maaltijd?

– Koop pasta, ja, en zakken [van] chips voor het aperitief.

– Niets (anders) meer? Breng ik geen vis, charcuterie, vlees mee?

– Nee, ik ken je. Je zal een hoop van die vieze kant-en-klare (dingen) kopen waar je gek op bent.

– Ze zijn keilekker!

– Ze zijn trouwens heel slecht voor de gezondheid. Ga jij naar de supermarkt voor de basis(producten), voor de rest ga ík naar de viswinkel, naar de slagerij en naar de groentewinkel in [van] de buurt.

– Wat 'n snob ben je…

LA LISTA DE LA COMPRA

– Se ha acabado la mantequilla, falta mermelada para el desayuno… ¡Está la nevera vacía!

– Tienes razón. Venga, cojo el coche y voy al súper.

– No corras tanto: la última vez que fuiste al centro comercial fue un desastre.

– ¿No te gustó la compra que hice?

– Pues no, trajiste mil cosas inútiles.

– No es culpa mía: ¡tú no me dijiste lo que hacía falta!

– Pues esta vez te hago la lista. Apunta: detergente, pasta de dientes, algodón, champú, papel higiénico…

– Eh, ¡despacito!

– Casi no quedan bebidas: trae latas de cerveza, seis litros de leche, y también vino.

– ¿Zumos de fruta?

– Sí, de naranja. Pero en botella de cristal, no en cartón, ¿eh? Ah, y yogures.

– ¿Y de comida?

– Compra pasta, sí, y bolsas de patatas fritas para el aperitivo.

– ¿Nada más? ¿No traigo pescado, charcutería, carne?

– No. Te conozco y vas a comprar un montón de esos precocinados asquerosos que te vuelven loco.

– ¡Están buenísimos!

– Además son muy malos para la salud. Tú ve al súper para lo básico. Para lo demás voy yo a la pescadería, a la carnicería y a la verdulería del barrio.

– Qué pija eres…

■ DE DIALOOG BEGRIJPEN
UITDRUKKINGEN

→ Gebrek aan iets kan op verschillende manieren geformuleerd worden: **Se ha acabado la mantequilla**, *De boter is op* (lett. *Zich heeft beëindigd de boter*); **Falta mermelada**, *Er is geen jam* (lett. *Ontbreekt marmelade*); **No quedan bebidas**, *Er is geen drank meer* (lett. *Niet overblijven dranken*); **Hace falta cerveza**, *Er is bier nodig* (lett. *Doet gebrek bier*).

→ Bij sommige woorden dient de afkorting als verkleinwoord, bv. **bici** voor **bicicleta**, **boli** voor **bolígrafo**, **súper** voor **supermercado**. Anders zijn er de suffixen **-ito/-ita** (zie Module 7): **botella** → **botellita**, *fles* → *flesje*. Merk op hoe zo ook een bijwoord verzacht kan worden: **despacio**, *langzaam* → **despacito**, *zachtjesaan*.

GEWICHTS-/INHOUDSMATEN EN VERPAKKINGEN

→ **Kilo**, *kilo* en **litro**, *liter* zijn de basisgewichts-/inhoudsmaten: **medio kilo/litro**, *halve kilo/liter;* **cuarto de kilo/litro**, *kwart kilo/liter*.

→ Een paar verpakkingen: **botella**, *fles* (**una botella de vino**, *een fles wijn*); **paquete**, *pak* (**un paquete de arroz**, *een pak rijst*); **bolsa**, *zak* (**una bolsa de patatas fritas**, *een zak chips*); **lata**, *blik(je)* (**una lata de cerveza/sardinas**, *een blik bier/sardienen*); **un cartón**, *brik* of **tetrabrik**, *een karton, doos, pak* (**un brik de leche**). En voor de producten uit de dialoog: **un bote** (*een bus, fles*) **de detergente**, **un bote de champú**, **un tarro** (*een pot*) **de mermelada**, **un tubo** (*een tube*) **de pasta de dientes** en **un rollo** (*een rol*) **de papel higiénico**. Vergeet het voorzetsel **de** niet tussen verpakking en inhoud!

HANDELSZAKEN, HUN UITBATERS EN HUN PRODUCTEN

In veel gevallen kan met de suffixen **-ero** en **-ería** van een productnaam het bijbehorend beroep resp. het soort handelszaak afgeleid worden.

product	handelaar/ster, beroep	handelszaak, winkel
pescado, *vis*	pescadero/a	pescadería
carne, *vlees*	carnicero/a	carnicería
verdura, *groente*	verdulero/a	verdulería
fruta, *fruit*	frutero/a	frutería
libro, *boek*	librero/a	librería

CULTURELE INFO

Om in Spanje boodschappen te doen, is er de traditionele **mercado**, *markt* die vaak gehouden wordt in een overdekte hal. Sommige van die gebouwen zijn op zich al een bezoek waard, maar ook de levendige sfeer trekt aan. Marktkramers prijzen er uitbundig de versheid en kwaliteit van hun uitgebreid aanbod aan. Toch moet men, vooral in grotere steden, vaststellen dat steeds meer mensen hun wekelijkse boodschappentas gaan vullen in de goedkopere supermarkten en dat men in de degustatiestandjes van de **mercado** veeleer op zoek gaat naar specialiteiten en delicatessen.

◆ GRAMMATICA
HET VOORZETSEL *DE*

• kan gebruikt worden zoals het Nederlandse voorzetsel *van*: **Es de Picasso; Hay de todo; las obras de los pinturos; de media estatura;** of *van(daan), uit*: **¿De dónde eres? – De Ecuador; Volvía del mercado.**
• staat tussen verpakking en inhoud (zie p. 200);
• wordt gebruikt voor het uitdrukken van een hoeveelheid, denk maar aan **un montón de esos precocinados**, *een hoop van die ..*, maar dus ook **un par de cocitas**, *een paar dingetjes*, **6 litros de leche**, *6 liter melk*;
• leidt het materiaal waaruit iets vervaardigd is in: **een botella de cristal**, *een fles van glas* → *een glazen fles*; **una camiseta de algodón**, *een T-shirt van katoen* → *een katoenen T-shirt*;
• staat tussen "hoofdwoord" en "verduidelijking", waar in het Nederlands een samenstelling gebruikt wordt: **pasta de dientes, zumo de fruta, gafas de sol; muerta de cansancio**;
• kan ook *als* betekenen: **de primero, de comida/bebida** of *met*: **acabar de**, *net klaar zijn met*;
• wordt soms niet vertaald: **detras de**, **acordarse de**.

SER/ESTAR + BUENO/MALO

In Module 20 bleek al dat het gebruik van **ser** dan wel **estar** de betekenis van sommige bijvoeglijke naamwoorden beïnvloedt.
• **Rico**, bijvoorbeeld, is *rijk* (**Soy rico**, *Ik ben rijk*) of *lekker, "rijk aan smaak"* (**Estas patatas están ricas**, *Deze chips zijn lekker*).
• **Bueno** en **malo** kunnen in combinatie met die werkwoorden ook nuance aanbrengen, bijvoorbeeld:

Este médico es bueno, *Dit is een goede arts* ↔ **Este profesor es malo**, *Dit is een slechte leraar;* **El aceite de oliva es bueno para el corazón**, *Olijfolie is goed voor het hart* ↔ **Los precocinados son malos para la salud**, *Kant-en-klare maaltijden zijn slecht voor de gezondheid;* **Estos pescaditos están buenos**, *Deze visjes zijn lekker* (goed van smaak) ↔ **Esta leche está mala**, *Deze melk is slecht* (verzuurd); **Está malo**, *Hij is ziek* ↔ **Ya estoy bueno**, *Nu maak ik het goed;* **Este perro es bueno**, *Deze hond is braaf* ↔ **Este gato es malo**, *Deze kat is gemeen.*

▲ VERVOEGING
BIJZONDERE *PERFECTO SIMPLES*

Let op de volgende onregelmatigheden in de **perfecto simple**:
- **hacer** met stamklinkerwissel **a → i**, uitgang **-e/-o** zonder accent en spelling-aanpassing **c → z** in de 3e pers. ev.;
- **decir** (stamklinkerwissel **e → i**) en **traer** volgen de afwijkingen van **hacer** maar krijgen een **j** in de stam én de 3e pers. mv. op **-eron** i.p.v. **-ieron**.

hacer, *doen, maken*	**decir**, *zeggen*	**traer**, *brengen*
hice	dije	traje
hiciste	dijiste	trajiste
hizo	dijo	trajo
hicimos	dijimos	trajimos
hicisteis	dijisteis	trajisteis
hicieron	dijeron	trajeron

O.T.T. VAN *TRAER* (INDICATIEF EN SUBJUNCTIEF)

• **Traer** is een van de werkwoorden met de 1e pers. ev. in de o.t.t.-indicatief op **-go**, maar last daar ook een **i** in; deze onregelmatigheid zet zich verder in alle personen van de o.t.t.-subjunctief.

o.t.t.-indicatief	o.t.t.-subjunctief
traigo	traiga
traes	traigas
trae	traiga
traemos	traigamos
traéis	traigáis
traen	traigan

• **Traer** drukt een beweging in de richting van degene die spreekt uit: **Trae cervezas**, *Breng biertjes mee* (naar hier).
• **Llevar** drukt het tegengestelde uit, dus een beweging weg van de spreker: **Llévale el desayuno a la cama**, *Breng hem zijn ontbijt op bed.*

● WOORDENSCHAT

súper (**supermercado**) *supermarkt*
lista *lijst*
acabarse *opraken, op zijn, ten einde lopen*
mantequilla *boter*
mermelada *jam, marmelade*
desayuno *ontbijt*
vacío/a *leeg*
correr *rennen*
último/a (bijv. nw.) *laatste, vorige*
comercial *commercieel, handels-, winkel-*
desastre (el) *ramp*
apuntar *noteren*
detergente (el) *(af)was-, schoonmaakmiddel*
pasta de dientes *tandpasta*
algodón (el) *katoen, watten*
champú (el) *shampoo*
higiénico/a *hygiënisch;* **papel higiénico** *toiletpapier*
bebida *drank(je)*
lata *blik(je)*
cerveza *bier*
litro *liter*
vino *wijn*
zumo *sap*
fruta *fruit, vrucht(en)*
naranja *sinaasappel*
botella *fles*
cristal (el) *kristal, glas*
cartón (el) *(drank)karton*
yogur (el) *yoghurt*
comida *eten, maaltijd*
patata *aardappel;* **patatas fritas** *frieten of chips*
aperitivo *aperitief*
charcutería *charcuterie, fijne vleeswaren*
carne (la) *vlees*
montón (el) *hoop, heleboel*
precocinado *voorgekookt, kant-en-klaar (gerecht)*
asqueroso/a *vies, walgelijk*
salud (la) *gezondheid*
básico/a *basis-*
pescadería *viswinkel*
carnicería *slagerij*
verdulería *groentewinkel*
barrio *buurt*

● OEFENINGEN

1. BELUISTER DE OPNAME EN DUID AAN TOT WELKE CATEGORIE DE WOORDEN BEHOREN:

	a	b	c	d	e	f	g	h
Bebida								
Comida								

2. BELUISTER DE OPNAME EN VUL DE EERSTE 3 DIALOOGZINNEN AAN:

a. ¿Pero qué ....? .... desastre de compra.

b. ¿ ....?

c. ¡Falta todo! No .... nada de lo que te ....

🔊 3. LUISTER OPNIEUW EN VUL DE ZINNEN AAN:

24 a. De bebidas, el hombre ha traído ....

b. La mujer le había pedido ....

c. La mujer piensa que el zumo de cartón ....

d. Al hombre también se le ha olvidado comprar ....

e. En cambio ha encontrado ....

f. Y también se le ha ocurrido ....

g. La mujer considera que están .... y que son ....

4. ZET HET WERKWOORD IN DE *PERFECTO SIMPLE* IN DE AANGEGEVEN PERSOON:

a. Ayer .... [nosotros / ir] al súper y ....
[nosotros / volver] con un montón de bebidas.

b. La última vez .... [ellos / hacer] una compra horrible:
.... [ellos / comprar] solo precocinados.

c. Anoche .... [yo / comer] demasiado y ....
[yo / ponerse] enfermo.

d. ¡Qué malo .... [tú / ser]! Te ....
[yo / pedir] yogures y solo .... [tú / traer] lo que te gusta a ti.

5. WELK WERKWOORD PAST IN DE CONTEXT?

a. Estoy cansado: tráeme / llévame una cerveza.

b. ¿Qué quieres que te traiga / lleve de París?

c. Se le había olvidado el móvil: se lo traje / llevé a la oficina.

6. VERTAAL DE VOLGENDE ZINNEN:

a. Er blijft niets meer over in de koelkast: er zijn blikjes bier nodig!

→

b. Ga naar de fruitwinkel en breng sinaasappelen mee.

→

c. Ik ben dol op vis, maar ik gruwel van vlees.

→

IV

VRIJE

TIJD

23. GELUKKIG NIEUWJAAR!

¡FELIZ AÑO!

DOELSTELLINGEN

- MAANDEN BENOEMEN EN EEN DATUM BEPALEN
- ZICH ALS VOOR-/TEGENSTANDER EN RECHTS/LINKS UITSPREKEN
- VOEDINGSWAREN BENOEMEN (VLEES, FRUIT, GROENTEN ENZ.)
- WOORDENSCHAT ROND DE EINDEJAARSFEESTEN

BEGRIPPEN

- "WORDEN" ALS *HACERSE*
- *RECORDAR / ACORDARSE DE*
- *DECIR QUE* + INDICATIEF OF SUBJUNCTIEF
- SPELLINGAANPASSINGEN BIJ DE LETTERS *C*, *G* EN *Z*
- ONREGELMATIGE *PERFECTO SIMPLE* VAN *PODER*, *VENIR*, *HABER*
- *DESAPARECER*, EEN WERKWOORD MET *-ZCO*

FIJNE FEESTEN!

– Waar heb je zin in voor het oudejaarsdiner?

– Een bouillonnetje en vroeg naar [het] bed. Ik ben de laatste tijd veel bijgekomen [heel dik geworden].

– En onze gasten?

– Weet je misschien niet dat ik een hekel heb aan [de] 31 [van] december vieren?

– Wat ben je antipathiek geworden! Alleen mijn familie zal (er) zijn.

– Herinner je je de vorige keer dat ze allemaal gekomen zijn niet?

– Er was een discussie, ja…

– (De) enen zijn [van] rechts en zijn voor [ten gunste van] de regering, (de) anderen zijn [van] links en zijn er tegen.

– Het ergste is niet de politiek, maar [is] het eten: [het] lamsvlees en [het] kalfsvlees bekomen [aan] mijn moeder slecht.

– En jouw schoonbroer is allergisch voor gevogelte [de vogels], of met andere woorden [zij dat], vaarwel gevulde kalkoen!

– Bovendien is mijn zus vegan geworden en kan niet eens [de] eieren zien [proeven].

– Wat (er nog aan) ontbrak.

– We zetten wortelen, prei[en], tomaten (op tafel) en dat elkeen ze op zijn manier op smaak brengt.

– Wat 'n diner…

– Ik vergat je te zeggen dat voor het dessert de collega's van op [het] kantoor komen. Maak je geen zorgen: ik zeg hun dat zíj de noga's, de champagne en de druiven meebrengen.

– Ík verdwijn, ik trek naar een hotel! Zeg hun dat ik een verplichting in het buitenland had en niet kon terugkeren.

– Zeg, welke dag is het vandaag?

– We zijn de 28e [aan 28], waarom? O, maar wat ben ik stom!

– Heb je het geloofd!

– Nog een geluk [Minder slecht] dat het een grap was…

¡FELICES FIESTAS!

– ¿Qué te apetece para la cena de Nochevieja?

– Un caldito y a la cama temprano. Me he puesto muy gordo últimamente.

– ¿Y nuestros invitados?

– ¿Acaso no sabes que detesto celebrar el 31 de diciembre?

– ¡Qué antipático te has vuelto! Solo va a estar mi familia.

– ¿No recuerdas la última vez que vinieron todos?

– Hubo una discusión, sí…

– Unos son de derechas y están a favor del gobierno, otros son de izquierdas y están en contra.

– Lo peor no es la política, es la comida: a mi madre le sientan mal el cordero y la ternera.

– Y tu cuñado es alérgico a las aves, o sea, que… ¡adiós pavo relleno!

– Encima mi hermana se ha hecho vegana y no puede probar ni los huevos.

– Lo que faltaba.

– Ponemos zanahorias, puerros, tomates, y que cada cual se los aliñe a su manera.

– Menuda cena…

– Se me olvidó decirte que para el postre vienen los compañeros de la oficina. No te preocupes: les digo que traigan ellos los turrones, el champán y las uvas.

– ¡Yo desaparezco, me voy a un hotel! Diles que tuve un compromiso en el extranjero y que no pude volver.

– Oye, ¿qué día es hoy?

– Estamos a 28, ¿por qué? Ah, ¡pero qué tonto soy!

– ¡Te lo has creído!

– Menos mal que era una broma…

■ DE DIALOOG BEGRIJPEN
DE DATUM

- Zeggen welke dag het "is", kan op twee manieren, met **ser** of met **estar a**: **¿Qué día es hoy?** of **¿A qué día estamos?** *Welke dag is het, Hebben we vandaag?* – **Hoy es lunes** of **Estamos a lunes**, *Vandaag is het, We zijn maandag.*
- Bij een datum moet **de** zowel voor de maand als het jaartal staan: **el 12 de octubre de 1492**, *12 oktober, de 12e oktober 1492.* Dit zijn alle maanden:

enero, *januari*	**abril**, *april*	**julio**, *juli*	**octubre**, *oktober*
febrero, *februari*	**mayo**, *mei*	**agosto**, *augustus*	**noviembre**, *november*
marzo, *maart*	**junio**, *juni*	**septiembre**, *september*	**diciembre**, *december*

VOOR/TEGEN IETS ZIJN, RECHTS/LINKS ZIJN

- Net als in het Nederlands is er sprake van politiek *links, rechts* en *het centrum*: **la izquierda, la derecha** en **el centro**. De eerste twee staan in het meervoud met het werkwoord **ser**: **Soy de izquierdas/derechas**, *Ik ben links/rechts.*
- Bij *voor/tegen zijn* hoort het werkwoord **estar**, dus **estar a favor de / en contra de**: **¿Estás a favor de las corridas?** *Ben je voor stierengevechten?* – **Estoy en contra de las corridas**, *Ik ben tegen stierengevechten.*

LIDWOORDGEBRUIK BIJ ALGEMEENHEDEN

Let erop in het Spaans een bepaald lidwoord te gebruiken bij algemeenheden: **Me horrorizan las cucarachas**, *Ik griezel van kakkerlakken;* **Me gustan los tomates**, *Ik eet graag tomaten.*

CULTURELE INFO

Van eind december tot begin januari wordt er gefeest:
- **Nochebuena**, *kerstavond, -nacht*
- **Navidad**, *Kerstmis*
- **Nochevieja**, *oudejaarsavond* waar om middernacht 12 druiven worden gegeten als gelukbrenger
- **Año Nuevo**, *Nieuwjaar.*

Kinderen krijgen traditioneel hun cadeautjes op 6 januari, **el Día de Reyes**, *Driekoningen.* Wees op je hoede op 28 december, dag van de **Inocentes**, *Onschuldigen* maar ook *naïevelingen*... dus vergelijkbaar met 1 april, een dag om allerlei grapjes uit te halen!

◆ GRAMMATICA
"WORDEN": *PONERSE, VOLVERSE* OF *HACERSE*

Je kent het verschil tussen **ponerse** en **volverse**, vergelijkbaar met dat tussen **estar** en **ser**, dus "tijdelijk" versus "langdurig". Het wordt nogmaals geïllustreerd in deze dialoog: **Me he puesto gordo**, *Ik ben dik geworden* (= **estoy gordo**); **Te has vuelto antipático**, *Je bent onsympathiek geworden* (= **eres antipático**). Soms kan **volverse** vervangen worden door **hacerse**, nl. wanneer de "transformatie" gewild is (bv. kiezen voor een andere manier van leven, professioneel, ideologisch, stijl,...): **Se ha hecho vegana**, *Ze is vegan geworden*.

"ZICH HERINNEREN"

• **Acordarse**, *zich herinneren* kan op zich gebruikt worden (**¿Te acuerdas?** *Herinner je je?* – **Sí, me acuerdo**, *Ja, ik herinner me*) of met het voorzetsel **de** als wat men zich herinnert uitgedrukt wordt (**¿Te acuerdas de mí?** *Herinner je je me?* – **Claro que me acuerdo de ti**, *Natuurlijk herinner ik me jou*).

• Er is ook **recordar**, niet-wederkerend en zonder **de**, in de betekenis van *zich herinneren*: **¿Recuerdas la vez que vinieron todos?** *Herinner je je de keer dat ze allemaal gekomen zijn?* of *herinneren, doen denken aan*: **Me recuerda a alguien**, *Hij doet me denken aan iemand*; **Recuérdame que tengo que llamarlo**, *Help me onthouden dat ik hem moet opbellen*.

"ZEGGEN DAT"

***DECIR QUE* + INDICATIEF** als wat volgt iets feitelijks is: **Diles que tuve un compromiso**, *Zeg hun dat ik een verplichting had*.

***DECIR QUE* + SUBJUNCTIEF** om een bevel, verzoek,... in te leiden (de uitkomst is immers onzeker): **Les digo que traigan los turrones**, *Ik zeg hun dat ze de noga's meebrengen, de noga's mee te brengen*.

SPELLINGAANPASSINGEN

• **c → qu**: **sacar**, *halen* → **saqué**, *ik haalde* (behoud van de k-klank, Module 21)

• **g → gu/j**: **pagar**, *betalen* → **pagué**, *ik betaalde* (behoud van de **g**-klank vóór **a/o/u** zoals in "girl", Module 17); **elegir**, *kiezen* → **elijo**, *ik koos* (behoud van de **g**-klank vóór **e/i** zoals in "lach", Module 10)

• **z → ce/ci**: **z** wordt uitgesproken zoals in "th<u>i</u>nk" en zo klinkt ook **c** vóór **e/i**; wetende dat de combinaties **ze** en **zi** nauwelijks voorkomen in het Spaans (bv. *zero* is **cero**) onthouden we de spellingaanpassing **Feliz año** → **Felices fiestas**.

▲ VERVOEGING

ONREGELMATIGE *PERFECTO SIMPLES* (VERVOLG)

We vullen de lijst van onregelmatige perfecto simples verder aan met de werkwoorden **poder** en **venir** alsook het hulpwerkwoord **haber** (om zo het onpersoonlijke **hay** (*er is/zijn*) te kunnen uitdrukken):

haber, *hebben*	**poder**, *kunnen, mogen*	**venir**, *komen*
hube	pude	vine
hubiste	pudiste	viniste
hubo	pudo	vino
hubimos	pudimos	vinimos
hubisteis	pudisteis	vinisteis
hubieron	pudieron	vinieron

NOG EEN WERKWOORD MET 1E PERS. EV. O.T.T.-IND. OP -*ZCO*

Je weet dat bij werkwoorden op **-acer** (behalve **hacer**), **-ecer, -ocer** en **-ucir** de 1e pers. ev. o.t.t.- indicatief eindigt op **-zco**: **nazco**, *ik word geboren*; **parezco**, *ik lijk*; **conozco**, *ik ken*; **conduzco**, *ik bestuur*. Ziehier **desaparecer**:

desaparecer, *verdwijnen*
desaparezco
desapareces
desaparece
desaparecemos
desaparecéis
desaparecen

⬢ OEFENINGEN

🔊 1. BELUISTER DE OPNAME, NOTEER DE 4 DATA ZOALS IN *EL 1 DE ENERO DE 2020* = 01/01/2020:

25

a. ....

b. ....

c. ....

d. ....

● WOORDENSCHAT

Nochevieja *oudejaarsavond*
caldo *bouillon*
ponerse gordo/a *dik worden*
últimamente *de laatste tijd; onlangs*
invitado/invitada *gast, genodigde*
celebrar *vieren*
diciembre *december*
antipático/a *antipathiek*
recordar [ue] *zich herinneren*
discusión (la) *discussie*
ser de derechas/izquierdas *rechts-/links(gezind) zijn*
estar a favor de *voor/pro zijn*
gobierno *regering*
estar en contra de *tegen/contra zijn*
política *politiek*
sentirse mal *zich slecht voelen (bij)*
cordero *lamsvlees*
ternera *kalfsvlees*
alérgico/a *allergisch*
ave (el *ook al is het vr., zie Module 24) vogel;* **aves (las)** *gevogelte*
o sea que *met andere woorden, dus*
pavo *kalkoen*
relleno/a *gevuld*
encima *bovendien, daarenboven*
vegano/a *vegan*
probar [ue] *proberen; proeven*
ni (siquiera) *zelfs niet, niet eens*
huevo *ei*
lo que faltaba *dat ontbrak er nog aan*
zanahoria *wortel*
puerro *prei*
tomate (el) *tomaat*
cada cual *elkeen*
aliñar *op smaak brengen*
postre (el) *dessert*
turrón (el) *noga*
champán (el) *champagne*
uva *druif*
desaparecer *verdwijnen*
hotel (el) *hotel*
compromiso *engagement, verplichting*
extranjero *buitenland*
menos mal que *gelukkig maar dat*

🔊 2. BELUISTER DE OPNAME EN VUL DE EERSTE 3 DIALOOGZINNEN AAN:

25

a. Dime, Luis: ¿tenéis .... para ....?

b. No, ... quedarnos en casa. Estamos ....

c. ¿Por qué no .... y lo .... juntos?

3. LUISTER OPNIEUW EN VINK DE JUISTE STELLINGEN AAN:

a. ☐ Carmen y Luis se van a acostar sin tomar las uvas.

b. ☐ Piensan que se han puesto gordos con las fiestas.

c. ☐ A Carmen le sienta mal el cordero.

d. ☐ Carmen no come pavo porque se ha hecho vegana.

e. ☐ Carmen puede comer carne picada.

f. ☐ A Carmen los compañeros de la oficina le caen mal.

4. VERVOEG DE WERKWOORDEN IN DE INDICATIEF OF SUBJUNCTIEF:

a. Dice que .... demasiado gordo. [estar]

b. ¡Luis nos ha invitado, dice que .... a cenar con él! [ir]

c. Luis dice que su mujer .... vegana. [ser]

d. Le dice a su amigo que no .... carne para ella. [comprar]

5. KIES HET PASSENDE WERKWOORD EN VERVOEG HET IN DE GEVRAAGDE TIJD:

a. Mi cuñado [ponerse/volverse] .... de izquierdas. (v.t.t.)

b. ¿No comes pavo? ¿[hacerse/volverse] .... alérgico a las aves? (v.t.t.)

c. Pon el champán en el frigorífico para que [ponerse/volverse] .... frío. (o.t.t.-subj.)

d. Mi vecina [hacerse/ponerse] .... librera porque le gustaban los libros. (perfecto simple)

6. VERTAAL DE VOLGENDE ZINNEN:

a. Herinner je je de laatste keer dat we samen gedineerd hebben niet? (2 versies)

→

b. Ik heb zin in een bouillonnetje met wortelen en prei.

→

c. Ik lust geen kalfsfilet en lam bekomt me niet goed.

→

d. Nog een geluk dat er noga en druiven waren als dessert!

→

24.
EET SMAKELIJK!
¡QUE APROVECHE!

DOELSTELLINGEN

- IN EEN RESTAURANT OM ADVIES EN UITLEG VRAGEN, KIEZEN EN BESTELLEN
- HET MENU BEGRIJPEN (VLEES-, VIS- EN GEVOGELTE-BEREIDINGEN; DRANK)

BEGRIPPEN

- ONVOLTOOID DEELWOORD:
  - *IR* + ONVOLTOOID DEELWOORD
  - ONVOLTOOID DEELWOORD + PERSOONLIJKE VOORNAAM-WOORDEN ALS VOORWERP
- MANNELIJK LIDWOORD BIJ EEN VROUWELIJKE VORM
- *SER/ESTAR DELICADO*
- TOEKOMENDE TIJD:
  - REGELMATIGE VORMING
  - HET ONREGELMATIGE *HACER*

IN HET RESTAURANT

– Ik heb een tafel gereserveerd op naam van Pedro Angulo.

– Ja, volgt u me, alstublieft.

– Ik deed de reservering voor zes personen en uiteindelijk zal ik alleen zijn.

– We zijn hier om de klant tevreden te stellen. Ik zal u deze tafel geven, is dat [gaat] goed voor u?

– Het is wat dicht bij de toiletdeur… Is er geen buiten, op het terras, in de koelte?

– Die daar is voorzien voor drie, maar we zullen een inspanning doen… Neemt u [Zult u nemen] een aperitief terwijl u de kaart leest [gaat lezend]?

– Nee, ik ben nogal gehaast. Ik zou graag iets met [van] vis willen, wat beveelt u me aan?

– Ik kan u heek, tong en mul[len] aanbieden.

– O, ik had eerder zin in gegrilde sardines… Daarna neem [zal nemen] ik vlees.

– Er is Galicische runderrib, prachtig. Wilt u die à point? Saignant?

– Wat wordt erbij geserveerd [Welke garnituur heeft]?

– In de oven (gebakken) aardappelen, maar dat kunnen we voor u veranderen.

– Bij nader inzien [Denkend-het goed], verkies ik iets lichts. Kunt u een gegrilde kippenborst voor me (klaar)maken, met een gemengde salade?

– Euh, dit is geen strandsnackbar, meneer.

– Goed, nou dan zal ik meteen het dessert bestellen [vragen].

– Er is taart van het huis: aardbei- of framboos-?

– Mijn lievelings- is [de] appeltaart, maar we zullen niet moeilijk doen: aardbei-.

– Drinkt u [Zult u drinken] iets? Een dessertwijn [zoete wijn]?

– Alleen water, dank u.

– Met prik [gas]? Zonder?

– Een karaf (leidingwater), en op kamertemperatuur [van het weer]. Van koud water voel ik me barslecht.

EN EL RESTAURANTE

– He reservado una mesa a nombre de Pedro Angulo.

– Sí, sígame, por favor.

– Hice la reserva para seis personas y al final estaré solo.

– Estamos aquí para satisfacer al cliente. Le daré esta mesa, ¿le va bien?

– Está un poco cerca de la puerta del servicio… ¿No hay una fuera, en la terraza, al fresco?

– Aquella está prevista para tres, pero haremos un esfuerzo… ¿Tomará usted un aperitivo mientras va leyendo la carta?

– No, tengo bastante prisa. Quisiera algo de pescado, ¿qué me recomienda?

– Le puedo ofrecer merluza, lenguado y salmonetes.

– Ah, me apetecían más bien sardinas asadas… Tomaré carne entonces.

– Hay chuletón de buey gallego, espléndido. ¿Lo quiere al punto? ¿Poco hecho?

– ¿Qué guarnición tiene?

– Patatas al horno, pero se la podemos cambiar.

– Pensándolo bien, prefiero algo ligero. ¿Me puede hacer una pechuga a la plancha, con una ensalada mixta?

– Ejem, esto no es un chiringuito de playa, caballero.

– Bueno, pues entonces pediré directamente el postre.

– Hay tarta de la casa: ¿de fresa o de frambuesa?

– Mi preferida es la tarta de manzana, pero no seremos delicados: de fresa.

– ¿Beberá usted algo? ¿Un vino dulce?

– Solo agua, gracias.

– ¿Con gas? ¿Sin gas?

– Una jarra, y del tiempo. Me sienta fatal el agua fría.

DE DIALOOG BEGRIJPEN
AAN TAFEL!

- Een restaurantkaart vermeldt o.a. de volgende vleesversnijdingen:
  chuletón, *ribstuk*
  chuleta de cerdo/cordero, *varkens-/lamskotelet*
  pechuga of **muslo**, *kippenborst* (of van ander gevogelte) of *bout*
- en bakwijzen:
  al punto, *à point, medium doorbakken*
  poco hecho, *saignant, weinig doorbakken*
  muy hecho, *bien cuit, goed doorbakken.*
- Een **bebida** kan **fría**, *koud* of **del tiempo**, *op kamertemperatuur, niet gekoeld* geserveerd worden.
- Let op! **Ensalada** (of **ensalada mixta**) is *(gemengde) salade*, maar dit woord heeft twee verkleinvormen: **ensaladita** is gewoon een *gemengd slaatje* en **ensaladilla** is een *salade van aardappelen, groenten en mayonaise.*
- Iemand "*Smakelijk eten*" wensen kan op twee manieren: **Que aproveche** of **Buen provecho**.

CULTURELE INFO

In Spanje zijn er om en bij de 270.000 bars en eethuizen, of een per 175 inwoners, een wereldrecord: gezellig dicht bij elkaar zou de hele Spaanse bevolking erin plaats kunnen nemen... Er zijn gastronomische restaurants, traditionele **casas de comidas**, *buurtrestaurants* en natuurlijk **chiringuitos**, *strandtenten...* in alle categorieën!

Spanjaarden houden van **ir de copas**, *iets (en meer) gaan drinken* met daarbij **algo para picar**, *iets om te knabbelen, een hapje.* Dit brengt ons in de wereld van **la tapa**! Volgens een legende is de term afgeleid van **tapar**, *(be-, af)dekken* en was **la tapa** ooit een plakje worst of ham dat het glas afschermde tegen vliegen. Tegenwoordig is de verscheidenheid aan **tapas** zo groot dat ze je door de hele Spaanse gastronomie gidsen. In het noorden heten ze doorgaans **pintxos**. Wie meer op z'n bord wil of de schotel wenst te delen, kan **una ración**, *een portie* of **media raciones**, *halve porties* bestellen.

◆ GRAMMATICA
GEBRUIK VAN HET ONVOLTOOID DEELWOORD

IR + ONVOLTOOID DEELWOORD

Je kent de progressieve vorm: **estoy comiendo**, *ik ben aan het eten* (lett. *etend*). Hiermee vergelijkbaar is de constructie met een vorm van **ir** + onvoltooid deelwoord, bv. **mientras va leyendo la carta**, *terwijl u de kaart leest*, waarbij **ir** i.p.v. **estar** eerder aangeeft dat iets net begint of nog niet beëindigd is: **Va haciendo frío**, *Het begint koud te worden*; **Voy mejorando en español**, *Mijn Spaans gaat erop vooruit*.

ONVOLTOOID DEELWOORD + PERSOONLIJKE VOORNAAMWOORDEN

Net als bij de imperatief en de infinitief hangt het persoonlijk voornaamwoord in de voorwerpsvorm aan deze werkwoordsvorm: **Pensándolo bien**, *Nu ik er over nadenk*; **Estoy hablándote**, *Ik ben tegen je aan het praten*. Twee opmerkingen:
- bij een samengesteld werkwoord kan het persoonlijk voornaamwoord los vóór het vervoegde element staan: **Te estoy hablando.**
- let op het accentteken om de klemtoon op z'n plaats te houden ondanks de bijkomende lettergreep.

MANNELIJK LIDWOORD BIJ EEN VROUWELIJKE VORM

Om twee opeenvolgende beklemtoonde **a**'s te vermijden, is bij een vrouwelijk zelfstandig naamwoord dat met een beklemtoonde **a** begint het lidwoord niet **la/una** maar **el/un**: **el/un agua**. Drie opmerkingen:
- vrouwelijke zelfstandige naamwoorden met een <u>on</u>beklemtoonde begin-**a** staan met een vrouwelijk lidwoord: **la amiga** (**mi** is de beklemtoonde lettergreep)
- in het meervoud is er geen **a**-probleem en is het lidwoord dus vrouwelijk: **las aguas**
- het is niet omdat een mannelijk lidwoord nodig is dat het geslacht van het substantief verandert, dus staat een bijbehorend adjectief in de vrouwelijke vorm: **el agua fresca**, *het koele, frisse water*; **un ave blanca**, *een witte vogel*.

SER/ESTAR DELICADO

• **Ser delicado** is "delicaat zijn" in de betekenis van "netelig, moeilijk enz. zijn" m.b.t. smaak en eisen: **Su disgusto es más delicado** (Module 20); **Este niño es delicado, no le gusta nada**, *Dit kind is moeilijk/kieskeurig, het lust niets*; het kan ook "fragiel, gevoelig zijn" betekenen: **Esta flor es delicada**, *Deze bloem is teer*.

• **Estar delicado** heeft betrekking op gezondheid: **Mi abuela está delicada**, *Mijn grootmoeder is zwak*.

▲ VERVOEGING
TOEKOMENDE TIJD

Waar we in het Nederlands gebruikmaken van het hulpwerkwoord *zal/zullen* + infinitief, wordt in het Spaans de toekomende tijd of **futuro** gevormd met de infinitief + de uitgangen **-é, -ás, -á, -emos, -éis, -án**: **cantar**, *zingen* → **cantaré**, *ik zal zingen*, **cantarás**, *jij zal zingen*... Let op de klemtoon op de laatste lettergreep (die dan ook een accentteken draagt) bij alle personen, behalve de 1e pers. mv.

tomar, *nemen*	**beb**er, *drinken*	**segu**ir, *volgen*
tomaré	beberé	seguiré
tomarás	beberás	seguirás
tomará	beberá	seguirá
tomaremos	beberemos	seguiremos
tomaréis	beberéis	seguiréis
tomarán	beberán	seguirán

Twaalf werkwoorden vertonen in deze tijd een onregelmatigheid in de stam. Zo hadden we in de dialoog **haremos**, van het werkwoord **hacer**:

hacer, *doen, maken*
haré
harás
hará
haremos
haréis
harán

Let er bij het vertalen op dat we in het Nederlands meestal de o.t.t. gebruiken wanneer andere elementen in de zin of de context het toekomende aspect al aantonen.

● OEFENINGEN

26 **1. BELUISTER DE OPNAME EN ZET DE 8 WOORDEN IN DE JUISTE CATEGORIE:**

	a	b	c	d	e	f	g	h
Carne								
Pescado								

●WOORDENSCHAT

¡que aproveche! *eet smakelijk!*
reservar *reserveren*
a nombre de *op naam van*
reserva *reservering*
satisfacer *tevredenstellen*
puerta *deur*
servicio *toilet, wc*
fuera *buiten*
terraza *terras*
fresco *koelte*
previsto/a *voorzien, verwacht*
esfuerzo *moeite, inspanning*
carta *kaart*
ofrecer *aanbieden*
merluza *heek*
lenguado *(zee)tong*
salmonete (el) *mul*
sardina *sardine*
asado/a *gebraden, geroosterd*
chuletón (el) *ribstuk*
buey (el) *rund*
gallego/a *Galicisch*
espléndido/a *prachtig*

al punto *op punt; half doorbakken*
poco hecho/a *weinig doorbakken*
guarnición (la) *versiering; bijgerecht*
pensándolo bien *bij nader inzien*
ligero/a *licht (verteerbaar)*
pechuga *borst (van gevogelte)*
ensalada *salade*
mixto/a *gemengd*
chiringuito *eettent op het strand*
directamente *meteen*
tarta *taart*
fresa *aardbei*
frambuesa *framboos*
manzana *appel*
delicado/a *moeilijk, kieskeurig,...*
dulce *zoet*
gas (el) *(koolzuur)gas;* **con/sin gas**
    met/zonder prik
jarra *karaf, kan, kroes*
del tiempo *op kamertemperatuur*
frío/a *koud*

2. BELUISTER DE DIALOOG EN VUL DE EERSTE 3 ZINNEN AAN:

26
a. Hola, buenos días, ¿ ....?
b. Si no ...., hay un poquito de espera.
c. ¿ ...., más o menos?

3. LUISTER OPNIEUW EN VINK DE JUISTE STELLINGEN AAN:

a. ☐ El camarero y los clientes se tratan de usted.
b. ☐ Hay un cuarto de hora de espera para la terraza.
c. ☐ Todos beberán cerveza.
d. ☐ Media ración está bien para tres.
e. ☐ El niño come pechuga.
f. ☐ De tapa van a pedir gambas, sardinas y calamares.
g. ☐ Tomarán también ensaladilla.

4. ZET DE ZINNEN IN DE TOEKOMENDE TIJD:

a. ¿Reservas una mesa para estar seguros o vamos así?

→

b. ¿Tomáis vino o preferís cerveza?

→

c. Vale, no soy delicado: me siento dentro si no hay sitio fuera.

→

d. ¿Me hace usted una pechuga a la plancha?

→

5. HERSCHRIJF DE ZINNEN MET GEBRUIK VAN *IR* + ONVOLTOOID DEELWOORD (BV. HIJ WORDT OUD → HIJ BEGINT OUD TE WORDEN):

a. Se hace viejo. →
b. ¿Ponemos la mesa? →
c. Aso las sardinas, ¿vale? →
d. El tiempo cambia. →

6. VERTAAL DE VOLGENDE ZINNEN:

a. Ik neem [zal nemen] lamskoteletten, goed doorbakken, en een aardbeientaart.

→

b. Ik vroeg water zonder prik op kamertemperatuur en u bracht me koud bruiswater.

→

c. Kunt u het bijgerecht van de runderrib veranderen?

→

25.
HET STAAT ME ECHT NIET

ME QUEDA FATAL

DOELSTELLINGEN

- KLEREN KOPEN: KLEDINGSTUKKEN BENOEMEN, DE MAAT VRAGEN, ZEGGEN OF HET STAAT
- PRATEN OVER MODE
- VRAGEN OM TE RUILEN
- DE SEIZOENEN BENOEMEN

BEGRIPPEN

- INFINITIEF ALS ONDERWERP
- VOORWAARDELIJKE BIJZIN IN DE SUBJUNCTIEF MET *CON TAL DE QUE*
- ONTKENNENDE CONSTRUCTIES MET *NUNCA, TAMPOCO* EN *NI (SIQUIERA)*
- ONREGELMATIGE TOEKOMENDE TIJD VAN *PODER, PONER, TENER, QUERER, VALER*

IN EEN KLERENWINKEL

– Goeiedag, word je al geholpen?

– Hallo, men heeft me een paar artikelen cadeau gedaan (die) hier gekocht (werden)…

– En je wenst ze terug te brengen, is het dat? Dat gebeurt wel meer. Met kledij is het moeilijk (om) de juiste keuze (te) maken.

– Het is niet dat ze lelijk zijn, maar ze staan me niet zo.

– Als je het bonnetje niet hebt (weg)gegooid, zal je ze kunnen omruilen, als het artikel in goede staat is.

– De minirok heb ik niet eens gepast: ik weet dat ze me helemaal niet staan [als twee pistolen aan een heilige].

– Dit seizoen zal men geen lang aantrekken, weet je?

– Zelfs al is het in (de) mode, ik zal nooit [n]iets tot boven [van] de knie dragen, het flatteert me niet.

– En de jurk?

– Die zit me ruim in de taille, nauw aan de schouders en kort aan de mouwen.

– Als je wil, doen we retouches.

– Ik ben ook niet overtuigd van [Evenmin me overtuigt] de kleur. Om bruin te dragen [gaan in], zou [zal] ik moeten wachten tot [dat] het herfst is.

– Het is niet heel lenteachtig, inderdaad.

– Nou [In ruil], ik moet een cadeau vinden voor [doen aan] een jongeman. Hebben jullie een herenafdeling?

– Ja. Zoek je iets in (het) bijzonder?

– Een blauwe blazer.

– Welke maat draagt hij?

– Hij draagt maat [een] 42.

– Kijk, (net) wat je zocht! En afgeprijsd, je hebt geluk: maar [niets meer] 60 euro['s].

– Een koopje, ik neem het.

– Dan moet je me slechts 20 (euro betalen).

– Dus heeft mijn beste vriendin maar 40 euro['s] uitgegeven voor mijn verjaardag… (Dat) zal ik onthouden!

27 — EN UNA TIENDA DE ROPA

– Buenas, ¿te atienden?

– Hola, me han regalado unos artículos comprados aquí…

– Y deseas devolverlos, ¿es eso? Suele ocurrir. Con la ropa es difícil acertar.

– No es que sean feos, pero no me quedan bien.

– Si no has tirado el tique podrás cambiarlos, con tal de que el artículo esté en buen estado.

– La minifalda ni me la he probado: sé que me sientan como a un santo dos pistolas.

– Esta temporada no se llevará lo largo, ¿sabes?

– Aunque esté de moda nunca me pondré nada por encima de la rodilla, no me favorece.

– ¿Y el vestido?

– Me queda ancho de cintura, estrecho de hombros y corto de mangas.

– Si quieres, hacemos arreglos.

– Tampoco me convence el color. Para ir de marrón tendré que esperar a que sea otoño.

– No es muy primaveral, desde luego.

– En cambio, tengo que hacer un regalo a un chico. ¿Tenéis sección de caballero?

– Sí. ¿Buscas algo en concreto?

– Una americana azul.

– ¿Qué talla usa?

– Gasta una 42.

– Mira, ¡lo que buscabas! Y rebajada, tienes suerte: 60 euros nada más.

– Una ganga, me la quedo.

– Pues solo me debes 20.

– O sea, que mi mejor amiga solo se gastó 40 euros por mi cumpleaños… ¡Me acordaré!

■ DE DIALOOG BEGRIJPEN
KLEDING(STUKKEN)

→ **La ropa** staat voor *kleding, kleren, kledij*: **tienda de ropa**, *klerenwinkel*; **ropa de caballero**, *heren-, mannenkleding*; **ropa interior**, *ondergoed*. Voor een *kledingstuk* is er het woord **prenda**: **No me gusta el color de esta prenda**, *Ik vind de kleur van dit kledingstuk niet mooi*.

→ We hebben intussen de namen van de meest gedragen kledingstukken geleerd. Let op het verschil tussen **una americana**, *een blazer, (sport)jasje* en **una chaqueta**, *een (kostuum)vest, colbert*. Nog twee termen: **el traje**, *het herenpak, -kostuum* en **el traje de chaqueta**, *het damespak, de tailleur*.

→ Let op: **la cintura** is *de taille, het middel* en *de ceintuur, riem* is **el cinturón**!

DE KLEDING-/SCHOENMAAT VRAGEN

→ Met **¿Cuál es su talla?**, **¿Qué talla usa?** of **¿Qué talla gasta?** vraag je iemand naar zijn/haar kledingmaat. Gaat het om de schoenmaat dan is het **¿Qué pie gasta?**

HET STAAT ME (NIET)

→ Alweer het werkwoord **quedar**, hier in de betekenis van *staan, passen, zitten*: **Me queda bien/mal/fatal**, *Het staat/past/zit me goed / slecht / helemaal niet*; **Me queda corto/largo/ancho/estrecho...**, *Het is/zit me te kort/lang/ruim/nauw...* Waar? **... de hombros/mangas etc.**, *... aan de schouders/mouwen enz.*

→ **Sentar** drukt hetzelfde uit, maar minder aangaande een bepaald kledingstuk dan wel het genre, de kleur enz. ervan: **Me sienta fatal el verde**, *Groen staat me helemaal niet*.

MODE EN SEIZOENEN

→ Dat voorzetsels vertalen niet altijd vanzelfsprekend is, blijkt opnieuw met de uitdrukking **estar de moda**, *in de mode zijn*.

→ Ook bij het woord *seizoen* is het oppletten. Gaat het op de "periode", dan is de vertaling **temporada**: **ropa de temporada**, *seizoenskleding*; **Esta temporada no se llevará lo largo**, *Dit seizoen zal men geen lang dragen*. De vier "jaargetijden" zijn **las cuatro estaciones**, m.n. **el invierno**, *de winter*; **la primavera**, *de lente*; **el verano**, *de zomer* en **el otoño**, *de herfst*.

CULTURELE INFO

Het gebruik van uitdrukkingen geeft pit aan een gesprek. Ze vertalen, mag evenwel niet klakkeloos gebeuren, want sommige zijn uiteraard niet letterlijk bedoeld, bijvoorbeeld om iemands outfit af te keuren: **Te sienta como a un santo dos pistolas** (lett. *Het staat je als twee pistolen aan een heilige*); **Va vestido por su enemigo** (lett. *Hij loopt gekleed door zijn vijand*).

GRAMMATICA

DE INFINITIEF ALS ONDERWERP

Het onderwerp van een zin kan een infinitief zijn: *Kiezen is moeilijk*, wat ook geformuleerd kan worden als *Het is moeilijk om te kiezen* en dat geeft in het Spaans **Es difícil elegir**, dus zonder *om te*. Meer voorbeeelden: **Es inútil insistir**, *Aandringen is nutteloos / Het heeft geen zin om aan te dringen;* **No es fácil acertar**, *Het is niet gemakkelijk om de juiste keuze te maken;* **Es interesante viajar**, *Reizen is interessant;* **No es necesario reservar**, *Het is niet nodig om te reserveren;* **Está prohibido fumar**, *Roken is verboden.*

VOORWAARDELIJKE BIJZIN IN DE SUBJUNCTIEF

Een voorwaarde kan uitgedrukt worden met het voegwoord **si** (*als, indien*) + indicatief: **Podrás cambiarlo si está en buen estado**, *Je zal hem/het kunnen omruilen als hij/het in goede staat is*. Bij sommige voegwoorden van voorwaarde is echter de subjunctief vereist, bijvoorbeeld bij de constructie **con tal de que** (*als, indien, mits, zolang*): **Podrás cambiarlo con tal de que esté en buen estado**, *Je zal hem/het kunnen omruilen als hij/het in goede staat is* (zij).

ONTKENNENDE CONSTRUCTIES

• Vóór het werkwoord geplaatst, maakt **nunca** (*nooit*) de zin empathischer; staat **nunca** (of een gelijkaardig ontkennend woord) achter het werkwoord, dan moet **no** toegevoegd worden vóór het werkwoord: **Nunca me pondré una minifalda** of **No me pondré nunca una minifalda; Tampoco me convence el color** of **No me convence tampoco el color.**

• **Ni siquiera** (*zelfs niet, niet eens*) staat doorgaans vóór het werkwoord: **Ni siquiera me la he probado**, *Ik heb ze niet eens gepast*; het wordt vaak verkort tot **ni**: **Ni me la he probado.**

▲ VERVOEGING
ONREGELMATIGE WERKWOORDEN IN DE TOEKOMENDE TIJD

Van de 12 werkwoorden die in deze tijd onregelmatig zijn, ken je al **hacer** (**haré**, *ik zal doen/maken*, **harás**, *je zal doen/maken,…*). In de dialoog herkende je onregelmatige vormen van **poder**, **poner** en **tener**, die we nu aanvullen:

poder, *kunnen, mogen*	**poner**, *zetten,…*	**tener**, *hebben, bezitten*
podré	pondré	tendré
podrás	pondrás	tendrás
podrá	pondrá	tendrá
podremos	pondremos	tendremos
podréis	pondréis	tendréis
podrán	pondrán	tendrán

In de loop van de volgende modules komen toekomende tijdsvormen van 6 andere onregelmatige werkwoorden aan bod, maar in afwachting daarvan geven we je de vervoeging van **querer** en **valer**:

querer, *willen,…*	**valer**, *waard zijn*
querré	valdré
querrás	valdrás
querrá	valdrá
querremos	valdremos
querréis	valdréis
querrán	valdrán

● OEFENINGEN

🔊 1. NOTEER DE WOORDEN DIE OVEREENKOMEN MET DE GEHOORDE DEFINITIES:
27
a. Es ....

b. Es ....

c. Es ....

d. Es ....

🔊 2. BELUISTER DE DIALOOG EN VUL DE EERSTE 3 ZINNEN AAN:
27
a. Buenos días, ... ¿le ....?

b. Hola, buenas. Mire, quisiera .... que me acaba de regalar mi mujer.

c. ¿No le gusta o no ....?

WOORDENSCHAT

quedar bien/mal *(niet) mooi staan, goed/slecht zitten (van kleren)*
artículo *artikel*
desear *wensen*
devolver [ue] *teruggeven, -brengen, -sturen,...*
acertar [ie] *de juiste keuze maken*
tirar *(weg)gooien*
tique (el) *ticket, kaartje, bonnetje*
cambiar *(om)ruilen*
con tal de que *als, zolang, mits*
estado *staat*
(mini)falda *(mini)rok*
probar [ue] *(aan)passen*
santo *sint, heilige*
pistola *pistool*
temporada *seizoen (periode voor mode, groenten,...)*
(de) moda *(in de) mode*
por encima de *boven*
rodilla *knie*
favorecer *bevoordelen, flatteren*

vestido *jurk*
ancho/a *breed, wijd, ruim*
cintura *taille, middel*
estrecho/a *smal, krap, nauw*
hombro *schouder*
manga *mouw*
arreglo *retouche, aanpassing, herstelling*
marrón *bruin*
otoño *herfst*
primavera(l) *lente(achtig)*
regalo *cadeau*
sección (la) *afdeling*
en concreto *in het bijzonder*
americana *jasje*
talla *maat*
usar *als maat dragen; gebruiken*
gastar *als maat dragen; verbruiken,...*
rebajado/a *afgeprijsd*
suerte (la) *geluk*
ganga *koopje*
quedarse *(voor zich) nemen, houden*
acordar *zich herinneren, onthouden*

3. LUISTER OPNIEUW EN VINK DE JUISTE STELLINGEN AAN:

27

a. ☐ El hombre suele llevar colores claros.

b. ☐ Gasta una talla 44.

c. ☐ La americana está bien de hombros pero corta de mangas.

d. ☐ Necesita un cinturón para que le quede bien el pantalón.

e. ☐ La política de la tienda es cambiar una prenda por otra.

f. ☐ Al cliente se le ha perdido el tique.

g. ☐ Su mujer quiere comprarle una americana.

4. MAAK NIEUWE ZINNEN MET HET HOOFDWERKWOORD IN DE TOEKOMENDE TIJD EN VERVANG *SI* DOOR *CON TAL DE QUE* WAARDOOR HET EROP VOLGENDE WERKWOORD IN DE O.T.T.-SUBJUNCTIEF MOET STAAN

a. Me pongo el vestido si te pones la americana.

→

b. Le queda perfecta si le hacemos unos arreglos.

→

c. Te puedes poner este pantalón si pierdes unos kilos.

→

5. HERSCHRIJF DE ZINNEN ZOALS IN "OOK AL GEEF IK HET HEM CADEAU, HIJ ZAL HET NIET WILLEN":

a. Se lo regalo, pero no lo quiere.

→

b. Gastan mucho en lotería, pero nunca tienen suerte.

→

c. Este artículo está rebajado, pero vale demasiado.

→

6. VERTAAL DE VOLGENDE ZINNEN:

a. Deze kleur staat je helemaal niet en het is niet eens je maat.

→

b. Dit seizoen zullen lange rokken niet in de mode zijn.

→

c. De herfst-winterkleren flatteren me niet.

→

26.
WAARVOOR DIENT DIT?

¿PARA QUÉ SIRVE?

DOELSTELLINGEN

- OM HULP EN UITLEG VRAGEN BIJ EEN AANKOOP
- PRATEN OVER GEBEURTENISSEN IN DE TOEKOMST
- COMPUTERTERMEN
- DECIMALEN, PERCENTEN EN HEEL GROTE GETALLEN UITDRUKKEN

BEGRIPPEN

- VOEGWOORDEN VAN TIJD
- OVEREENKOMST IN TIJD
- NABIJE TOEKOMST MET *IR + A + INFINITIEF*
- *CUALQUIERA/CUALQUIER*
- WERKWOORD/VOORZETSEL-COMBINATIES: *ENTENDER DE, SERVIR PARA, INTERESARSE POR, INTERESADO EN*
- ONREGELMATIGE TOEKOMENDE TIJD VAN *DECIR, HABER, VENIR, SABER*

IN DE COMPUTERAFDELING

– Kan ik u helpen [toesteken een hand]?

– Ja, ik ben wat ouder en ik beken dat ik hier geen verstand van heb.

– Bent u geïnteresseerd in (het) aanschaffen (van) een elektronisch toestel?

– Klopt, een van deze apparaten. Ze hebben me gezegd dat zodra ik (er) een heb mijn leven volledig zal veranderen.

– Ze hebben u niet belogen. Er komt [zal zijn] een dag, heel binnenkort, waarop een computer onmisbaar is voor welke taak ook in het dagelijkse leven.

– Dat zal wel, maar zal ik hem kunnen gebruiken?

– We bieden u online bijstand voor welk probleem [twijfel] ook.

– Prima, maar legt u me (eens) uit: waarvoor dient dit?

– Wel… weet ik wat, bijvoorbeeld om uw persoonlijke gegevens te beheren, films te downloaden, opzoekingen te doen op Internet…

– Zo… Hoeveel kost [is waard] deze?

– 599 euro['s]. 15,6 inch [duimen] scherm, 4 giga['s van] RAM-geheugen en harde schijf van één tera.

– Ho, da's veel!

– Niet zoveel. Wanneer u ettelijke honderden films opgeslagen hebt, zult u zeggen dat het weinig is.

– Nee, ik bedoel [zeg] de prijs. Da's veel.

– Plus [Er moet toevoegen] de draadloze muis, het toetsenbord en de oplader.

– De oplader…

– We garanderen een autonomie van ongeveer vijf uren, maar wanneer de batterij zich ontlaadt, moet [zal moeten] ie in het stopcontact, ja. O, en u zal ook een goede antivirus nodig hebben.

– Heeft ie dan een [Omdat heeft] virus?

– Trojaanse paarden [Trojanen], spyware… Men moet voorzichtig zijn.

– Bedankt voor alles, juffrouw. Ik zal het met mijn arts bespreken en later [andere dag] terugkomen.

EN LA SECCIÓN DE INFORMÁTICA

– ¿Le puedo echar una mano?

– Sí, soy un poco mayor y confieso que no entiendo de esto.

– ¿Está interesado en adquirir un dispositivo electrónico?

– Eso, un aparato de estos. Me han dicho que en cuanto tenga uno mi vida cambiará por completo.

– No le han mentido. Habrá un día, muy pronto, en que sea imprescindible un ordenador para cualquier tarea de la vida cotidiana.

– Ya, pero ¿sabré utilizarlo?

– Le ofrecemos asistencia en línea para cualquier duda.

– Muy bien, pero explíqueme: ¿para qué sirve?

– Pues… yo qué sé, por ejemplo para gestionar sus datos personales, bajarse películas, hacer búsquedas en Internet…

– Ya… ¿Este cuánto vale?

– 599 euros. Pantalla de 15,6 pulgadas, 4 gigas de memoria RAM y disco duro de un tera.

– Uf, ¡es mucho!

– No tanto. Cuando haya almacenado varios centenares de películas, dirá que es poco.

– No, digo el precio. Es mucho.

– Hay que añadir el ratón inalámbrico, el teclado y el cargador.

– El cargador…

– Garantizamos una autonomía de unas cinco horas, pero cuando se descargue la batería habrá que enchufarlo, sí. Ah, y le hará falta un buen antivirus.

– ¿Porque tiene virus?

– Troyanos, programas espías… Hay que tener cuidado.

– Gracias por todo, señorita. Lo voy a consultar con mi médico y volveré otro día.

■ DE DIALOOG BEGRIJPEN
COMPUTERTERMEN

→ In Module 18 zagen we **el móvil**, *de mobiele (telefoon)*, niet te verwarren met **el portátil**, *de draagbare (computer)*. Laten we de termen uit de net gelezen dialoog nog wat aanvullen met "basiswoordenschat": **el archivo**, *het bestand, de file*; **la carpeta**, *de map, folder* en **el escritorio**, *het bureau(blad), de desktop*.

DECIMALEN, PERCENTEN EN GROTE GETALLEN

→ Decimalen staan achter **la coma,** *de komma*: 15,6 = **quince coma seis**.
→ **Por ciento**, lett. "per honderd", *percent*: 10% of **diez por ciento**; 50,5% of **cincuenta coma cinco por ciento**; 25% of **veinticinco por ciento** of **uno de cada cuatro**, *een op de vier*; **dos de cada tres españoles**, *twee op de drie Spanjaarden*.
→ *Een miljoen* is **un millón** en *een miljard* is **mil millones**. Bijgevolg is *In 2016 had de Aarde 7,43 miljard inwoners*: **En 2016, la Tierra tenía siete mil cuatrocientos treinta millones de habitantes**.

CULTURELE INFO

Veel computermen worden overgenomen uit het Engels, bijvoorbeeld: **chat**, **blog** of **hacker**, maar die kunnen bij uitbreiding "verspaanst" worden: **bloguero/bloguera**, *blogger/blogster*; **chatear**, *chatten*; **hackear**, *hacken* (doordat Spanjaarden de **h** in aan het Engels ontleende woorden uitspreken als een **jota** klinkt dit als "chackear"). Spaans is niet voor niets een wereldtaal, dus heeft ze volwaardige Spaanse equivalenten, bijvoorbeeld **navegar** voor *surfen*.

In sommige gevallen gaan termen met elkaar in concurrentie: *een USB-sleutel* of *-stick*, bijvoorbeeld, kan **un pen** of **un pendrive** zijn, maar eveneens **un pincho** of **un lápiz**.

En in de omgangstaal blijft het computerjargon vaak "made in Spain": **He colgado un vídeo**, *Ik heb een video gepost*; **Mi ordenador se ha quedado colgado**, *Mijn computer is gecrasht*; **Pincha en este enlace**, *Klik op deze link, Klik deze link aan*.

◆ GRAMMATICA
VOEGWOORDEN VAN TIJD

Cuando, *wanneer* is het eenvoudigste voegwoord van tijd. Het kan ook nauwkeuriger, bijvoorbeeld met: **en cuanto**, *zodra*: **En cuanto me levanté, puse la radio**, *Zodra ik opstond, heb ik de radio aangezet*; **antes de que**, *voordat* (Module 14); **con tal de que**, *zolang* (Module 25); **hasta que**, *tot(dat)*; **antes/después de que**, *voor-/na(dat)*.

OVEREENKOMST IN TIJD

Weet dat in het Spaans de overeenkomst in tijd heel strikt is. Staat in de hoofdzin het werkwoord dat een bevel, verzoek, advies enz. uitdrukt in de tegenwoordige of in de toekomende tijd, dan moet in de bijzin de presente de subjuntivo gebruikt worden (de uitkomst is immers onzeker): **Cuando se descargue la batería, habrá que enchufarlo**, *Wanneer de batterij zich ontlaadt [subj.], moet [zal moeten] hij in het stopcontact gestoken worden;* **En cuanto tenga uno, mi vida cambiará**, *Zodra ik er een heb [subj.], zal mijn leven veranderen;* **Habrá un día en que sea imprescindible**, *Er komt [zal zijn] een dag waarop hij onmisbaar is [subj.].*

Opmerking: deze regel is niet van toepassing bij **cuándo** (met accentteken) als vraagwoord of in een indirecte vraag: **No sé cuándo vendré**, *Ik weet niet wanneer ik zal komen*.

NABIJE TOEKOMST

Een plan, voornemen enz. dat in de nabije toekomst zal plaatsvinden, wordt uitgedrukt met een vorm van **ir**, *gaan* + het in het Spaans noodzakelijke **a** na een werkwoord van beweging + infinitief: **Voy a consultar a mi médico**, *Ik ga/zal mijn arts raadplegen*.

CUALQUIERA

• zagen we in Module 17 als onbepaald voornaamwoord: **Cualquiera se puede equivocar**, *Iedereen kan zich vergissen*; **¿Qué ordenador prefiere? – Cualquiera de los dos**, *Welke computer verkiest u? – Welke van de twee ook*.

• zagen we in Module 13 als bijvoeglijk naamwoord vóór een zelfstandig naamwoord in het enkelvoud, waar het **cualquier** wordt: **atender a cualquier cliente; cualquier duda**, *om het even welke twijfel*, **cualquier tarea**, *eender welke taak*.

WERKWOORD/VOORZETSEL-COMBINATIES

Dat in sommige gevallen een voorzetsel letterlijk vertaald mag worden en in andere niet blijkt opnieuw in vier werkwoord/voorzetsel-combinaties uit de dialoog:
- **entender de**, *verstand hebben van, veel weten over*: **No entiendo de informática**, *Ik ben niet goed in informatica.*
- **servir para**, *dienen voor, tot, om te*: **¿Para qué sirve?** *Waarvoor dient het?*
- **interesarse por**, *zich interesseren, belangstelling hebben voor*: **Me intereso por la informática**, *Ik heb interesse in informatica.*
- **estar interesado en**, *geïnteresseerd zijn in* dat gebruikelijk is met een infinitief: **¿Está interesado en comprar un ordenador?** *Bent u geïnteresseerd in het aankopen van een computer?*

▲ VERVOEGING
MEER ONREGELMATIGE WERKWOORDEN IN DE TOEKOMENDE TIJD

Je herkende in de dialoog ongetwijfeld de onregelmatige vormen in de toekomende tijd (of **futuro**) van **decir**, **haber**, **venir** en **saber** en je weet dat met het hulpwerkwoord **haber** ook *er is/zijn* weergegeven wordt: **habrá**, *er zal/zullen zijn*.

decir, zeggen	haber, hebben	venir, komen	saber, weten
diré	habré	vendré	sabré
dirás	habrás	vendrás	sabrás
dirá	habrá	vendrá	sabrá
diremos	habremos	vendremos	sabremos
diréis	habréis	vendréis	sabréis
dirán	habrán	vendrán	sabrán

● OEFENINGEN

1. BELUISTER DE OPNAME EN NOTEER DE WOORDEN DIE BEANTWOORDEN AAN DE DEFINITIES:

a. ....

b. ....

c. ....

d. ....

WOORDENSCHAT

echar una mano *een handje helpen, toesteken*
mayor *oud, bejaard*
confesar [ie] *bekennen*
entender [ie] de *verstand hebben van*
adquirir [ie] *verwerven; aanschaffen*
dispositivo *toestel, opstelling*
electrónico/a *elektronisch*
aparato *toestel, apparaat*
en cuanto *zodra*
por completo *volledig*
mentir [ie] *liegen*
pronto *binnenkort*
imprescindible *onmisbaar, noodzakelijk*
ordenador (el) *computer*
tarea *taak*
cotidiano/a *dagelijks*
utilizar *gebruiken*
asistencia *bijstand*
duda *twijfel*
yo qué sé *weet ik wat/veel*
(por) ejemplo *(bij)voorbeeld*
gestionar *beheren*
dato/datos *gegeven/data*
personal *persoonlijk*
bajarse *downloaden*
búsqueda *opzoeking*
valer *waard zijn*
pantalla *scherm*
pulgada *inch, duim*
giga (el) *giga*
memoria *geheugen*
disco *schijf, disc*
duro/a *hard*
almacenar *opslaan*
centenar (el) *honderd(tal)*
añadir *toevoegen*
ratón (el) *muis*
inalámbrico/a *draadloos*
teclado *toetsenbord*
cargador (el) *oplader*
garantizar *garanderen, verzekeren*
autonomía *autonomie*
descargar *ontladen*
batería *batterij*
enchufar *de stekker in het stopcontact steken*
antivirus (el) *antivirus*
troyano *Trojaan(s paard)*
programa (el) *programma*
espía (el/la) *spion*
consultar *bespreken, overleggen; raadplegen*

🔴 2. BELUISTER DE OPNAME EN VUL DE EERSTE 3 DIALOOGZINNEN AAN:

28
a. Bienvenido a nuestra asistencia en línea. ¿ ....?

b. Buenos días, joven, ... un ordenador últimamente y ....
....

c. Dígame qué dispositivo ....

3. LUISTER OPNIEUW EN VINK DE JUISTE STELLINGEN AAN:

a. ☐ El ordenador es negro.

b. ☐ Cuesta 233,10 euros.

c. ☐ El aparato no ha funcionado bien ni un minuto.

d. ☐ Cayó al suelo y la pantalla se quedó negra.

e. ☐ La batería está descargada.

f. ☐ Al cliente se le ha olvidado enchufar el cargador.

g. ☐ Se queja de que, a su edad, la informática no es fácil.

4. GEBRUIK BEIDE DELEN IN ÉÉN ZIN DIE IETS IN DE TOEKOMST UITDRUKT, ZOALS IN "ZODRA JE ME JE BESTAND DOORSTUURT, ZAL IK HET LEZEN":

a. Me mandas tu archivo / lo leo.
En cuanto ....

b. Llamamos a la asistencia en línea / se lo decimos.
Cuando ....

c. Usted se ha bajado mil películas / no sabe dónde almacenarlas.
El día en que ....

5. HERSCHRIJF DE ZINNEN IN DE NABIJE TOEKOMST I.P.V. DE GEWONE TOEKOMENDE TIJD:

a. ¿Vendrás a mi fiesta de cumpleaños? →

b. ¿Habrá mucha gente? →

c. Dicen que no podrán venir. →

6. VERTAAL DE VOLGENDE ZINNEN:

a. Mijn draagbare computer dient me vooral om opzoekingen te doen op Internet.

→

b. Ik ben niet geïnteresseerd in politiek: ik weet daar niets over.

→

c. De computer is gecrasht, de muis antwoordt niet meer en het scherm is zwart geworden: help me een handje!

→

27.
IK ZOU EEN TICKET NAAR ... WILLEN

QUISIERA UN BILLETE PARA...

DOELSTELLINGEN	BEGRIPPEN

- EEN TICKET KOPEN: EEN PLAATS KIEZEN; INFORMEREN NAAR TARIEVEN EN VOORWAARDEN
- MOGELIJKE GEBEURTENISSEN OVERWEGEN
- EEN REEKS GEBEURTENISSEN BESCHRIJVEN
- WOORDENSCHAT ROND VERVOER EN REIZEN
- UITDRUKKINGEN IN DE OMGANGSTAAL GEBRUIKEN

- MEER OVER DE VOORZETSELS *POR EN PARA*
- HET BETREKKELIJK VOORNAAMWOORD *QUE* (ALS ONDERWERP, VOORWERP EN MET VOORZETSEL)
- *OJALÁ*, HOPELIJK
- BIJZINNEN, BIJWOORDEN ENZ. VAN TIJD
- VOORWAARDELIJKE WIJS:
  - VORMING
  - HET ONREGELMATIGE *SALIR, HACER, PODER*
- ONREGELMATIGE TOEKOMENDE TIJD VAN *SALIR*

GOEDE REIS!

– Wat 'n tarief heb ik gevonden! Een heen-en-terugvlucht Barcelona-Tenerife met vertrek op 31 juli en terugkeer op 15 augustus.

– Hoeveel kost het?

– 53,20 euro! Ik heb zelfs (mijn) zitplaats kunnen [gekund] kiezen: raampje, om het opstijgen te zien.

– Als je koffers incheckt, zal het je duurder uitkomen.

– Ik neem [zal nemen] alleen handbagage mee.

– Die lowcostvluchten zitten [gaan] altijd vol. Zolang je je instapkaart niet in je zak hebt, ben je niet gerust.

– Je bent jaloers, beken het.

– Met veertien [vijftien] dagen vakantie zou ík niet het vliegtuig nemen.

– En wat zou je doen?

– Eerst zou ik naar [tot] Madrid gaan.

– Om naar (de) Canarische (Eilanden) te gaan, zou je via Madrid gaan?

– Ja, al carpoolend [in gedeelde auto], maar zonder haast. Ik zou een paar dagen in Zaragoza blijven, bijvoorbeeld.

– En vanuit Madrid, te paard zoals Don Quichot?

– Hopelijk kan ik dat ooit [een dag] doen.

– Je bent knettergek [zoals een geit].

– Ik zou tot Huelva met de trein reizen, in [doende] etappes.

– Je zou dus niet reserveren.

– Nee, op die manier, als ik een trein mis, neem ik (gewoon) de volgende. Ik zou ook met de bus kunnen gaan, of een fiets huren… En dan, met de boot naar de Canarische Eilanden!

– Je zou je nauwelijks (de) tijd geven om een biertje te drinken voor het terugkeren!

– En dan?! Ik hou van stations, dokken, havens. Het belangrijk(st)e is niet zo snel mogelijk aankomen, maar genieten van de reisweg. Weet je (wat) de reis (is) waarvan ik droom?

– Ik vrees het ergste.

– De dag dat ik met pensioen ga [zal ik] een reis rond de wereld maken [geven] met een cargo.

¡BUEN VIAJE!

— ¡Menuda tarifa he encontrado! Un vuelo de ida y vuelta Barcelona-Tenerife, con salida el 31 de julio y vuelta el 15 de agosto.

— ¿Cuánto cuesta?

— ¡53 con 20! Hasta he podido elegir asiento: ventanilla, para ver el despegue.

— Si facturas maletas, te saldrá más caro.

— Solo llevaré equipaje de mano.

— Esos vuelos de bajo coste van siempre llenos. Mientras no tienes la tarjeta de embarque en el bolsillo, no estás tranquilo.

— Tienes envidia, confiésalo.

— Con quince días de vacaciones, yo no cogería el avión.

— ¿Y qué harías?

— Primero iría hasta Madrid.

— ¿Para ir a Canarias pasarías por Madrid?

— Sí, en coche compartido, pero sin prisa. Me quedaría unos días en Zaragoza, por ejemplo.

— Y desde Madrid, ¿a caballo como don Quijote?

— Ojalá pueda hacerlo un día.

— Estás como una cabra.

— Viajaría en tren hasta Huelva, haciendo etapas.

— O sea, que no reservarías.

— No, así si pierdo un tren cojo el siguiente. También podría ir en autobús, o alquilar una bici… Y luego, ¡en barco a Canarias!

— ¡Apenas te daría tiempo a tomarte una cerveza antes de volver!

— Qué más da. Me gustan las estaciones, las dársenas, los puertos. Lo importante no es llegar cuanto antes, sino disfrutar del camino. ¿Sabes el viaje con el que sueño?

— Me temo lo peor.

— El día que me jubile, daré la vuelta al mundo en un carguero.

■ DE DIALOOG BEGRIJPEN
OP REIS "GAAN"

→ Om lange afstanden af te leggen, neem je: **el avión**, *het vliegtuig*; **el tren**, *de trein*; **el autobús**, *de (auto)bus*; **el barco**, *de boot*. Je begeeft je hiervoor respectievelijk: **al aeropuerto**, *naar de luchthaven*; **a la estación**, *naar het station*; **a la estación de autobuses**, *naar het busstation*; **al puerto**, *naar de haven*. Om je zitplaats te kiezen: **pasillo**, *gangpad* of **ventanilla**, *raampje*; en **preferente**, *eerste klas* of **turista**, *tweede klas* in de trein.

→ **El equipaje** is *de bagage* en in deze context betekent **facturar** bagage inchecken: **¿Va a facturar equipaje?** *Gaat u bagage inchecken?* **La tripulación** is *de bemanning* aan boord van een vliegtuig of boot. De trein wacht langs **el andén**, *het perron* en de bus of boot langs **la dársena**.

CULTURELE INFO

Estar como una cabra, *knettergek zijn*, lett. *zijn zoals een geit*. Dieren komen wel vaker voor in uitdrukkingen: **la ostra**, *de oester* in **aburrirse como una ostra**, *zich stierlijk (als een oester) vervelen*; **la pulga**, *de luis* in **tener malas pulgas**, *opvliegend, nors zijn (slechte luizen hebben)*; **el gato**, *de kat, poes* in **hay gato encerrado**, *hier zit een reukje aan (er-is kat opgesloten)*; **el pato**, *de eend* in **pagar el pato**, *het gelag (de eend) betalen*; **la mona**, *de apin* in **dormir la mona**, *z'n roes (de apin) uitslapen, kater uitzweten*; **la mosca**, *de vlieg* in **ser una mosquita muerta**, *doen alsof je geen vlieg kwaad zou doen (een dode vlieg zijn)*.

GRAMMATICA
POR EN *PARA* (VERVOLG)

We zegden het al: beide voorzetsels kunnen als vertaling *voor* hebben, maar niet in alle gevallen... Laten we de informatie uit Module 5 wat aanvullen:

POR ALS INLEIDING VAN:
- een dagdeel: **por la mañana**, *'s morgens*; **por la tarde**, *in de namiddag, 's avonds*
- een plaats waar men langs gaat: **Paso por Madrid**, *Ik ga via Madrid*.
- een oorzaak, middel of uitleg: **¿Por qué? – Por eso**, *Waarom? – Daarom*; **vestido por su enemigo**, *gekleed door zijn vijand*; **Gracias por todo**, *Bedankt voor alles*.

***PARA* ALS INLEIDING VAN:**
- een tijdstip: **Quiero un billete para el sábado,** *Ik wil een kaartje voor zaterdag.*
- een mening: **Para mí, lo mejor es el tren,** *Voor mij is de trein het beste.*
- een doel of bestemming: **¿Para qué sirve? – Para gestionar sus datos,** *Waarvoor dient het? – Om uw gegevens te beheren;* **¿A qué hora sale el tren para Madrid?** *Hoe laat vertrekt de trein naar Madrid?*
- een bestemmeling: **Tengo una sorpresa para ti,** *Ik heb een verrassing voor je.*

HET BETREKKELIJK VOORNAAMWOORD *QUE*

Que kan onderwerp of (lijdend/meewerkend) voorwerp in de zin zijn: **el viaje / el programa que me gusta,** *de reis die / het programma dat me bevalt;* **la maleta / el aparato que prefiero,** *de koffer die / het apparaat dat ik verkies.*

Staat er een voorzetsel vóór, dan hoort tussenin een lidwoord, dat zich richt naar het woord waarnaar het verwijst: **las maletas con las que viajo,** *de koffers waarmee [met de dat] ik reis.*

Let ook hier weer op met het vertalen van de voorzetsels: **la tarifa de la que te hablo,** *het tarief waarover ik je spreek;* **el viaje con el que sueño,** *de reis waarvan ik droom.*

NUTTIGE WOORDEN

OM HOOP UIT TE DRUKKEN

Ojalá, ontleend aan het Arabische "law sja Ilah" *(zo God het wil)*: **Dicen que va a hacer buen tiempo. – Ojalá,** *Ze zeggen dat het mooi weer wordt. – Hopelijk.*
Als er een werkwoord op volgt, staat dit in de subjunctief: **Ojalá pueda hacerlo un día,** *Hopelijk kan ik het ooit doen.*
Hopen is **esperar** (dat ook *wachten* betekent!): **Espero poder hacerlo,** *Ik hoop het te kunnen doen.*

OM GEBEURTENISSEN TE ORDENEN

Om een reeks gebeurtenissen te beschrijven, zijn de volgende bijwoorden en uitdrukkingen van tijd handig: **primero / al principio,** *eerst / in het begin;* **luego / después,** *straks / daarna;* **por fin / finalmente,** *(uit)eindelijk, ten slotte.*
Onthoud het voegwoord **mientras**, met twee betekenissen: **Mientras tú viajas, yo sigo trabajando,** *Terwijl jij reist, blijf ík werken;* **Mientras no tienes la tarjeta de embarque…,** *Zolang je de instapkaart niet hebt…*
Volgt op voegwoorden als **mientras, aunque, cuando, hasta que** een feit, dan staat de bijzin in de **indicativo**; gaat het om iets onzekers (mogelijkheid,… toekomst), dan is de **subjuntivo** van toepassing.

▲ VERVOEGING

VOORWAARDELIJKE WIJS, *CONDICIONAL*

Gebruik: werkwoorden staan in de voorwaardelijke wijs (of conditionalis) wanneer men zich inbeeldt wat men zou doen in een bepaalde situatie of zegt wat er zou gebeuren onder bepaalde voorwaarden.

Regelmatige vorming: waar we in het Nederlands gebruikmaken van *zou(den)* + infinitief is dat in het Spaans de infinitief + de uitgang -**ía, -ías, -ía, -íamos, -íais, -ían** (dezelfde uitgangen worden in de **imperfecto** aan de stam van **-er/-ir**-werkwoorden toegevoegd).

via**j**ar, *reizen*	**ir**, *gaan*	cog**er**, *nemen*
viajar**ía**	ir**ía**	coger**ía**
viajar**ías**	ir**ías**	coger**ías**
viajar**ía**	ir**ía**	coger**ía**
viajar**íamos**	ir**íamos**	coger**íamos**
viajar**íais**	ir**íais**	coger**íais**
viajar**ían**	ir**ían**	coger**ían**

ONREGELMATIGE WERKWOORDEN IN DE *FUTURO/CONDICIONAL*

De 12 werkwoorden die onregelmatig zijn in de toekomende tijd vertonen diezelfde onregelmatigheid – die optreedt in de stam – in de voorwaardelijke wijs, bv. **hacer** (*doen/maken*): **haré**, *ik zal doen/maken*; **haría**, *ik zou doen/maken*. De dialoog toont **salir** (*uit-, naar buiten gaan; uitkomen*) in de onregelmatige **futuro** 3e pers. ev. (**Te saldrá más caro**, *Het zal je duurder uitkomen*) alsook onregelmatige **condicional**-vormen van **hacer** en **poder**.

IN DE *FUTURO*

salir
saldré
saldrás
saldrá
saldremos
saldréis
saldrán

IN DE *CONDICIONAL*

salir	hacer	poder
saldría	haría	podría
saldrías	harías	podrías
saldría	haría	podría
saldríamos	haríamos	podríamos
saldríais	haríais	podríais
saldrían	harían	podrían

WOORDENSCHAT

billete (el) *ticket, kaartje*
viaje (el) *reis*
tarifa *tarief*
vuelo *vlucht*
ida *(het) gaan, heenreis*
vuelta *terugkeer, -reis*
salida *vertrek*
asiento *zitplaats*
ventanilla *raam(pje)*
despegue (el) *het opstijgen*
facturar *factureren; inchecken*
maleta *koffer, valies*
salir caro *duur uitkomen, -vallen*
equipaje (el) *bagage*
lleno/a *vol*
mientras *zolang*
embarque (el) *het instappen*
tranquilo/a *gerust*
envidia *jaloezie;* **tener envidia** *jaloers zijn*
Canarias (las) *Canarische Eilanden*
coche compartido *(lett. gedeelde/ gemeenschappelijke auto) carpooling*
etapa *etappe*
caballo *paard*
ojalá *hopelijk*
viajar *reizen*
cabra *geit*
autobús (el) *(auto)bus*
perder [ie] *missen (bus, trein,...)*
qué más da *wat maakt het uit*
estación (la) *station*
dársena *vertrekplaats in busstation, dok*
puerto *haven*
cuanto antes *zo snel mogelijk*
disfrutar de *genieten van*
camino *(reis)weg*
soñar [ue] con *dromen van*
jubilarse *met pensioen gaan*
dar la vuelta a *een tour maken rond*
carguero *cargo*

OEFENINGEN

1. BELUISTER DE OPNAME EN NOTEER DE WOORDEN DIE BEANTWOORDEN AAN DE DEFINITIES:

a. ....   c. ....

b. ....   d. ....

2. BELUISTER DE DIALOOG EN VUL DE EERSTE 3 ZINNEN AAN:

a. Buenas tardes, ... de Madrid a Barcelona, con .... el 25 de julio.

b. ¿Lo quiere ....?

c. Solo la ida. Todavía no sé en qué fecha .... , ni si ....

3. LUISTER OPNIEUW EN BEANTWOORD DE VRAGEN:

a. ¿Cuánto cuesta el billete simple en turista? →

b. ¿A qué hora llega el tren? →

c. ¿Por qué prefiere pasillo? →

d. ¿Cuánto cuesta el billete para el perro en turista? →

e. ¿Cuánto cuesta el billete para el perro en preferente? →

4. HERSCHRIJF DE ZINNEN MET GEBRUIK VAN DE VOORWAARDELIJKE WIJS. VB. ZOU JE ME EEN DIENST WILLEN BEWIJZEN?

a. ¿Me haces un favor? →

b. ¿Me podéis echar una mano? →

c. ¿Sales a pasear conmigo? →

d. ¿Venís a visitarme a España? →

5. VUL AAN MET *POR* OF *PARA*:

a. Siempre viajo en turista, ... el precio.

b. Gira a la izquierda: es más corto .... ahí.

c. ¿............ cuándo quiere la vuelta?

d. .... viajar más cómodo *(comfortabel)*, es mejor preferente.

6. VERTAAL DE VOLGENDE ZINNEN:

a. Ik hoop alle landen waarvan ik droom te kunnen bezoeken.

→

b. Wat maakt het uit: als we deze trein missen, nemen we de volgende.

→

c. Ik wil zo snel mogelijk met pensioen gaan om van het leven te genieten.

→

d. Zolang ik kan, zal ik reizen.

→

28.
IK ZOU EEN KAMER WILLEN RESERVEREN

QUISIERA RESERVAR UNA HABITACIÓN

DOELSTELLINGEN

- EEN HOTELKAMER RESERVEREN (FORMULE EN PRIJS)
- VOOR- EN NADELEN AFWEGEN
- PROBLEMEN MELDEN
- ZEGGEN WAT JE VAN IETS VINDT
- WOORDEN DIE JE IN HET VERLEDEN OF IN DE TOEKOMST SITUEREN

BEGRIPPEN

- TOEKOMENDE TIJD BIJ ONZEKERHEID OF TWIJFEL
- VOORWAARDELIJKE WIJS:
  - OM EEN STELLING AF TE ZWAKKEN
  - VAN HET ONREGELMATIGE *TENER, VENIR*
- PASSIEVE VORM:
  - VORMING
  - HOE HEM TE VERMIJDEN
- BETEKENISSEN VAN *PUES*
- O.T.T. VAN *OLER*

RECEPTIE, GOEDENDAG

– Hotel Costasol, hallo?

– We zouden een kamer willen reserveren voor overmorgen. We zouden [met] drie zijn, voor één nacht.

– In aparte bedden?

– Een tweepersoonsbed en een voor een kind zou voor ons ideaal zijn [goed komen].

– Een extra bed dus, waardoor de prijs 74 euro zou bedragen [(we) zouden hebben een prijs van 74 euro's].

– Kijken de kamers uit op de straat of het binnenplein [zijn buiten- of binnen-]?

– Er zijn er met uitzicht[en] op [de] zee, maar er blijven geen meer over. Het voordeel is dat het minder lawaaierig zal zijn. Als u online reserveert [reserverend], hebt u een korting van [de] 10 %.

– O, tussen haakjes, enkele negatieve beoordelingen die we hebben gelezen hebben ons verrast.

– Het zullen (er) niet veel zijn.

– In de commentaren waarover ik spreek, kloeg men erover dat het op de eerste verdieping naar afval rook.

– Ik denk (het) niet, meneer. In ieder geval [Van alle gevallen], er zijn kamers boven, al is het internetbereik beter beneden.

– Sommigen vertellen dat ze (het) te warm hadden, anderen te koud.

– De verwarming is een keer defect geweest, ja, en de airco ook.

– Volgens een klant waren de lakens versleten, de gloeilampen in de gang doorgebrand, de lavabo verstopt, was er een spiegel gebroken en lekten de kranen.

– Dat vind ik heel vreemd.

– Tegen een gast zei men dat er een zwembad was en uiteindelijk was het niet open.

– O ja, een klant is verdronken en het is een tijd gesloten gebleven. Maar ik heb [een] goed nieuws: het opent opnieuw overmorgen!

¡RECEPCIÓN, BUENOS DÍAS!

– Hotel Costasol, dígame.

– Quisiéramos reservar una habitación para pasado mañana. Seríamos tres, por una noche.

– ¿En camas individuales?

– Nos vendría bien una cama matrimonial y una para un niño.

– Una cama supletoria, pues, con lo cual tendríamos un precio de 74 euros.

– ¿Las habitaciones son exteriores o interiores?

– Las hay con vistas al mar, pero ya no quedan. La ventaja es que será menos ruidosa. Reservando en línea tiene un descuento del 10%.

– Ah, por cierto, nos han sorprendido algunas valoraciones negativas que hemos leído.

– No serán muchas.

– En los comentarios de los que hablo se quejaban de que en la primera planta olía a basura.

– No creo, señor. De todas formas, hay habitaciones arriba, aunque la cobertura de internet es mejor abajo.

– Unos cuentan que tuvieron demasiado calor, otros demasiado frío.

– Se averió una vez la calefacción, sí, y el aire acondicionado también.

– Según un cliente, las sábanas estaban gastadas, las bombillas del pasillo fundidas, el lavabo atascado, había un espejo roto y los grifos goteaban.

– Me extraña mucho.

– A un huésped le dijeron que había piscina y al final no estaba abierta…

– Ah sí, un cliente se ahogó y ha permanecido cerrada un tiempo. Pero tengo una buena noticia: ¡vuelve a abrir pasado mañana!

■ DE DIALOOG BEGRIJPEN
ZEGGEN WAT JE VAN IETS VINDT

→ We zagen al verschillende werkwoorden die een mening helpen formuleren: **creo que**, *ik geloof dat*; **pienso que**, *ik denk dat*; **me parece que**, *het lijkt me dat.*

→ Zo'n zin kan ook beginnen met **en mi opinión**, *naar mijn mening*; **tengo la sensación de que**, *ik heb het gevoel, de indruk dat.*

→ Ook sommige voorzetsels zijn hier nuttig, bv. **para mí/ti**, *voor mij/jou*. Of **según**, *volgens* waarop een naam(woord) of een persoonlijk voornaamwoord kan volgen; dat voornaamwoord dient in de onderwerpsvorm te staan, dus niet **según "mí"** of **según "ti"**, maar **según yo**, *volgens mij* en **según tú**, *volgens jou*.

ZICH SITUEREN IN DE TIJD

Nu bijna alle tijden zijn geleerd, kunnen we gebeurtenissen en handelingen die gebeurden, gebeuren of zullen gebeuren preciezer uitdrukken. Hier volgen nog een paar woorden en aanwijzingen die hierbij kunnen helpen:

→ Let op het gebruik van het bepaald lidwoord vóór de dagen van de week: **el martes próximo** of **el próximo martes**, *volgende dinsdag*; gaat het om iets dat regelmatig gebeurt, dan hoort het bepaald lidwoord in het meervoud: **Los lunes voy al cine y los martes a la piscina**, *'s Maandags ga ik naar de bioscoop en op dinsdag naar het zwembad.*

→ Verwijzen naar het verleden: **hace tiempo**, *lang geleden*; **el año pasado**, *het voorbije, vorig jaar*; **la semana pasada**, *de voorbije, vorige week*; **anteayer**, *eergisteren*; **anoche**, *gisteravond, vorige nacht, vannacht*; **ayer**, *gisteren*; verwijzen naar de toekomst: **enseguida**, *meteen*; **pronto**, *binnenkort*; **dentro de una hora**, *over een uur*; **mañana**, *morgen*; **pasado mañana**, *overmorgen*; **el próximo jueves**, *volgende donderdag*; **la semana próxima**, *volgende week*; **el sábado siguiente**, *de zaterdag daarop*; **el año que viene**, *volgend jaar*.

→ "Twee weken" wordt in het Nederlands ook uitgedrukt als *veertien dagen*, maar in het Spaans worden dat **quince días** (vijftien! dagen).

◆ GRAMMATICA
TOEKOMENDE TIJD BIJ ONZEKERHEID OF TWIJFEL

In het Spaans kan de toekomende tijd gebruikt worden om een veronderstelling, onzekerheid, iets waaraan men twijfelt uit te drukken: **No serán muchas**, *Het zullen er niet veel zijn*; **Habrá salido**, *Hij zal naar buiten zijn*; **¿Qué hora será?** *Hoe laat zou [zal] het zijn?*; **¿Qué edad tendrá?** *Hoe oud zou [zal] hij zijn?*

VOORWAARDELIJKE WIJS OM EEN STELLING AF TE ZWAKKEN

Door de voorwaardelijke wijs te gebruiken, kan een stelling afgezwakt worden of minder direct klinken. Er zijn voorbeelden van in de dialoog: **Seríamos tres**, *We zouden met drie zijn* (i.p.v. **Somos tres**, *We zijn met drie*); **Tendríamos un precio de 74 euros**, *We zouden een prijs van 74 euro hebben* (en niet **tenemos**, *we hebben*). Een beleefd verzoek wordt i.p.v. met **Quiero...**, *ik wil...* veeleer geformuleerd met **Quisiera...**, *ik wil/had graag..., zou graag... willen*, niet voor niets met verschillende vertalingen, want **quisiera** is eigenlijk een imperfecto de subjuntivo van **querer** die hier voorwaardelijk aangewend wordt; de meervoudsvorm is **Quisiéramos...**, *We willen/hadden graag..., zouden graag... willen*.

PASSIEVE VORM

Gebruik: in een eerder afstandelijke tekst, als de actie belangrijker is dan de uitvoerder. Vorming: met een vorm van het hulpwerkwoord **ser**, *zijn* + voltooid deelwoord (dat zich in geslacht en getal richt naar het onderwerp); de uitvoerder wordt ingeleid door het voorzetsel **por**: **El hotel es valorado por los clientes**, *Het hotel wordt door de klanten beoordeeld*; **La puerta es abierta por el viento**, *De deur gaat door de wind open*.

Weet evenwel dat in het Spaans de passieve vorm vermeden wordt en er veeleer voor een actieve onpersoonlijke constructie gekozen wordt: **Nos han sorprendido algunas valoraciones**, *Enkele beoordelingen hebben ons verrast, We werden verrast door enkele beoordelingen*.

PUES

Afhankelijk van zijn plaats in de zin kan **pues** verschillende betekenissen aannemen:
• in het begin van een zin, vooral in een dialoog, heeft het de waarden van *nou, wel, dan,...*: **Pues no sé qué decirte**, *Nou, ik weet niet wat je te zeggen*.
• achter het sleutelwoord van de zin (onderwerp of werkwoord) werkt **pues** gevolgaanduidend: **Una cama supletoria, pues, con lo cual tendríamos...**, *Een extra bed, dus, waardoor we... zouden hebben*.

▲ VERVOEGING
TWEE ONREGELMATIGE WERKWOORDEN IN DE *CONDICIONAL*

Dat werkwoorden die onregelmatig zijn in de toekomende tijd dezelfde onregelmatigheid vertonen in de voorwaardelijke wijs, kunnen we weer vaststellen in de dialoog bij vormen van **tener** en **venir**.

tener	venir
tendría	vendría
tendrías	vendrías
tendría	vendría
tendríamos	vendríamos
tendríais	vendríais
tendrían	vendrían

HET WERKWOORD *OLER*

o.t.t.-indicatief	o.t.t.-subjunctief
huelo	huela
hueles	huelas
huele	huela
olemos	olamos
oléis	oláis
huelen	huelan

Dit werkwoord vertoont een aantal bijzonderheden:
- in de vervoeging in de o.t.t.-ind. wordt vóór de stamklinkerwissel **o→ue** een **h** toegevoegd (alle personen behalve de 1e en 2e mv.) en vermits de 1e pers. ev. hiervan als "stam" fungeert, duikt zijn onregelmatigheid op in de o.t.t.-subj. van alle personen behalve de 1e en 2e mv.; de andere tijden zijn regelmatig: **olía**, *ik rook* (imperfecto); **olí**, *ik rook* (perfecto simple) enz.
- het drukt objectief en subjectief *ruiken* uit: **hueles mal**, *je ruikt slecht*; **no huelo nada**, *ik ruik niets*
- het wordt gebruikt met het voorzetsel **a**: **Huele a basura/sardinas**, *Het ruikt naar vuilnis/sardines*; **Oléis a colonia**, *Jullie ruiken naar (eau de) cologne.*

●OEFENINGEN

1. BELUISTER DE OPNAME EN NOTEER DE WOORDEN DIE BEANTWOORDEN AAN DE DEFINITIES:

a. ....

b. ....

c. ....

d. ....

● WOORDENSCHAT

recepción (la) *receptie, onthaal*
pasado mañana *overmorgen*
individual *individueel, apart*
venir bien *goed uitkomen*
matrimonial *huwelijks-;*
   tweepersoons- (bij bed)
niño/niña *kind, meisje/jongen*
supletorio/a *bijkomend, extra*
exterior *buiten-, aan de straatkant*
interior *binnen-, niet aan de straatkant*
vista *(uit)zicht*
ventaja *voordeel*
ruidoso/a *lawaaierig*
descuento *korting*
por cierto *overigens, trouwens,*
   tussen (twee) haakjes
sorprender *verrassen, verbazen*
valoración (la) *beoordeling*
negativo/a *negatief*
comentario *commentaar*
planta *verdieping*
oler [ue] *ruiken*
basura *afval, vuilnis*
de todas formas *in ieder geval*
arriba *boven*
cobertura *bereik, ontvangst*
abajo *beneden*
calor (el) *warmte, hitte;* **tener calor/**
   frío *het warm/koud hebben*
averiarse *defect raken*
calefacción (la) *verwarming*
aire (el) *lucht;* **aire acondicionado**
   airconditioning
según *volgens*
sábana *laken*
gastado/a *versleten*
bombilla *(gloei)lamp*
pasillo *gang*
fundido/a *gesmolten; doorgebrand*
lavabo *lavabo*
atascado/a *verstopt*
espejo *spiegel*
grifo *kraan*
gotear *druppelen, lekken*
extrañar *vreemd vinden, verbazen*
huésped/huéspeda *(hotel)gast*
piscina *zwembad*
abierto/a *(ge)open(d)*
ahogarse *verdrinken*
permanecer *blijven, aanhouden*
cerrado/a *gesloten*
noticia *nieuws*

🔊 2. BELUISTER DE OPNAME EN VUL DE EERSTE 3 DIALOOGZINNEN AAN:

30
a. .... hablar con ...., por favor.

b. Sí, ... ¿en qué puedo ....?

c. Hace .... en la habitación. Creo que .... el aire acondicionado.

3. LUISTER OPNIEUW EN VINK DE JUISTE ANTWOORDEN AAN:

a. En Recepción ofrecen al cliente…
☐ cambiar de habitación
☐ mandar a un técnico

b. El problema del cuarto de baño es que…
☐ no hay bombillas
☐ el lavabo no funciona bien

c. El cliente se queja…
☐ del ruido
☐ de las vistas

d. Va a cambiar por…
☐ una habitación interior silenciosa
☐ una habitación exterior más cara
☐ una habitación exterior por el mismo precio

4. WELKE WERKWOORDSVORM PAST IN DE ZIN?

a. Anoche olía / olerá a basura.

b. Pasado mañana había / habrá un descuento del 10%.

c. Anteayer se ahogó / se ahogará alguien en la piscina.

d. Los huéspedes llegaron / llegarán dentro de una hora.

5. VERVANG DE ONDERSTREEPTE WERKWOORDSVORM DOOR EEN DIE ONZEKERHEID AANGEEFT:

a. Este hotel <u>tiene</u> [………………………] malas valoraciones pero está muy bien.

b. ¿Por qué <u>vienen</u> [………………………] tantos turistas a España?

c. No hay luz: se <u>ha</u> [………………………] fundido la bombilla.

6. VERTAAL DE VOLGENDE ZINNEN:

a. Nou, naar mijn mening is het bereik beter beneden dan boven, op de bovenste [laatste] verdieping.

→

b. Volgens mij is de verwarming uitgevallen.

→

c. De lakens waren versleten, de spiegel gebroken, de kranen lekten en ze hebben ons niet eens een korting gegeven [gedaan].

→

29.
WELKE FILMS DRAAIEN ZE?

¿QUÉ PELÍCULAS DAN?

DOELSTELLINGEN

- HET NIET EENS ZIJN OVER IETS; TOT EEN AKKOORD KOMEN
- EMOTIES EN KRITIEK UITEN
- (GEEN) BELANGSTELLING TONEN
- WOORDENSCHAT ROND FILM, TONEEL, OPERA ENZ.
- MUZIEK IN SPANJE

BEGRIPPEN

- INDIRECTE REDE
- VOORWAARDELIJKE BIJZIN IN DE SUBJUNCTIEF MET *SIEMPRE Y CUANDO, A CONDICIÓN DE QUE, COMO NO*
- *IMPERFECTO DE SUBJUNTIVO*:
  - GEBRUIK
  - VORMING
- OVEREENKOMST IN TIJD (VERVOLG)

OVER SMAKEN EN KLEUREN...

– Weet je wat je zou doen als je van me hield?

– Ik zou stoppen met roken? Ik zou mijn baard scheren?

– Nee, gemakkelijker... Je zou naar de première van het stuk van Raúl komen.

– Je weet toch dat ik niet zo gesteld ben op avant-garde theater...

– Hij heeft ons een hele tijd geleden uitgenodigd, nog voor de repetities afgelopen waren. Hij zei ons dat hij ons de tickets [toegangen] cadeau zou doen, en (wel) in stalleszitjes, op (de) eerste rij, recht tegenover de scène.

– Als ik kon kiezen, zou ik je al liever vergezellen naar de opera.

– De keer dat we gegaan zijn, heb je gezegd dat je je dood [als een oester] verveeld had.

– Het is altijd hetzelfde scenario, niet? De tenor vermoordt de bariton omdat hij verliefd is op de soprano.

– Schaam je je niet [Niet jou geeft schaamtegevoel] zulke [die] dwaasheden te zeggen?

– Mijn ding [Het mijne] zijn eerder concerten.

– Als het maar geen [Altijd en wanneer niet zij] klassieke muziek is, natuurlijk. En als ik naar jou luisterde, zouden we evenmin een voet [de voeten] zetten in een tentoonstelling.

– Wat jouw vrienden [de] artiesten doen, is boerenbedrog [een bedriegt-domoren].

– Komaan, hou je mond.

– Oké, ik ga naar het toneel op voorwaarde [van] dat je met mij naar de bios komt.

– O, er is net een festival gewijd aan mijn Japanse lievelingsregisseur!

– Geen sprake van [Niet-eens spreken]. Hij zal (wel) heel beroemd zijn, maar ik erger me blauw aan zulke snertfilms [aan mij die rollen me eten de kop].

– Jou raakt geen enkele prent [Aan jou niet er-is film die je emotioneert] als het niet is om te lachen en met popcorn.

– Kijk, er loopt een western [(ze) draaien een uit-het westen], een oude waar(in) Clint Eastwood speelt!

– Bij God, wat 'n beproeving...

DE GUSTOS Y COLORES…

– ¿Sabes lo que harías si me quisieras?

– ¿Dejaría de fumar? ¿Me afeitaría la barba?

– No, más fácil… Vendrías al estreno de la obra de Raúl.

– Ya sabes que no soy muy aficionado al teatro de vanguardia…

– Nos invitó hace tiempo, antes de que terminaran los ensayos. Nos dijo que nos regalaría las entradas, y en el patio de butacas, en primera fila, frente al escenario.

– Si pudiera elegir, hasta preferiría acompañarte a la ópera.

– La vez que fuimos dijiste que te habías aburrido como una ostra.

– Siempre es el mismo guion, ¿no? El tenor asesina al barítono porque está enamorado de la soprano.

– ¿No te da vergüenza decir esas tonterías?

– Lo mío son más bien los conciertos.

– Siempre y cuando no sea música clásica, claro. Y si te escuchara, tampoco pondríamos los pies en una exposición.

– Lo que hacen tus amigos los artistas es un engañabobos.

– Cállate, anda.

– Vale, voy al teatro a condición de que vengas conmigo al cine.

– ¡Oh, precisamente hay un festival dedicado a mi director japonés preferido!

– Ni hablar. Será muy famoso, pero a mí esos rollos me comen el coco.

– A ti no hay peli que te emocione, como no sea de risa y con palomitas.

– Mira, echan una del oeste, ¡una antigua donde actúa Clint Eastwood!

– Qué cruz, por Dios…

■ DE DIALOOG BEGRIJPEN
EMOTIES UITEN

In de loop van de cursus zijn we het werkwoord **dar** tegengekomen in zijn eerste betekenis, *geven*; in **¿Qué películas dan?** drukt het informeel "vertonen" uit; in sommige uitdrukkingen kan het ook een gevoel helpen weergeven, bv.: **Me da igual**, *Het is me gelijk;* **¿No te da vergüenza?** *Ben je niet beschaamd?* Zo kan het ook aangewend worden m.b.t. angst, luiheid enz.: **Te da asco**, *Het wekt afschuw bij je op*; **Me dan miedo los perros**, *Honden maken me bang;* **Les da pereza salir**, *Ze zijn te lui om naar buiten te gaan*.

CULTURELE INFO

Zodra het weer het toelaat, organiseert men in Spanje muziekfestivals in open lucht. Dit zijn de belangrijkste: Sónar in Barcelona (elektronische muziek en multimediakunst); FIB op de stranden van Benicássim (rock, pop, indie,...); jazz in Vitoria en San Sebastián, klassieke muziek en dansvoorstellingen in het Alhambra in Granada. En dan is er de traditionele flamenco, in vele gedaantes: van de voor toeristen opgevoerde **tablaos** tot grote evenementen zoals **la Bienal de Sevilla** waar topdansers optreden, maar ook kleinschaliger, dus spontanere, intiemere plaatselijke festivalletjes of, nog beter, privé-**peñas**.

◆ GRAMMATICA
INDIRECTE REDE

Hiermee worden andermans woorden in een bijzin weergegeven: **Nos dice que nos regalará las entradas**, *Hij zegt ons dat hij ons de toegangstickets cadeau zal doen* → **Nos dijo que nos regalaría las entradas**, *Hij zei ons dat hij ons de tickets cadeau zou doen.*

VOORWAARDELIJKE BIJZINNEN IN DE SUBJUNCTIEF

In Module 25 zagen we al dat op het voegwoord **con tal de que**, *mits* de subjunctief volgt: **con tal de que esté en buen estado**, *mits het in goede staat is*. In de zopas gelezen dialoog staan twee gelijkaardige gevallen: **siempre y cuando no sea música clásica**, *als het maar geen klassieke muziek is*; **a condición de que vengas conmigo**, *op voorwaarde dat je met me meekomt*; alsook een "beperkende voorwaarde" met **como no** en subjunctief: **como no sea una peli de risa**, *als het geen / tenzij het een komische film is*.

IMPERFECTO DE SUBJUNTIVO

Het is weer even opletten bij deze in het Nederlands onbestaande verleden tijd in de subjunctief. Hoe wordt hij in het Spaans gebruikt:
- meestal zoals de presente de subjuntivo, maar dan m.b.t. iets onzekers, niet objectiefs, irreëels in het verleden
- in een bijzin die begint met **si**, *als, indien* als de hoofdzin in de voorwaardelijke wijs staat en het onzekere of onwaarschijnlijke resultaat bevat, zoals in "Als ik rijk was (**Si fuera**, eig. Als is "ware"), zou ik reizen (**viajaría**)"; **¿Sabes lo que harías si me quisieras?**, *Weet je wat je zou doen als je van me hield?*; **Si pudiera elegir, preferiría ir a la ópera a veces**, *Als ik kon kiezen, zou ik liever weleens naar de opera gaan*; **Si te escuchara, no pondríamos los pies en una representación**, *Als ik naar jou luisterde, zouden we geen voet in een voorstelling zetten.*
- vaak in een beleefd verzoek i.p.v. de voorwaardelijke wijs: **Quisiera...**, *ik wil/had graag..., zou graag... willen.*

OVEREENKOMST IN TIJD (VERVOLG OP UITLEG IN MODULE 26)

We herhalen het belang hiervan en vullen de uitleg in Module 26 hierover aan. Staat het werkwoord in de hoofdzin in de verleden tijd of voorwaardelijke wijs, dan hoort het werkwoord in de bijzin in de verleden tijd-subj. Voorbeelden: **Quiero** (o.t.t.-ind.) **que vengas** (o.t.t.-subj.) **conmigo** → **Quería** (imperfecto) **que vinieras** (imperfecto-subj.) **conmigo**; **Nos invita** (o.t.t.-ind.) **antes de que terminen** (o.t.t.-subj.) **los ensayos** → **Nos invitó** (perfecto simple) **antes de que terminaran** (imperfecto-subj.) **los ensayos**; **Si te escuchara** (imperfecto-subj.)**, tampoco pondríamos** (voorw. w.) **los pies en una exposición.**

▲ VERVOEGING
IMPERFECTO DE SUBJUNTIVO

Er bestaan twee vormen van. Het gebruik van de ene of de andere is land- of regiogebonden, of zelfs gewoon een kwestie van persoonlijke voorkeur.

Beide vormen worden afgeleid van de 3e persoon meervoud in de **perfecto simple** (ook als die onregelmatig is), waarbij de uitgang **-ron** vervangen wordt door:

UITGANGEN MET -*RA:* -ra, -ras, -ra, -ramos, -rais, -ran
bv. **terminar** → terminaron → termina<u>ra</u>, termina<u>ras</u>, termina<u>ra</u>, termina<u>ramos</u>, termina<u>rais</u>, termina<u>ran</u>; escribir → escribieron → escribie<u>ra</u>, escribie<u>ras</u>, escribie<u>ra</u>, escribié<u>ramos</u>, escribie<u>rais</u>, escribie<u>ran</u>

cantar	comer	vivir	poder	querer
cantara	comiera	viviera	pudiera	quisiera
cantaras	comieras	vivieras	pudieras	quisieras
cantara	comiera	viviera	pudiera	quisiera
cantáramos	comiéramos	viviéramos	pudiéramos	quisiéramos
cantarais	comierais	vivierais	pudierais	quisierais
cantaran	comieran	vivieran	pudieran	quisieran

of

UITGANGEN MET -SE: -se, -ses, -se, -semos, -seis, -sen

bv. **terminar → terminaron → terminase, terminases, terminase, terminásemos, terminaseis, terminasen; vender → vendieron → vendiese, vendieses, vendiese, vendiésemos, vendieseis, vendiesen**

cantar	comer	vivir	poder	querer
cantase	comiese	viviese	pudiese	quisiese
cantases	comieses	vivieses	pudieses	quisieses
cantase	comiese	viviese	pudiese	quisiese
cantásemos	comiésemos	viviésemos	pudiésemos	quisiésemos
cantaseis	comieseis	vivieseis	pudieseis	quisieseis
cantasen	comiesen	viviesen	pudiesen	quisiesen

Let dus bij beide vormen op het accentteken in de 1e pers. mv. en denk eraan een onregelmatigheid in de 3e pers. mv. presente simple mee te nemen in de imperfecto de subjuntivo!

🛑 OEFENINGEN

🔊 1. BELUISTER DE OPNAME EN NOTEER DE WOORDEN DIE BEANTWOORDEN AAN DE
31 DEFINITIES:

a. ....

b. ....

c. ....

d. ....

🔊 2. BELUISTER DE DIALOOG EN VUL DE EERSTE 3 ZINNEN AAN:
31
a. Buenas tardes, quisiera .... para la ópera Carmen, ...
....

b. Ah, es el día .... caballero, y ya ....

c. ¿No hay de .... en el ....?

29. Welke films draaien ze?

WOORDENSCHAT

dejar de *stoppen met*
afeitarse *zich scheren*
barba *baard*
estreno *première (1e vertoning)*
aficionado/a *liefhebber/-ster*
teatro *theater, toneel*
vanguardia *avant-garde*
ensayo *repetitie*
entrada *toegang(sticket)*
patio de butacas *zitplaatsen in parterre*
fila *rij*
frente a *recht tegenover*
escenario *scène (voor spelers)*
ópera *opera*
ostra *oester*
guion (el) *scenario*
tenor (el) *tenor*
asesinar *vermoorden*
barítono *bariton*
enamorado/a *verliefd*
soprano *sopraan*
vergüenza *schaamte;* **darse vergüenza** *zich schamen*
tontería *dwaasheid*
concierto *concert*
siempre y cuando *voor zover*
exposición (la) *tentoonstelling*
engañabobos (el) *boerenbedrog*
a condición de que *op voorwaarde dat*
cine (el) *bios(coop)*
festival (el) *festival*
director/directora *regisseur*
japonés/japonesa *Japans(e)*
preferido/a *lievelings-*
ni hablar *geen sprake van*
rollo *snertfilm*
comer(se) el coco *(zich) blauw ergeren*
emocionar *raken, ontroeren, aangrijpen*
como no sea *tenzij*
risa *lach, het lachen*
palomitas (las) *popcorn*
echar *draaien, lopen (film)*
oeste (el) *westen;* **película del oeste** *western*
actuar *acteren*
cruz (la) *kruis;* **qué cruz** *wat 'n beproeving*

3. LUISTER OPNIEUW EN VINK AAN WAT *VERDAD* OF *MENTIRA* IS:

31

		VERDAD	MENTIRA
a.	Quedan algunas entradas caras cerca del escenario.		
b.	Quedan entradas que permiten oír bien la música.		
c.	A la amiga del chico no le gusta mucho la ópera.		
d.	Su cumpleaños es el mismo día que el estreno.		
e.	A veces alguien revende una entrada el mismo día.		
f.	Le aconseja invitar a su amiga al restaurante el sábado siguiente.		

4. VERVOEG DE WERKWOORDEN ZODANIG DAT DE VOORWAARDELIJKE ZINNEN EEN ONZEKERE UITKOMST UITDRUKKEN:

a. Si .... tiempo, ... al cine contigo. [yo/tener, yo/ir]

b. Si .... un buen amigo, ... conmigo a la ópera. [tú/ser, tú/venir]

c. Si .... alguna buena peli, ... salir. [echar, nosotros/poder]

d. Si .... de salir, ... mucho. [vosotros/dejar, vosotros/ahorrar]

5. HERFORMULEER DE ZINNEN VOORTBOUWEND OP DE AANZET:

a. Nos recomienda que vayamos a esa exposición.

→ Nos recomendó ....

b. Dice que no irá al estreno aunque le paguen.

→ Dijo ....

c. Sé lo que vas a decir antes de que hables.

→ Sabía ....

6. VERTAAL DE VOLGENDE ZINNEN:

a. Ik schaam me niet om te zeggen dat avant-gardekunst me mateloos ergert.

→

b. Ik ga met jou een komische film bekijken op voorwaarde dat je je baard scheert.

→

c. Deze film is een snertfilm, maar dat maakt me niet uit, zolang je me het toegangsticket cadeau doet.

→

30.
LEVE DE VAKANTIE!

¡VIVAN LAS VACACIONES!

DOELSTELLINGEN

- GEBEURTENISSEN IN HET VERLEDEN BESCHRIJVEN
- SPIJT EN VERWIJT UITDRUKKEN
- KLAGEN
- PRATEN OVER HET WEER
- WOORDENSCHAT OVER DE NATUUR EN VAKANTIE
- EEN INFORMEEL BEVEL GEVEN
- SPAANSE BEELDSPRAAK

BEGRIPPEN

- VERLEDEN TIJD VAN DE VOORWAARDELIJKE WIJS
- *COMO SI* + *IMPERFECTO-SUBJ.*
- WAT/WIE/WAAR ENZ. OOK
- BIJZIN IN DE INDICATIEF OF SUBJUNCTIEF
- *PLUSCUAMPERFECTO* (VOLTOOID VERLEDEN TIJD) *DE SUBJUNTIVO*
- HET WERKWOORD *CABER* (GEBRUIK EN VERVOEGING)

DE SINT-JAKOBSROUTE

– We (onpers.) hadden links moeten nemen toen we het dorp verlieten [bij het verlaten van het dorp]. Als je naar me had geluisterd [gedaan geval]… Keer maar terug [geef halve draai]!

– Alsof jij je nooit hebt vergist. En wanneer je zei dat we rechtdoor moesten blijven gaan en we in dat bos daar zijn verdwaald?

– Het was ten minste mooi weer [deed goed weer], een nacht met volle maan. Niet zoals nu, dat het pijpenstelen [zeeën] aan het regenen is.

– Zo is het (met) trekking: je weet nooit of de hemel bewolkt of helder [opgeklaard] zal zijn, of (er) regen of wind zal zijn, vooral in het noorden.

– Ik mis het zuiden… Als we de zomer hadden doorgebracht aan de kust [rand van de zee], zou ik nu in zwembroek [zijn] op een handdoek onder een parasol liggen[d].

– Wilde je niet naar een plek gaan [dat we gingen] waar er natuur was, vogels in de bomen en koeien in de velden?

– Het enige beest dat ik tot nu (toe) heb gezien, is de wesp [geweest] die me heeft gestoken.

– Je hield niet op met zeggen dat je moest afvallen, (aan) sport doen en niet de dag doorbrengen met voetbal en basketbal kijken [kijkend] op [de] tv.

– En als we een poosje uitrustten?

– Oké, maar we moeten (onpers.) in de herberg aankomen vóór de avond valt. Hé, wat doe je met die lucifers?

– Een vuur(tje maken). Ik ben bevroren [dood van koude].

– Besef je niet dat je een brand kan veroorzaken? Doof dat!

– Wat ik ook doe, het is altijd fout…

– Kijk, een arend!!

– O! Ik had (er nog) nooit een in vrijheid gezien…

– Komaan, je zal zien dat wanneer je in Santiago aankomt je buiten jezelf zal zijn [niet zal-passen-in je] van blijdschap…

— Había que tomar a la izquierda al salir del pueblo. Si me hubieras hecho caso… Ahora, ¡a dar media vuelta!

— Como si tú nunca te equivocaras. ¿Y cuando dijiste que siguiéramos todo recto y nos perdimos en aquel bosque?

— Por lo menos hizo buen tiempo, una noche de luna llena. No como ahora, que está lloviendo a mares.

— Así es el senderismo: nunca sabes si el cielo estará nublado o despejado, si habrá lluvia o viento, sobre todo en el norte.

— Echo de menos el sur… Si hubiéramos veraneado a la orilla del mar, ahora estaría en bañador, tumbado sobre una toalla debajo de la sombrilla.

— ¿No querías que fuéramos a un sitio donde hubiera naturaleza, pájaros en losrboles y vacas en los campos?

— El único bicho que he visto hasta ahora ha sido la avispa que me picó.

— No parabas de decir que tenias que adelgazar, hacer deporte y no pasarte el día viendo fútbol y baloncesto en la tele.

— ¿Y si descansáramos un rato?

— Vale, pero hay que llegar al albergue antes de que anochezca. Oye, ¿qué haces con esas cerillas?

— Un fuego. Estoy muerto de frío.

— ¿No te das cuenta de que puedes provocar un incendio? ¡Apaga eso!

— Haga lo que haga, siempre está mal…

— Mira, ¡¡¡unguila!!

— ¡Oh! Nunca había visto una en libertad…

— Anda, ya verás que cuando llegues a Santiago no cabrás en ti de contento…

■ DE DIALOOG BEGRIJPEN
INFORMEEL BEVEL

→ We kennen de imperatief in de 2e pers. ev. en mv. en weten dat een beleefd bevel geformuleerd wordt in de o.t.t.-subjunctief. In de omgang kan men iemand iets opdragen in een structuur met **a** + infinitief, zoals in de dialoog: **¡A dar media vuelta!** *Maak rechtsomkeert!*

→ Op dezelfde manier kan ook een uitroep gevormd worden: **¡A comer!** *Aan tafel!*; **¡A dormir!** *Naar bed!*; **¡A trabajar!** *Aan het werk!*

BEELDSPRAAK

→ **El mar**, *de zee* staat in veel uitdrukkingen voor "overvloedig", zoals **llover a mares**, *pijpenstelen regenen* in de dialoog, of **llorar a mares**, *tranen met tuiten huilen*. **La mar de** drukt vóór een naamwoord "ontzettend (veel)" uit: **Hay la mar de gente**, *Er is een massa volk*; **Estoy la mar de contento**, *Ik ben dolblij*.

CULTURELE INFO

Volgens de legende bevindt het stoffelijk overschot van Jakobus de Meerdere, een van de apostelen van Christus, zich in Compostela, in Galicië, waar het in 813 werd ontdekt. Zijn bijdrage aan de overwinning tegen de Moren leverde hem de titel van patroonheilige van Spanje, "Sant Yago", op Dit ligt aan de basis van de grootste Europese pelgrimsroute, die vanaf de 10e eeuw honderdduizenden mensen naar het noorden van Spanje bracht. Al jaren trekt de **Camino de Santiago** zowel spiritualiteitzoekers als fervente trekkers aan. Vanuit Roncesvalles, in de Pyreneeën, kan via twee belangrijke wegen (door het binnenland of langs de kust) **Santiago de Compostela** te voet bereikt worden in een dertigtal dagen. Onderweg kan je je pelgrimspaspoort laten afstempelen en wie 100 km gestapt (of 200 km gefietst) heeft, kan bij aankomst het begeerde **compostelana**-attest vragen.

◆ GRAMMATICA
HYPOTHETISCHE GEBEURTENISSEN IN HET VERLEDEN

Spreken over gebeurtenissen die zich in het verleden zouden hebben kunnen afspelen ("had ik ... gedaan", "als ik ... zou gedaan hebben") kan met:
• de voltooid verleden tijd (pluscuamperfecto) in de subjunctief (**haber** in de o.v.t./ imperfecto-subjunctief + voltooid deelwoord) in de bijzin: **Si hubiéramos tomado a la izquierda...**, *Als we links hadden genomen...*

- de voorwaardelijke wijs in de tegenwoordige of verleden tijd (**haber** in de voorwaardelijke wijs + voltooid deelwoord) in de hoofdzin: **... ya estaríamos en el albergue**, ... *zouden we al in de herberg zijn;* **... ya habríamos llegado**, ... *zouden we al aangekomen zijn.*

COMO SI + IMPERFECTO DE SUBJUNCTIVO

Ook met **como si ...**, *alsof* ... wordt iets fictiefs ingeleid, zodat in het Spaans het werkwoord in dat zinsdeel in een verleden tijd-subjunctief staat: **Como si nunca te equivocaras** (imperfecto-subj.) **/ te hubieras equivocado** (pluscuamperfecto-subj.), *Alsof je je nooit hebt/had vergist.*

"WAT/WIE/WAAR/WANNEER/HOE ... OOK"

In het Spaans wordt dit weergegeven met een symmetrische structuur in de subjunctief, zoals bleek in de dialoog: **Haga lo que haga**, *Wat ik ook doe.* Zo ook in andere situaties:
- persoon: **seas quien seas**, *wie je ook bent*
- plaats: **estés donde estés**, *waar je ook bent*
- tijd: **vengas cuando vengas**, *wanneer je ook komt*
- manier: **se vista como se vista**, *hoe hij zich ook kleedt.*

BIJZIN IN DE INDICATIEF OF SUBJUNCTIEF

• De bijzin drukt iets reëels uit → indicatief;
• in de bijzin gaat het over een hypothetisch iets → subjunctief.
Denk er ook aan in het Spaans de overeenkomst in tijd te respecteren!
Voy a un sitio donde hay animales, *Ik ga naar een plaats waar er dieren zijn.*
Quiero ir a un sitio donde haya animales, *Ik wil naar een plaats gaan waar er dieren "zijn"* (o.t.t.-subj.).
Quería ir a un sitio donde hubiera animales, *Ik wou naar een plaats gaan waar er dieren "zouden zijn / waren"* (o.v.t.-subj.).

▲ VERVOEGING
PLUSCUAMPERFECTO DE SUBJUNTIVO

Zoals alle samengestelde tijden wordt ook de "voltooid verleden tijd in de subjunctief" gevormd met het hulpwerkwoord **haber**, *hebben*, in dit geval vervoegd in de imperfecto de subjuntivo, en het voltooid deelwoord van het hoofdwerkwoord.

```
hubiera cantado
hubieras cantado
hubiera cantado
hubiéramos cantado
hubierais cantado
hubieran cantado
```

Opmerking: deze tijd wordt in het Nederlands niet gebruikt (noch de andere subjunctiefvormen), dus is de vertaling ervan voor interpretatie vatbaar en is zelfs een voorwaardelijke wijs mogelijk: **hubiera hecho**, *ik zou gedaan/gemaakt hebben*.

HET WERKWOORD *CABER*

Caber betekent in eerste instantie *passen/kunnen in*: **En este coche caben cuatro personas**, *In deze auto kunnen vier personen (plaatsnemen)*. De betekenis van de uitdrukking **no caber en sí de contento** uit de dialoog is dan ook afleidbaar: *buiten zichzelf zijn van vreugde*, dus *dolblij zijn*. Of in de betekenis van *passend/mogelijk zijn*: **no cabe duda**, *er is geen twijfel mogelijk, het lijdt geen twijfel*; **dentro de lo que cabe**, *binnen het mogelijke, voor zover mogelijk*.

Caber is onregelmatig in verschillende tijden; dit zijn er vier van:

o.t.t.-indicatief	o.t.t.-subjunctief	toekomende tijd	perfecto simple
quepo	quepa	cabré	cupe
cabes	quepas	cabrás	cupiste
cabe	quepa	cabrá	cupo
cabemos	quepamos	cabremos	cupimos
cabéis	quepáis	cabréis	cupisteis
caben	quepan	cabrán	cupieron

OEFENINGEN

1. NUMMER DE ZINNEN IN DE VOLGORDE VAN DE OPNAME:

a. Maak rechtsomkeert!

b. Draai rechtsaf!

c. Neem links!

d. Ga verder rechtdoor!

WOORDENSCHAT

hacer caso aandacht schenken, luisteren naar
dar media vuelta rechtsomkeert maken
como si alsof
perderse verdwalen, de weg kwijtraken
bosque (el) bos
tiempo weer; **buen tiempo** mooi weern
luna maan
llover [ue] regenen
senderismo trekking, wandelsport
cielo hemel
nublado/a bewolkt
despejado/a uitgeklaard, onbewolkt
lluvia regen
viento wind
norte (el) noorden
echar de menos missen (heimwee)
sur (el) zuiden
veranear de zomer doorbrengen
orilla oever, wal, rand
bañador (el) badpak/zwembroek
tumbado/a liggend
sobre boven, op
toalla handdoek
debajo onder
sombrilla parasol
naturaleza natuur
pájaro vogel(tje)
árbol (el) boom
vaca koe
campo veld, platteland
único/a enig(e)
bicho beest
avispa wesp
picar steken, prikken
parar ophouden
deporte (el) sport; **hacer deporte** aan sport doen
fútbol (el) voetbal
baloncesto basketbal
descansar uitrusten
albergue (el) herberg
anochecer avond/donker worden
cerilla lucifer
fuego vuur
provocar veroorzaken
incendio brand
apagar doven
águila (vr., maar met **el**) arend
libertad (la) vrijheid
no caber en sí buiten zichzelf zijn
contento blijdschap

2. BELUISTER DE DIALOOG EN VUL DE EERSTE 3 ZINNEN AAN:

32

a. Menudo .... está haciendo.

b. Sí, si me .... que en la Costa del Sol iba a hacer este tiempo, no me lo ....

c. ¡Llevamos aquí una semana y no ....!

3. LUISTER OPNIEUW EN DUID AAN WAT *VERDAD* OF *MENTIRA* IS:

	VERDAD	MENTIRA
a. En el norte está lloviendo.		
b. La amiga de la mujer va a Santiago en bici.		
c. El hombre le tiene envidia a esa amiga.		
d. Se queja de los bichos que le pican.		
e. La pareja decide ir a Santiago a pie el año que viene.		
f. De momento van a cortar la calefacción.		

4. SITUEER ONDERSTAANDE HYPOTHETISCHE ZINNEN IN HET VERLEDEN:

a. Si viéramos un camino más corto, lo tomaríamos.

→

b. Si siguierais recto, llegaríais antes.

→

c. Si hiciera buen tiempo, saldría contigo.

→

d. Si veranearas en el norte, disfrutarías más de la naturaleza.

→

5. VUL AAN ZOALS IN "HIJ IS NIET DOOD. HIJ DOET ALSOF HIJ DOOD WAS [WARE]."

a. No está muerto. Hace como si ....

b. No me haces caso. Haces como si ....

c. No os gusta el mar. Hacéis como si ....

6. VERTAAL DE VOLGENDE ZINNEN:

a. Wat jullie ook doen, jullie zullen niet in de auto kunnen.

→

b. Ik zou graag op een plaats wonen waar ik koeien en vogeltjes kan zien.

→

c. Het regent pijpenstelen in het noorden: ik mis onze vakanties in het zuiden, in badpak aan de kust!

→

OPLOSSINGEN VAN DE OEFENINGEN

OPMERKING

Op de volgende bladzijden vind je de oplossingen van de oefeningen uit de vorige modules. De oefeningen waar een opname bij hoort zijn aangeduid met het pictogram 🔊 en het nummer van de track op je audio streaming. Op een track hoor je eerst de dialoog en dan de oefeningen van een les, vandaar dat ze hetzelfde tracknummer hebben.

🔊 02 UITSPRAAK
Klemtoon
a. Cana<u>dá</u> – b. Ecua<u>dor</u> – c. <u>fút</u>bol – d. ca<u>fé</u> – e. <u>Cá</u>diz – f. Barce<u>lo</u>na – g. ja<u>món</u> – h. <u>Mé</u>xico – i. <u>I</u>biza

Trema op de *u*
a. vergüenza – b. antiguo – c. cigüeña – d. agüero – e. pingüino – f. guerra – g. antigüedad – h. guitarra – i. Miguel

1. GOEDENDAG
🔊 **03** **1. a.** *¿Es española?* Is ze Spaanse? – **b.** *Eres alemana.* Je bent Duitse. – **c.** *Soy francesa.* Ik ben Fran(çai)se. – **d.** *No hablas inglés.* Je spreekt geen Engels. – **e.** *Habla italiano.* Hij/Zij spreekt Italiaans.

🔊 **03** Dialoog:
– *Buenas tardes, guapa. ¿Cómo te llamas?*
– *Hola, yo soy Lola. ¿Y tú?*
– *Me llamo Peter.*
– *¿Peter? ¿Eres inglés?*
– *Estadounidense, nací en Nueva York.*
– *¡Pero hablas muy bien español!*
– *Sí, mi madre es profesora de español.*
– *Ah, qué bonita profesión, ¿verdad?*
– *Sí, y yo también estudio idiomas: hablo francés, italiano, alemán y chino.*
– *¿Ah sí?... Dime "buenas noches" en chino.*
– *Buenas noches en chino.*
– *Ja ja ja. ¡No hablas chino, es mentira!*
– *Bueno, de acuerdo. Me llamo Pedro y soy de Ibiza.*

2. a. V – **b.** M – **c.** V – **d.** V – **e.** M – **f.** M – **g.** V – **h.** M – **i.** M
3. a. La profesora es guapa. – **b.** Es alemana. – **c.** No soy estadounicense. – **d.** ¿Eres china o belga?
4. a. ¿De dónde eres? – **b.** ¿Cómo te llamas? – **c.** ¿Hablas español? – **d.** ¿Trabajas en España?
5. a. Buenos días, me llamo Pedro y soy profesor de español. – **b.** Buenas noches, guapa. – **c.** Nací en París, pero soy española. – **d.** Hablo muy bien francés y también alemán. – **e.** Yo soy Lola, ¿y tú?

2. WIE BEN IK?
🔊 **04** **1. a.** 33 – **b.** 10 – **c.** 61 – **d.** 12 – **e.** 80

🔊 **04** Dialoog:
– *¿Carmen?... ¡¡Carmen!!*
– *Sí... Bu... buenos días...*
– *¡Carmen! ¿Pero cuántos años hace que no te veo? ¿Veinte? ¿Treinta?*
– *A ver, es que no... Eres... ¿Eres Paco Ruiz, verdad?*
– *¡No, no soy Paco! Soy Antonio, ¡Antonio Fernández Ortiz!*
– *Ah sí, claro, Antonio...*
– *Ay Carmen, Carmen... ¡Cuántos años! Pero dime, ¿a qué te dedicas? ¿Estás casada?*
– *Estoy casada, sí, tengo tres hijos y trabajo en la enseñanza.*
– *¿Eres profesora?*
– *Soy profesora de inglés, como mi marido. Bueno... ¿y tú, Antonio, en qué trabajas?*
– *No tengo trabajo, estoy desempleado...*
– *Ah, qué lástima... Y... ¿tienes hijos?*
– *Sí, tengo una hija. Se llama Carmen, como tú, y tiene 24 años. Ella tiene un buen empleo, es periodista y vive en París.*
– *¡Enhorabuena!*

2. a. Antonio. – **b.** Fernández Ortiz. – **c.** tres hijos. – **d.** es profesor de inglés.
3. a. Se llama Carmen. – **b.** Tiene veinticuatro años. – **c.** Es periodista. – **d.** Vive en París.
4. a. Bra<u>sil</u> – **b.** Ecua<u>dor</u> – **c.** <u>Cu</u>ba – **d.** <u>Bue</u>nos <u>Ai</u>res – **e.** volei<u>bol</u> – **f.** Bea<u>triz</u>
5. a. café – **b.** fútbol – **c.** menú – **d.** dólar – **e.** balón – **f.** Perú
6. a. Madrid es una ciudad muy bonita. – **b.** Felipe VI está casado con Letizia Ortiz. – **c.** No tengo trabajo: estoy desempleado. – **d.** No soy funcionario: trabajo en el comercio. – **e.** Dime, Laura, ¿eres de Sevilla?
7. a. ¿A qué se dedica tu mujer? – **b.** ¿Qué edad tiene la reina de España? – **c.** Vive en Madrid pero tiene varias casas. – **d.** A ver... ¿A cuántas preguntas tengo derecho? – **e.** Adivina quién es mi marido.

3. HOE GAAT HET?

🔊 **05** **1. a.** *Buenas, soy tu profesora de matemáticas.* de tú. – **b.** *Trátame de usted, ¿vale?* de tú. – **c.** *¿Tienes un móvil?* de tú. – **d.** *¿Cómo está, don Manuel?* de usted.

🔊 **05** Dialoog:
– Hola, eres nueva en el instituto?
– Si, soy nueva, me llamo Ángela.
– Encantado, Ángela. Yo soy Pedro, bienvenida.
– Mucho gusto, Pedro.
– ¿Todo bien?
– Sí, estoy estupendamente, gracias.
– Me alegro. ¿De qué eres profesora, Ángela?
– De alemán, ¿y usted?
– Yo de matemáticas, pero ¡trátame de tú!
– Vale, es que soy alemana y los alemanes se tratan mucho de usted…
– Todos se tratan de tú en el instituto.
– ¿Los alumnos también tratan de tú a los profesores?
– Sí, los alumnos españoles te tratan de tú, pero no son maleducados.
– No, claro… Pero dime, ¿no están prohibidos los móviles entonces?
– Los chicles sí, pero los móviles no. Ah una cosa, en el instituto tenemos una enfermera a la antigua: a los demás trátalos de tú, pero a ella trátala de usted, ¿de acuerdo?

2. a. dos profesores – **b.** la enfermera – **c.** solo los chicles.
3. a. V – **b.** V – **c.** M – **d.** M – **e.** M – **f.** M
4. a. Estamos muy bien, gracias. – **b.** Sí, estoy de muy mal humor. – **c.** No, soy la enfermera. – **d.** Somos los alumnos de la señora del Pino.
5. a. El delegado no está de buen humor. – **b.** Las ciudades son bonitas. – **c.** Las mujeres no son solo amas de casa. – **d.** Es la casa del nuevo profesor.
6. a. ¿Cómo se llama usted? – **b.** ¿Dónde vive usted? – **c.** ¿A qué se dedica usted? – **d.** ¿De dónde es usted?
7. a. ¿Es usted la nueva enfermera del instituto? – **b.** Trátame de usted, y los demás también, ¿entendido? – **c.** ¿Quièn es vuestro delegado? – **d.** Lo siento, está prohibido.

4. ALSTUBLIEFT…

🔊 **06** **1. a.** *Perdona, ¿me puedes ayudar?* de tú. **b.** *Disculpe, ¿tiene azúcar?* de usted. – **c.** *Aquí tiene su café.* de usted. – **d.** *¿Puedo invitarte a un café?* de tú.

🔊 **06** Dialoog:
– Te presento a Antonio, es nuestro nuevo vecino. Él es Pepe, mi marido.
– ¿Qué tal, Antonio?
– Muy bien, gracias.
– ¿Le invitamos a un café, cariño?
– Por supuesto.
– No quiero molestar…
– Por favor, pasa, Antonio.
– Muchas gracias. Son ustedes muy amables.
– No hay de qué, y vamos a tutearnos, ¿no? ¡Somos vecinos!
– ¡Sí, claro!
– Aquí tenéis el café.
– ¿Tienes un poco de leche, por favor?
– Oh, lo siento, no tenemos…
– ¿Y azúcar?
– Sí, azúcar sí. ¿Cuánto quieres?
– Solo un poco, gracias.
– ¿Y a qué te dedicas, Antonio?
– Soy enfermero, es un trabajo pesado, pero muy bonito.
– Exactamente como el nuestro… ¡Somos profesores!

2. a. Antonio – **b.** primero de usted y después de tú – **c.** leche – **d.** quiere un poco de azúcar
3. a. a qué te dedicas – **b.** enfermero … pesado … muy bonito – **c.** como el nuestro … profesores
4. a. ¿Va usted a casa del vecino? – **b.** ¿Antonio es su marido? – **c.** Te presento a mi mujer. – **d.** Perdona, ¿me prestas tu móvil? – **e.** Disculpe, ¿puede presentarse? – **f.** Lo siento, no puedo invitarte.

5. a. No te quiero prestar café. – **b.** No puedo servirle. – **c.** ¿Lo puedo tutear? – **d.** No voy a perdonarte.
6. a. No quiero leche, quiero otra cosa. – **b.** Perdone, señora, es la tercera vez que la molesto. – **c.** Vas a pensar que soy una vecina pesada. – **d.** Sois muy amables, tú y tu marido.

5. HALLO?

🔊 **07 1. a.** 091 – **b.** 080 – **c.** 901 22 12 32 – **d.** 6 54 35 13 67

🔊 **07** Dialoog:
– ¿Sí, diga?
– Buenas tardes, ¿es usted la esposa de don Rafael?
– Sí, soy yo, ¿con quién estoy hablando?
– Mi nombre es Laura, de Latacel.
– Mucho gusto, Laura, me llamo Carmen. ¿En qué puedo ayudarle?
– Le llamo para…
– Perdón, pero ¿qué edad tiene usted?
– Tengo 30 años, doña Carmen, y…
– ¡Yo también! Vamos a tutearnos entonces, ¿no?
– Bueno, si quieres…
– Sí, claro, dime. Te escucho.
– Estamos realizando una oferta para nuevos clientes: son cien minutos de llamadas gratis.
– Perdón, ¿puedes repetir? ¿Cuántos minutos son?
– ¡Nuestra oferta son cien minutos de llamadas gratis!
– Ah, no es mucho…
– También tienes derecho a un móvil gratis.
– ¿Solo uno?
– Bueno, tenemos otra oferta, que son cincuenta minutos gratis y dos móviles.
– Bueno… Voy a pensarlo.
– Para servirte.
– Gracias, adiós, Laura.
– Hasta pronto, Carmen.
2. a. primero de usted y después de tú. – **b.** 100 minutos de llamadas gratis y un móvil – **c.** es poco – **d.** Carmen dice "adiós" / Laura dice "Hasta pronto".

3. a. diga – **b.** es usted la esposa – **c.** soy yo … estoy hablando – **d.** mi nombre es – **e.** Mucho gusto … puedo ayudarla
4. a. Estoy hablando por teléfono. – **b.** Llámalo para saber cómo está. – **c.** Gracias por la oferta. – **d.** De nada, por favor, para servirle.
5. a. ¿Me estás escuchando? – **b.** Estoy viviendo en Madrid. – **c.** No estamos haciendo nada. – **d.** Está estudiando español.
6. a. Dime, cariño, ¿dónde estás? – **b.** No cuelgues. Rafael no está pero te pongo con su esposa. – **c.** Quisiera comprobar su dirección: ¿puede repetirla? – **d.** Le digo mi nombre, pero no puedo decirle mi apellido.

6. HOE LAAT IS HET?

 **1. a.** Son las dos menos cuarto: 13:45 – **b.** Es la una y diez: 01:10 – **c.** Son las tres y veinte: 15:20 – **d.** Son las doce y veinte de la noche: 00:20.

🔊 **08** Dialoog:
– Buenos días.
– Buenos días, doctora.
– Lo escucho: dígame qué le pasa.
– No me pasa nada, doctora.
– ¿Cómo?
– Nada, estoy estupendamente.
– Ah… Entonces, ¿qué puedo hacer por usted?
– Estoy bien, tengo un buen trabajo y una casa bonita, doctora, pero estoy cansado de la vida que llevo…
– ¿Ah? ¿Y qué vida lleva?
– No es una vida muy loca, la verdad… De lunes a viernes voy a trabajar, vuelvo a casa, veo una serie y después me acuesto.
– ¿Y los sábados no sale con los amigos?
– No, me quedo en casa y no hago nada. No tengo muchos amigos…
– Ya veo… ¿Duerme bien?
– Duermo muy bien. Me acuesto temprano, a las nueve y media, y me levanto a las siete de la mañana.
– ¡Duerme usted como mi hijo de dos años! A su edad, no es bueno dormir tanto, hombre.

– Sí, lo sé…
– A ver… Aquí tiene estas pastillas: le van a ayudar a estar de buen humor.
– Gracias, doctora.
– Las va a tomar durante quince días, ¿de acuerdo?
– Sí, doctora.
– Y este fin de semana va a salir de copas, ¿entendido?
– Va a pensar que soy muy pesado, pero es que no sé dónde hay buenos bares…
– Vale, aquí tiene también la dirección de dos bares estupendos.
– Es usted muy amable, gracias, doctora.
2. a. El hombre se acuesta a las nueve y media. – **b.** Duerme nueve horas y media al día. – **c.** Durante quince días. – **d.** Son para estar de buen humor.
3. a. V – **b.** M – **c.** M – **d.** V – **e.** M – **f.** V – **g.** V
4. a. ¿Dónde estás: en casa? – **b.** ¿Cuándo sales del trabajo? – **c.** ¿Vas a casa? – **d.** ¿Vamos a salir de copas, cariño? – **e.** Me levanto temprano para ir al trabajo.
5. a. No solemos salir durante la semana. – **b.** ¿Cuándo volvéis a casa? – **c.** Se acuestan muy temprano. – **d.** Salimos de copas todas las noches. – **e.** ¿Por qué os acostáis tan tarde?
6. a. Los domingos no suelo levantarme antes de las doce y media. – **b.** ¿Qué te pasa? ¿Estás cansado? – **c.** Son las cuatro de la mañana. ¿No tienes sueño? – **d.** ¿Por qué no nos quedamos en casa este sábado? – **e.** No tomo café después de las dos de la tarde, porque después no puedo dormir.

7. ZULLEN WE ETEN?

🔴 **09 1. a.** Es <u>la madre</u> de mi <u>padre</u>. Es mi <u>abuela</u> – **b.** Son <u>los hijos</u> de mi <u>tío</u>. Son mis <u>primos</u>. – **c.** Es <u>la hija</u> de mi <u>hijo</u>. Es mi <u>nieta</u>. – **d.** Es <u>el hermano</u> de mi <u>madre</u>. Es mi <u>tío</u>. – **e.** Es <u>la hija</u> de mi <u>hermano</u>. Es mi <u>sobrina</u>.

🔴 **09** <u>Dialoog</u>:
– Vale, déjame poner la mesa…
– ¿Y ahora por qué? ¿No dices que no tienes hambre?
– Sabes perfectamente que estoy loco por tu tortilla de patatas, mamá…
– ¿Y no dices que es muy pesado para ti estar sentado con los padres durante toda una cena?
– No, no… Así estamos todos juntos y podemos hablar.
– ¡Ja! Tú nunca hablas de nada con nosotros.
– Sois vosotros los que no me escucháis. Siempre estáis hablando de vuestras cosas.
– Oh, qué lástima…
– ¿Pongo cucharas o solo cuchillos y tenedores?
– ¿El salmorejo cómo se come?
– De acuerdo, pongo cucharas también.
– Y después de cenar lavas tú los platos.
– Vale…
– Y los vas a lavar durante dos semanas.
– ¡Por favor, mamá!
– Si no estás de acuerdo, puedes salir a cenar una hamburguesa con los amigos. Y otra cosa.
– ¿¿Otra cosa??
– Sí, te voy a decir cómo hago la tortilla de patatas…
– ¿De verdad?
– Sí, así vas a poder hacerla tu solito. Pero silencio. Es la receta de la abuela y esto se queda en la familia, ¿de acuerdo?
2. a. El hijo va a poner la mesa para poder comer tortilla. – **b.** La madre dice que el hijo nunca habla con sus padres. – **c.** El hijo va a poner cucharas, cuchillos y tenedores. – **d.** El hijo va a lavar los platos durante dos semanas.
3. así vas a poder – la abuela – esto se queda
4. a. Nunca ceno solo. / No ceno nunca solo. – **b.** Yo tampoco tengo hambre. / Yo no tengo hambre tampoco.
5. a. Lo sentimos., no podemos ayudaros. **b.** Pasad, pasad. ¿queréis tomar un café? – **c.** Mis padres siempre se sientan para comer. – **d.** ¿Cómo? Perdona, pero no entiendo lo que dices. – **e.** Si tienes hambre, te puedo invitar a comer.

6. a. Pon los cubiertos y los platos. – **b.** ¿Quieres salir conmigo, sí o no? – **c.** No hay nada para ti. – **d.** ¿Cómo cenamos esta noche: ¿de pie o sentados? – **e.** ¡Ahora o nunca!

8. BEVALT HET APPARTEMENT U?

🔊 10 **1. a.** 589 – **b.** 2 376 – **c.** 13 451 – **d.** 181 233

🔊 10 Dialoog:
– ¿Entonces, le gusta el piso?
– Por decirle la verdad, no mucho…
– ¿Ah? ¿Por qué razón?
– Tiene cosas buenas: el salón es grande y los sillones son bonitos, pero no me gusta la cocina: ¡es pequeñísima!
– Es solo para hacer la comida, y luego pueden pasar al comedor.
– Sí, pero volvemos tarde del trabajo y no tenemos hijos. Entonces preferimos comer rápido en la cocina y luego ver la tele.
– Entiendo.
– Otra cosa: los electrodomésticos son antiguos.
– Voy a poner un horno nuevo, pero la lavadora y el frigorífico están bien, ¿no?
– La lavadora sí, pero el frigorífico no está muy limpio, ¿sabe?, y el piso tampoco.
– Es que hace un año y medio que no vive nadie aquí. Si lo alquilan lo dejo limpio, por supuesto.
– Y además el dormitorio no tiene ventanas. A mi compañero le horrorizan los dormitorios sin ventanas. Dice que parecen un ataúd.
– Bueno, tiene razón, pero por eso el alquiler es muy barato, apenas cuatrocientos euros.
– A ver, si me lo deja en trescientos, lo alquilo.
– ¿Trescientos? ¿Está usted loca?
– 350 (trescientos cincuenta).
– 375 (trescientos setenta y cinco).
– Bueno, de acuerdo, pero lo deja limpio, ¿vale?
– ¡Limpísimo!

2. a. La habitación que prefiere es el salón, – **b.** Piensa que los sillones son bonitos. – **c.** Piensa que los electrodomésticos son antiguos. – **d.** Le horroriza el dormitorio porque no tiene ventanas. – **e.** No le gusta la cocina porque es pequeñísima. – **f.** Entre la lavadora y el frigorífico, le gusta más la lavadora.
3. a. M – **b.** V – **c.** M – **d.** V – **e.** M – **f.** M.
4. a. ¡Aceptad animales! – **b.** ¡Limpie el horno! – **c.** ¡Visiten el piso! – **d.** ¡Aplasta la cucaracha!
5. a. Los sillones son feísimos. – **b.** La cocina está sucísima. – **c.** La cama es grandísima. – **d.** No estoy segurísimo.
6. a. A vosotros no os gustan los problemas. – **b.** A ellos les horrorizan las cucarachas. – **c.** A usted le encanta este lugar. – **d.** A ti te gusta esta habitación.
7. a. ¡Qué sucio está este piso! – **b.** ¡Qué cucaracha más enorme! – **c.** Estoy seguro de que prefieres los gatos. – **d.** El alquiler es barato, pero no me gustan las sillas del comedor.

9. GELUKKIGE VERJAARDAG!

🔊 11 **1. a.** *Me caen regular.* Ze bevallen me matig. – **b.** *Nos cae bien.* We hebben haar graag. – **c.** *¿Cómo te cae?* Wat vind je van hem? – **d.** *Les caéis fatal.* Ze mogen jullie echt niet. – **e.** *No le caigo bien.* Hij ziet me niet zitten.

🔊 11 Dialoog:
– Feliz cumpleaños, Teresa.
– Hola, Carmen, ¿qué haces aquí?
– Bueno, si molesto dímelo.
– No, no, disculpa, quiero decir que a ti te gustan más los libros que las fiestas, ¿no?
– Sí, pero en la vida no hay nada más importante que el cumpleaños de una buena amiga, ¿verdad?
– Claro, claro…
– Aquí tengo una cosita para ti.
– Oh, ¡qué amable! ¿Qué es?
– Pienso que te va a gustar.
– Ah, un libro de recetas…
– Sí, de postres. Como estás tan delgada…

– Ya sabes que me horroriza el azúcar pero le voy a prestar tu libro a mi abuela. Estoy segura de que le va a encantar. Gracias por ella.
– No hay de qué…
– Y hablando de cumpleaños, ¿cuándo es el tuyo?
– La semana que viene, el día 14.
– Ah, qué bien. Entonces ya sé lo que te voy a regalar.
– Ah, ¿y se puede saber qué es?
– Un libro de recetas también: se llama "mil recetas para adelgazar". Te veo demasiado gorda, ¿sabes?
– Gracias, pero yo prefiero comer lo que me apetece que pasar hambre.
– Y ese chico tan bajito y tan feo que está contigo, ¿quién es?
– Es un amigo.
– ¡Qué nariz más grande tiene, Dios mío!
– Es listo y simpático, por eso me cae bien. Los que me caen fatal son los chicos pijos, altos, guapos y tontos. Ah, ¿y cómo está tu novio?
– Estupendamente, está trabajando en Nueva York.
– Me alegro… Bueno, feliz cumpleaños otra vez.
– Gracias, siempre es un gusto verte.

2. a. Carmen piensa que Teresa está demasiado delgada. – **b.** Teresa le va a prestar el libro de recetas a su abuela. – **c.** Teresa va a regalar a Carmen un libro que se llama "Mil recetas para adelgazar". **d.** Teresa piensa que el amigo de Carmen es bajito y feo. – **e.** A Carmen le caen fatal los chicos pijos, altos, guapos y tontos.

3. a. A Teresa le horroriza el azúcar. – **b.** A Carmen le caen bien los chicos listos. – **c.** Teresa prefiere pasar hambre que estar gorda. – **d.** El amigo de Carmen tiene la nariz grande. – **e.** El novio de Teresa trabaja en Nueva York.

4. a. Es mi perro. Es el mío. – **b.** ¿Son tus libros? ¿Son los tuyos? – **c.** Son sus gafas. Son las suyas. – **d.** Es tu problema. Es el tuyo. – **e.** Son mis labios. Son los míos.

5. a. Conozco muchas recetas. – **b.** Son muy listos. – **c.** Tiene muchos libros. – **d.** Tiene mucho carácter. – **e.** Tengo mucha hambre.

6. a. No me parezco a mi madre. – **b.** No me apetece salir. – **c.** Tienes demasiadas amigas. – **d.** No conozco bastantes idiomas.

10. WELKE STUDIERICHTING GA JE KIEZEN?

🔴 12 **1. a.** El curso que viene, me voy a matricular en historia. – **b.** Si suspendo una asignatura, mi padre me mata. – **c.** Para aprobar, hay que ir a clase.

🔴 12 Dialoog:
– ¿Qué nota piden este año para medicina?
– Un nueve y medio.
– Mi padre me va a matar…
– ¿Por qué? ¿Qué nota tienes?
– Apenas un siete.
– Bueno, no está tan mal. Con eso puedes matricularte en historia del arte o en filosofía.
– Ya quisiera yo… Pero a mi padre le horrorizan las letras. Dice que para conseguir un buen trabajo hay que tener una carrera de ciencias.
– Pues dile que no es verdad: yo conozco a médicos que trabajan mucho y no se ganan tan bien la vida.
– ¡Él mismo! Es médico y siempre dice que su hermano, que es profesor de lengua, vive mejor que nosotros.
– ¿Qué vas a hacer entonces?
– Pues no sé… Tal vez matricularme en fisioterapia. No es medicina pero se parece un poco. Eso puede aceptarlo mi padre.
– Ya, pero tu nota es demasiado baja para fisioterapia también: tienes que tener por lo menos ocho y medio.
– ¡Pues entonces me voy de casa!
– Tengo una idea mejor.
– ¿Cuál?
– Pues te presentas de nuevo a Selectividad el año que viene, para conseguir una nota más alta.
– No es mala idea… ¡Y así durante un año me dedico a la música, que es lo que me gusta!

– Amigo mío, me parece que el problema es que no tienes muchas ganas de estudiar...
2. a. La nota de Selectividad del chico es siete. – **b.** Con esa nota, puede matricularse en filosofía. – **c.** La mejor idea es presentar de nuevo Selectividad.
3. a. V – **b.** M – **c.** V – **d.** V – **e.** M.
4. a. Tenemos que trabajar. / Hay que trabajar. – **b.** Tienes que elegir. / Hay que elegir. – **c.** Tengo que aprobar la asignatura. / Hay que aprobar la asignatura. – **d.** Tenéis que entender. Hay que entender.
5. a. Nunca suspendo ninguna asignatura. **b.** Nadie te quiere. – **c.** No odio a ninguno de ellos. – **d.** Quiero algo de ti.
6. a. Mi nota sigue siendo baja. – **b.** ¿Sigues teniendo ganas de ser médico? – **c.** Te sigo queriendo. – **d.** Seguimos teniendo hambre.
7. a. Hay que tener por lo menos un nueve para matricularse en Medicina. – **b.** Si me dices que no, ¡me mato! – **c.** Me cuesta mucho trabajo aprobar esta asignatura.

11. IK ZOEK EEN BAANTJE

🔊 13 **1. a.** *13 euros veinte*: 13,20 euros – **b.** *29 con diez*: 29,10 – **c.** *147 ochenta* : 147,80 **d.** 15 *con cincuenta*: 15,50.

🔊 13 Dialoog:
– *Acaban de llegar los recibos del agua y de la luz.*
– *¿Cuánto hay que pagar?*
– *El agua son 130 euros por dos meses.*
– *¡En este piso se gasta demasiada agua! Sois vosotras, las chicas: ¡os quedáis horas en el cuarto de baño!*
– *¡Claro, porque somos más limpias que los chicos! Pero tú te quedas hasta las tres de la madrugada viendo películas y... ¡adivina cuánto es el recibo de la luz!*
– *No sé, ¿60 euros?*
– *Exactamente 95 con 40, ¡y solo por un mes!*
– *Hace falta ahorrar, es verdad, no podemos seguir así. Y también hay que conseguir trabajillos.*
– *¿Se te ocurre alguno?*

– *Tú puedes ser canguro, ¿no? Creo que la vecina necesita a alguien para sus hijos.*
– *¡Ni loca! Los conozco: son muy maleducados y no me llevo bien con ellos.*
– *Pues yo le voy a preguntar: a mí no me importa ser canguro y además parece que paga muy bien, 12 euros por hora.*
– *Yo prefiero dar clases a alumnos de bachillerato.*
– *Claro, ¡tú siempre tan pija!*

2. a. Acaban de llegar los recibos del agua y de la luz. – **b.** ¿Cuánto hay que pagar? – **c.** El agua son 130 euros por dos meses.
3. a. En el piso, el chico gasta demasiada luz. – **b.** El recibo de la luz es 95,40 euros.– **c.** Los hijos de la vecina son maleducados. – **d.** La chica prefiere dar clases.
4. a. Se me ocurre una idea. – **b.** A la chica no se le ocurre nada. – **c.** ¿A usted se le ocurre algo? – **d.** A nosotros se nos ocurren muchas ideas.
5. a. Hace falta un trabajillo. / Er is een baantje nodig. – **b.** Es necesario comer bien. / Het is noodzakelijk om goed te eten. – **c.** Necesito ahorrar. / Ik moet sparen. – **d.** Me hace falta un piso más barato. / Ik heb een goedkoper appartement nodig.
6. a. Acabo de enterarme de lo que te pasa. – **b.** Si no puedes pagar el recibo este mes, no pasa nada. – **c.** Cuando llega fin de mes estoy sin un duro, y eso que tengo una beca. – **d.** No consigo ahorrar, y eso que comparto los gastos con una compañera.

12. IK BEN STAGIAIR

🔊 14 **1. a.** *¡Por fin he conseguido un empleo fijo! ¡Qué chulo!* – **b.** *Soy becario, trabajo mucho y no me pagan. ¡Vaya rollo!* – **c.** *Sigo sin encontrar trabajo. ¡Vaya rollo!* – **d.** *Después de FP he encontrado trabajo rápidamente. ¡Qué chulo!*

🔊 14 Dialoog:
– *Hola, Alejandro, ¿qué tal te va?*
– *Regular.*
– *¿Te has enfadado otra vez con tu novia, es eso?*

– No, qué va, nos llevamos muy bien desde hace unos meses.
– ¿De qué te quejas entonces?
– Estoy en el paro desde hace un año y medio y no consigo encontrar trabajo.
– Ah… ¿Y no has trabajado en todo ese tiempo?
– He hecho algunas prácticas de vez en cuando, pero pagan muy poco, ya sabes.
– ¿Cuánto?
– Pues he estado tres semanas en un periódico y me han pagado doscientos euros.
– No es mucho, desde luego…
– Luego he sido becario mes y medio en una página web y he cobrado quinientos.
– Tampoco es bastante para vivir, no.
– Y por fin he trabajado en una panadería.
– Qué chulo. ¿Y por qué no te has quedado? Es un oficio muy bonito, ¿no te gusta?
– Me gusta demasiado… pero ahí me han despedido antes de acabar el tiempo de prácticas.
– ¿Qué has hecho?
– Me he comido todos los pasteles de chocolate…
– ¡Pero qué tonto eres!
2. a. Qué tal te va. – **b.** Regular. – **c.** Te has enfadado – **d.** qué va, nos llevamos.
3. a. Alejandro está en el paro desde hace un año y medio. – **b.** Ha sido becario en un periódico por quinientos euros. – **c.** Las últimas prácticas han acabado antes de tiempo.
4. a. Isabel me ha contado su vida. – **b.** ¿Qué has hecho? – **c.** He venido a ver qué ha pasado. – **d.** No hemos visto nada.
5. a. No he salido desde hace tres días. – **b.** No he salido desde la semana pasada. – **c.** No lo he visto desde su cumpleaños. – **d.** No lo he visto desde hace un año.
6. a. ¿Cuánto has cobrado durante tus prácticas? – **b.** No estamos contentos con nuestras condiciones laborales. – **c.** O sea que después de FP has encontrado un trabajo rápidamente.

13. IK KOM VOOR DE ADVERTENTIE

🔊 15 **1. 1)** *No se da cuenta* – **2)** *No se han dado cuenta* – **3)** *No me he dado cuenta* – **4)** *No te das cuenta*
a. 4 – **b.** 3 – **c.** 1 – **d.** 2

🔊 15 Dialoog:
– ¿Qué tal te ha ido?
– Fenomenal, estoy convencido de que el trabajo es para mí.
– ¡Me alegro mucho! ¿Cómo lo has conseguido?
– Pues no sé, creo que les he caído bien.
– ¿Qué te has puesto de ropa?
– Como siempre: vaqueros y deportivas. Lo importante es ser agradable, ¿sabes?
– Ya… Para una entrevista de trabajo, ¿no es mejor llevar zapatos de vestir?
– ¡Qué va, mujer! Eres muy antigua.
– Bueno, ¿y qué te han preguntado?
– Que si ya he trabajado cara al público.
– ¿Y qué les has contestado?
– Pues que he trabajado de camarero, pero que lo mío es la moda.
– ¿Habéis hablado del sueldo?
– Sí, les he dicho que quiero cobrar por lo menos 2000 euros al mes.
– ¿No les ha parecido mucho para alguien sin experiencia?
– No, qué va. Han dicho: "Es usted muy simpático, ¿quiere fumar?"
– ¿No has aceptado, verdad?
– ¡Pues claro que sí! ¿Por qué?
– ¿Habéis fumado durante la entrevista?
– Yo sí, ellos no. Te lo repito: ¡todo me ha ido muy bien!
2. a. te ha ido – **b.** estoy convencido de que – **c.** alegro … lo has conseguido – **d.** les he caído bien
3. a. Para la entrevista de trabajo, el chico se ha puesto deportivas. – **b.** El chico quiere cobrar 2000 euros o más. – **c.** Durante la entrevista, ha fumado el chico.
4. a. No he dicho nada. – **b.** Nos hemos puesto unos vaqueros. – **c.** Les ha dado igual. – **d.** Te lo he repetido.

5. a. Lo hago fácilmente. – **b.** Puedes hablar tranquilamente. – **c.** Se comporta amablemente. – **d.** Lo escribe perfectamente.
6. a. Mi contrato no es fijo sino eventual. **b.** Se lo he dicho: lo mío es ser dependienta y el sueldo me da igual. – **c.** ¿A qué hora tiene cita para la entrevista de trabajo? – **d.** Lo del tatuaje no me importa: ¿se siente usted capacitada para atender a los clientes?

14. ZULLEN WE EEN ZAAK OPSTARTEN?

🔊 16 **1. a.** *Es el lugar donde trabaja mucha gente.* la oficina. – **b.** *Es el hecho de no soportar algo.* estar harto. – **c.** *Es el hecho de estar contento con algo.* estar a gusto. – **d.** *Es el dinero que tienes que poner en un negocio al principio.* la inversión.

🔊 16 Dialoog:
– No tienes buena cara, ¿te pasa algo?
– Estoy quemado.
– Sí, ya sé que no aguantas a tu jefe…
– ¡Qué va, no es eso! ¿No te lo he dicho? He dejado la oficina hace seis meses ya.
– ¿Y ahora a qué te dedicas?
– Soy empresario.
– ¿Tú, empresario?
– Sí, he montado un negocio de venta en línea.
– ¿Pero cómo has hecho? ¡No tienes un duro!
– No se necesita mucha inversión, y somos varios en el negocio.
– ¿Cuántos?
– Cuatro, cada uno ha puesto 2500 euros, y con esos 10.000 hemos pagado un estudio de mercado, el diseño de la página web, ¡y ya está!
– ¡Qué chulo! Pero, ¿qué vendéis?
– Salmorejo ecológico.
– ¿Y a quién se le ocurre comprar salmorejo en línea, si lo puede hacer él mismo en casa?
– A los extranjeros. Tenemos muchos clientes en Estados Unidos: les encanta y allí no lo encuentran.
– ¡Pues enhorabuena!

– Ya, pero no puedo más: lo de ser empresario es una locura. ¡Y no te puedes dar de baja!
2. a. No tienes buena cara, ¿te pasa algo? – **b.** Estoy quemado. – **c.** Sí, ya sé que no aguantas a tu jefe.
3. a. M – **b.** M – **c.** V – **d.** V – **e.** M – **f.** V
4. a. ¡Quiero que me digas la verdad! – **b.** ¡Quiero que seas bueno! – **c.** ¡Quiero que vendas más barato! – **d.** ¡Quiero que compres aceite ecológico! – **e.** ¡Quiero que le robéis la idea!
5. a. Es un buen momento para hacer negocios. – **b.** Ha sido una muy mala inversión. – **c.** Es el primer negocio que monto. **d.** Es la tercera vez que te lo digo. – **e.** No tengo ningún cliente en España. – **f.** El precio de algunos aceites es una locura.
6. a. No hace falta que me ayudes: solo te pido que me entiendas. – **b.** Aquí hay un buen aceite de oliva y allí están los clientes: ¿montamos un negocio? – **c.** La Red abre oportunidades, pero con la crisis lo veo difícil.

15. WAAR IS …, ALSTUBLIEFT?

🔊 17 **1. a.** *Gire a la derecha.* de usted – **b.** *Ve hasta la segunda bocacalle.* de tú – **c.** *Tome la primera a la izquierda.* de usted – **d.** *Dame una ayudita.* de tú.

🔊 17 Dialoog:
– Disculpe, señor, ¿me puede decir cómo se va al Museo del Prado? Es que no soy de aquí…
– Sí, claro. ¿Ve usted aquella fuente allí a lo lejos?
– Sí, más o menos…
– Pues tiene que ir hasta allí; luego gire a la derecha y siga todo recto durante un cuarto de hora.
– Uf, no está al lado… ¿No conoce otro museo un poco más cerca?
– Bueno, está el Reina Sofía… ¿Pero le da igual uno u otro?
– Un poco, la verdad. Yo soy pintora, ¿sabe? Me pongo enfrente de un museo y hago retratos a la gente que sale.

– Ah, qué bonito. ¿Y vende muchos?
– Bueno, con lo que gano me da para comer, no está mal.
– ¿Me puede hacer el mío?
– ¡Por supuesto!
– ¿Cuánto me va a cobrar?
– A ver…, ¿cuarenta euros?
– Uf, es demasiado, lo siento.
– Espere. Se lo hago gratis, pero con una condición.
– ¿Cuál?
– Pues ya que son las dos de la tarde, que me invite a comer.
– ¡De acuerdo! Hay un restaurante bueno y barato en la segunda bocacalle a la izquierda, ¿vamos?
– ¡Trato hecho!
2. ir hasta allí – gire a la derecha – siga todo recto
3. a. La chica quiere ir a un museo, le da igual el que sea. – **b.** El Reina Sofía le queda más cerca que el Prado. – **c.** Para comer, la chica hace retratos y los vende. – **d.** Al final, el hombre la invita a comer.
4. a. ¿Quién es ese chico de quién tanto me hablas? – **b.** Estos cuadros están bien aquí. – **c.** ¿Ve usted aquella calle, allí? – **d.** Quiero esos zapatos negros, los que están ahí. – **e.** ¿Qué es aquello, allí a lo lejos?
5. a. Tal vez sea un gran artista. – **b.** A lo mejor le compráis un retrato. – **c.** Puede ser que vaya a visitarte. – **d.** A lo mejor te dan algo. – **e.** Quizás comamos allí.
6. a. No me suena: ¿por dónde queda? – **b.** Es un pintor muy famoso, pero no me acuerdo de su nombre. – **c.** Hay un restaurante barato cerca de aquí: tome la primera bocacalle a la izquierda, es ahí.

16. IK BEN GEZAKT VOOR MIJN RIJEXAMEN

🔴 18 **1. a.** Es la parte en carretera para el examen del carné de conducir. El práctico. – **b.** Si te saltas un semáforo, tienes que pagar una. Una multa – **c.** Es cuando hay demasiados coches en la carretera y no se circula bien. Un atasco.

🔴 18 Dialoog:
– ¡Estoy harta! Me han vuelto a poner una multa…
– ¿Y qué has hecho esta vez?
– ¡Nada! Dice que me he saltado un semáforo, ¡pero no es verdad!
– Ya, a mí también me ha pasado alguna vez…
– ¿Sabes qué? Creo que voy a dejar el coche…
– ¿Para siempre?
– Bueno, por lo menos en ciudad.
– No trae cuenta, desde luego: es más práctico y más barato tomar un taxi.
– Ya, pero con los atascos no siempre es más rápido…
– Tienes razón, lo mejor es el metro.
– Yo al metro le tengo miedo: no lo tomo aunque me paguen.
– Bueno, no creo que sea tan peligroso como dicen: yo nunca he tenido ningún problema.
– Eso lo dices porque eres un hombre.
– Tal vez, no sé…
– ¡A partir del lunes, voy a ir a todas partes en bicicleta!
– Hombre, no es mala idea… ¡Venga, yo también! Además necesito adelgazar.
2. a. Estoy harta … han vuelto … poner – **b.** has hecho – **c.** Nada … me he … semáforo … no es verdad.
3. a. La chica… va a vender su coche. / no cree que el taxi sea mucho más rápido. / piensa que el metro es peligroso para las mujeres. / va a ir en bicicleta a todas partes – **b.** El chico… piensa que no trae cuenta tomar taxis. / cree que el mejor medio de transporte es el metro. / nunca ha tenido problemas en el metro.
4. a. ¡No conduzcas rápido! – **b.** ¡No vendas tu coche! – **c.** ¡No te sientes! – **d.** ¡No vayáis al trabajo en coche!
5. a. ¿Te parece bien que tomemos un taxi? – **b.** No creo que estés tan harto del coche como yo. – **c.** No me gusta que te pongas nervioso. – **d.** Aunque me des dinero, no pienso tomar el metro.

6. a. He vuelto a saltarme un semáforo. – **b.** No me gusta la bicicleta tanto como a ti. **c.** Aunque conduzcas despacio, la carretera es peligrosa.

17. IK WIL GELD OPNEMEN

🔊 19 **1. a.** *¡Ayúdeme!* de usted – **b.** *¡Devuélveme la tarjeta!* de tú – **c.** *¡Invítame a un helado!* de tú – **d.** *Espere un momento.* de usted.

🔊 19 Dialoog:
– *¿Me trae la cuenta, por favor?*
– *Enseguida, señora.*
– *Gracias, ¿puedo pagar con tarjeta?*
– *Por supuesto, ¿le dejo que introduzca su pin?*
– *Oh, no lo acepta…*
– *Tal vez haya un problema con su cuenta…*
– *Espere, lo vuelvo a introducir… No, tampoco esta vez.*
– *Ejem…*
– *Es 6421, estoy casi segura… o 2164, no me acuerdo… ¿Le puedo pagar con un talón?*
– *Lo siento, señora, pero no aceptamos cheques.*
– *Es que no tengo efectivo… A ver, ¿hay algún banco por aquí?*
– *A cinco minutos, sí, cruzando la calle.*
– *Perfecto, espéreme mientras voy a retirar dinero, ¿de acuerdo?*
– *Bien, pero nos deja su DNI, si no le molesta.*
– *Ah, qué más quisiera, pero me van a pedir el documento para hacer un reintegro… ¿Vuelvo mañana y le pago?*
– *Lo siento, señora, pero no se puede ir sin pagar…*
– *Ah… Bueno, déjeme que vuelva a introducir el código… Oh, ¡esta vez sí! Es que con la edad se vuelve una muy torpe.*
– *No pasa nada, señora, cualquiera se puede equivocar, ¿no?*
2. a. ¿Me trae la cuenta por favor? – **b.** Enseguida señora. – **c.** Gracias, ¿puedo pagar con tarjeta? – **d.** Por supuesto, ¿le dejo que introduzca su pin?

3. a. Cuando le traen la cuenta, la mujer dice que no se acuerda de su pin. – **b.** Quiere pagar con un talón. – **c.** No puede dejar su DNI porque lo necesita para ir al banco. – **d.** Finalmente, se acuerda del pin.
4. a. ¡Qué chica más amable! – **b.** ¡Qué enfermo me he puesto! – **c.** ¡Qué despistados son los abuelos! – **d.** ¡Qué buen helado me he comido!
5. a. Con la edad se vuelven despistados. – **b.** Comes demasiado: vas a ponerte gordo. – **c.** No creo que se haya vuelto simpático. – **d.** Cuando veo una tortilla, me vuelvo loco.
6. a. Me he olvidado la tarjeta en casa: ¿puedo pagar en efectivo? – **b.** ¿Nos vemos esta tarde para tomar un helado con mi nieto? – **c.** Si no me equivoco, esta sucursal tiene un cajero. – **d.** Devuélvame la tarjeta enseguida.

18. MIJN MOBIELE TELEFOON WERKT NIET

🔊 20 **1. a.** *j.cordoba@gmail.com.* 3 – **b.** *jc.cordoba@gmail.com.* 1 – **c.** *jc-cordoba@gmail.com.* 4. – **d.** *jc_ cordoba@gmail.com.* 2

🔊 20 Dialoog:
– *Buenas, quiero mandar este paquete.*
– *¿Certificado?*
– *Sí, por favor.*
– *Son seis con cuarenta. ¿Algo más?*
– *Sí, también quisiera mandar estas dos postales, una para España y otra para Francia. ¿Cuánto cuesta?*
– *¿Por correo normal o urgente?*
– *¿Cuánto tarda el correo normal?*
– *Dos días para España y entre cuatro y cinco para Francia.*
– *Está bien, tampoco tengo mucha prisa.*
– *El sello para España son 45 céntimos, y uno con quince para Francia.*
– *Perfecto. ¿Cuánto debo?*
– *En total, con los sellos de las postales, son 8 euros.*
– *Muy bien.*
– *¿Te puedo hacer una pregunta?*
– *Sí, claro.*

– ¿Se te ha estropeado el móvil?
– No, ¿por qué?…
– Es que las chicas de tu edad no escriben postales ni cartas. Mandan mensajes y fotos con el móvil.
– Ya, pero una de las postales es para mi abuela, que no tiene móvil. Y la otra para un amigo que detesta las tecnologías.
– Tiene razón: en el móvil una foto se te puede borrar, pero una postal es para siempre.
2. a. 6,40 euros. – **b.** 1,15 euros. – **c.** 45 céntimos.
3. a. V – **b.** M – **c.** M – **d.** V – **e.** M – **f.** V.
4. a. ¡Llévala al hospital! – **b.** ¡Quitadle el móvil! – **c.** ¡Hazlo por mí! – **d.** ¡Dinos tu correo!
5. a. Se me ha caído el pelo. – **b.** Se te ha perdido el móvil. – **c.** Se nos ha estropeado la tele. – **d.** Se les han borrado las fotos.

19. IK WIL EEN KLACHT INDIENEN

🔊 21 **1. a.** *Si quiero ponerla voy a comisaría.* – **b.** *Dentro de ella llevo la compra.* – **c.** *Ahí llevo el dinero y el DNI.* – **d.** *Ahí suelo llevar las llaves.*
a. 2 – **b.** 4 – **c.** 1 – **d.** 3

🔊 21 Dialoog:
– Buenas, vengo a traer una cartera.
– ¿Una cartera?
– Sí, me la encontré en la calle, y como no es mía la dejo en comisaría.
– Muy bien, ¡gracias por su ayuda!
– Es normal, a mí me la robaron una vez y sé que es un problema cuando se pierde.
– Así es, pero hay tanto sinvergüenza… No toda la gente es como usted.
– Gracias.
– A ver qué hay dentro. Dinero, bastante dinero, ¡trescientos euros!
– Sí, pero desgraciadamente no hay ningún documento de identidad, ni una tarjeta de crédito, nada.
– No, solo la foto de una mujer. Me suena su cara…
– Sí, es la dueña de la cartera. Era joven, alta, rubia, tenía ojos azules e iba vestida de amarillo.
– ¿Y usted cómo lo sabe?
– Yo la vi. Salió de aquí, de comisaría. Se subió a un taxi con mucha prisa y la cartera se le cayó al suelo.
– ¡Ah, claro! ¡Es una mujer que ha estado aquí haciéndose el DNI!
– Entonces va a ser fácil devolverle la cartera, ¿verdad?
– Facilísimo.
– Me alegro. Ejem, ¿puedo pedirle una cosa?
– Dígame.
– Le dejo mi teléfono y le dice que yo encontré la cartera, ¿vale?
– Entendido, y de nuevo gracias por ayudar a la policía, ¿eh?
2. a. vengo a traer – **c.** encontré … calle … como no es mía
3. a. M. – **b.** V. – **c.** M. – **d.** M. – **e.** V. – **f.** V.
4. a. Yo iba por la calle, cuando de pronto unos chicos chocaron conmigo. – **b.** Un hombre la encontró y la llevó a comisaría. **c.** Cuando nosotros éramos jóvenes, salíamos todas las noches.
5. a. Póngase gafas de sol. – **b.** Discúlpese. **c.** Pregúntele cómo está.
6. a. Había unos trescientos euros en la cartera. – **b.** Al rato encontré las llaves: estaban en el bolsillo del chándal. – **c.** Me caí al suelo al salir del mercado.

20. DOKTER, IK HEB OVERAL PIJN

🔊 22 **1. a.** *Es el padre de mi mujer.* Es mi suegro. **b.** *Es la mujer de mi hijo.* Es mi nuera. **c.** *Es el marido de mi hija.* Es mi yerno. **d.** *Es la madre de mi marido.* Es mi suegra. **e.** *Es la mujer de mi hermano.* Es mi cuñada.

🔊 22 Dialoog:
– Entonces, ¿qué tal esas vacaciones?
– Horribles. El año próximo me quedo en Madrid solito.
– ¿Pero qué te pasó? ¿No tuviste buen tiempo?
– Sí, sí. Tuvimos un tiempo estupendo, hasta demasiado sol.
– ¿De qué te quejas? Eso es lo que buscas cuando vas al mar a pasar el verano, ¿no?

– Ya, pero ahí empezaron los problemas. Mi cuñado no quiso ponerse crema para el sol y tuvo quemaduras en todo el cuerpo.
– Uf, eso puede ser bastante delicado.
– Sí, tuvimos que llevarlo a urgencias. Y a mi hijo también: bebió demasiada agua y se puso enfermo, con mucha fiebre.
– Menudas vacaciones, sí...
– No es todo. Mi mujer se rompió una pierna y yo tuve un fuerte catarro.
– ¿Y tu suegra?
– Para ella, en cambio, fueron unas vacaciones fenomenales. Se pasó el día entero en la playa, haciendo amigas y diciendo que somos todos unos inútiles.

2. a. Qué tal – **b.** me quedo – **c.** qué te pasó – tuviste

3. a. V – **b.** M – **c.** V – **d.** V – **e.** M – **f.** M.

4. a. Ayer fui al médico y me recetó unas pastillas. – **b.** Ayer bebí demasiada agua y me puse enfermo. – **c.** Este verano mi suegra fue a la playa se puso muy morena.

5. a. Me duelen los ojos. – **b.** Les duele la espalda. – **c.** Os duelen los oídos.

6. a. Siéntese, señora, la atiendo enseguida. – **b.** No es menester ir a urgencias por un resfriado. – **c.** Mi suegra tiene la culpa: ¡nunca tiene cuidado!

21. WIE IS DE LAATSTE IN DE RIJ?

🔊 23 **1. a.** Hago algo sin perder tiempo. – **b.** Digo quién es el último. – **c.** Pregunto quién es el último. – **d.** Me pongo detrás de alguien para esperar.

a. D – **b.** C – **c.** B – **d.** A

🔊 23 Dialoog:
– Antonio, guapo, ponme medio kilo de gambas.
– Lo siento, señora, pero me toca a mí.
– ¡Lo dudo mucho! Estaba yo antes.
– No, yo le he dado la vez a esta señora, o sea que usted va detrás de ella.
– Ay, por favor, es que tengo muchísima prisa...
– Pues yo también.
– Oooh, me encuentro mal... Es el corazón, cuando me pongo nerviosa me suelen dar ataques...
– Bueno, pase...
– Muy amable, se lo agradezco... Solo quiero unas gambas. ¿A cuánto están?
– A 21, caras pero fresquísimas.
– ¡Uf! ¿Y los calamares qué precio tienen?
– A 18. Lo más barato que tengo son las doradas. Están a 10.
– Ya, pero me apetecía un arroz con marisco...
– La dorada a la sal está riquísima, y no es menester limpiarla: la metes en el horno cubierta de sal gorda y ya está.
– No, mira, ponme un cuarto de gambas y un cuarto de calamares.
– Vale, pero te aconsejo que los hagas a la plancha: es mejor para el corazón...

2. a. ponme medio kilo – **b.** me toca a mí. – **c.** Estaba yo antes.

3. a. V – **b.** M – **c.** M – **d.** M – **e.** V – **f.** V.

4. a. Cuando llegó a casa, le dio un ataque. – **b.** Cuando entraron, pidieron la vez. – **c.** Cuando viste el precio de las gambas, te pusiste nervioso.

5. a. ¿Cuánto tiempo llevas limpiando pescado? – **b.** Lleva dos horas comiendo. **c.** Cuando llegaste, llevaba una hora esperándote.

6. a. Te agradezco tu carta. / Te doy las gracias por tu carta. – **b.** Le da las gracias a la señora.

22. IK GA NAAR DE SUPERMARKT

🔊 24 **1. a.** mermelada – **b.** cerveza – **c.** leche – **d.** patata – **e.** zumo – **f.** vino – **g.** pasta – **h.** carne
Bebida: b – c – e – f
Comida: a – d – g – h

🔊 24 Dialoog:
– ¿Pero qué has hecho? Vaya desastre de compra.
– ¿Falta algo?
– ¡Falta todo! No has traído casi nada de lo que te pedí.

– ¿En serio? A ver, aquí están las latas de cerveza, el vino…
– Claro, las bebidas que te gustan a ti. Pero ¿dónde están la leche y el agua? Te dije que se habían acabado.
– Ah, es verdad, se me han olvidado, lo siento. Pero te he traído zumo de naranja.
– El que me gusta viene en botella de cristal, y este es de cartón…
– Es igual, mujer.
– Pues no, no es igual: el de cartón está asqueroso.
– Bueno, pues me lo tomo yo, vale.
– Tampoco has comprado yogures.
– Ya… pero ¡mira qué helados tan ricos he encontrado!
– ¡Helados! Quieres que me ponga gorda, ¿verdad? Y esto, ¿qué es?
– Ah sí, se me ha ocurrido traer estos precocinados, que estaban baratísimos. Es muy práctico, ¿no?
– Están asquerosos y son malísimos para la salud. Es la última vez que vas a hacer la compra tú solito, ¿entendido?
2. a. has hecho … Vaya – **b.** Falta algo – **c.** has traído casi … pedí
3. a. De bebidas, el hombre ha traído cerveza, vino y zumo de naranja. – **b.** La mujer le había pedido leche y agua. – **c.** La mujer piensa que el zumo de cartón está asqueroso. – **d.** Al hombre también se le ha olvidado comprar yogures. – **e.** En cambio ha encontrado helados. – **f.** Y también se le ha ocurrido traer unos precocinados. – **g.** La mujer considera que están asquerosos y que son malísimos para la salud.
4. a. Ayer fuimos al súper y volvimos con un montón de bebidas. – **b.** La última vez hicieron una compra horrible: compraron solo precocinados. – **c.** Anoche comí demasiado y me puse enfermo. – **d.** ¡Qué malo fuiste! Te pedí yogures y solo trajiste lo que te gusta a ti.
5. a. Estoy cansado: tráeme una cerveza. **b.** ¿Qué quieres que te traiga de París? – **c.** Se le había olvidado el móvil: se lo llevé a la oficina.

6. a. Ya no queda nada en la nevera: ¡hacen falta latas de cerveza! – **b.** Ve a la frutería y trae naranjas. – **c.** Me vuelve loco (loca) el pescado, pero me horroriza la carne.

23. GELUKKIG NIEUWJAAR!

🔊 25 **1. a.** El 12 de octubre de 1492. 12/10/1492 – **b.** El 3 de mayo de 1808. 03/05/1808 – **c.** El 18 de julio de 1936. 18/07/1936 – **d.** El 19 de junio de 2014. 19/06/2014.

🔊 25 Dialoog:
– Dime, Luis, ¿tenéis algún compromiso para Nochevieja?
– No, pensábamos quedarnos en casa. Estamos muertos de cansancio.
– ¿Por qué no venís y lo celebramos juntos?
– Gracias, de verdad, pero Carmen dice que quiere acostarse temprano.
– ¿Ni siquiera vais a tomar las uvas?
– Bueno, eso tal vez. Pero después de las doce, a la cama.
– Cenamos algo rápido, no muy tarde, y después de medianoche volvéis a casa, ¿de acuerdo?
– No sé…, es que nos hemos puesto muy gordos con las fiestas.
– Venga, un corderito al horno no le sienta mal a nadie.
– A Carmen le da asco el cordero.
– Bueno, ¿pues qué te parece un pavo relleno?
– A Carmen no le va a gustar tampoco.
– ¿Qué pasa? ¿Se ha hecho vegana?
– No es eso. Es alérgica a las aves.
– No es un problema, a ella le damos un poquito de ternera picada y un tomate aliñado con aceite de oliva, ¿te parece?
– Bueno, se lo digo y te vuelvo a llamar, ¿vale?
– Ah, se me olvidó decirte que para el postre vienen los compañeros de la oficina…
– Entonces no, lo siento. Siempre hay discusiones con ellos.
– Son muy de derechas, es verdad…

– Sí, ¡y ya sabes que Carmen es muy de izquierdas!
2. a. algún compromiso … Nochevieja – **b.** pensábamos … muertos de cansancio. – **c.** no venís … celebramos
3. a. M – **b.** V – **c.** M – **d.** M – **e.** V – **f.** V.
4. a. Dice que está demasiado gordo. – **b.** ¡Luis nos ha invitado, dice que vayamos a cenar con él! – **c.** Luis dice que su mujer es vegana. – **d.** Le dice a su amigo que no compre carne para ella.
5. a. Mi cuñado se ha vuelto de izquierdas. **b.** ¿No comes pavo? ¿Te has vuelto alérgica a las aves? – **c.** Pon el champán en el frigorífico para que se ponga frío. – **d.** Mi vecina se hizo librera porque le gustaban los libros.
6. a. ¿No te acuerdas de la última vez que cenamos juntos? / ¿No recuerdas la última...? – **b.** Me apetece un caldito con zanahorias y puerros. – **c.** No me gusta el filete de ternera y me sienta mal el cordero. **d.** ¡Menos mal que hubo turrón y uvas para el postre!

24. EET SMAKELIJK!

🔊 26 **1. a.** *ternera* – **b.** *merluza* – **c.** *cordero* **d.** *salmonete* – **e.** *lubina* – **f.** *lenguado* – **g.** *pollo* — **h.** *buey*
Carne: a – c – g – h
Pescado: b – d – e – f

🔊 26 Dialoog:
– *Hola, buenos días, ¿tienes mesa para cuatro?*
– *Si no habéis reservado, hay un poquito de espera.*
– *¿Cuánto tiempo, más o menos?*
– *Unos quince minutos, si queréis estar en terraza, claro. Si os da igual estar dentro, tengo esta mesa.*
– *Dentro está bien, no pasa nada, además tenemos bastante prisa.*
– *Muy bien, pues decidme qué bebidas queréis y las traigo ya, mientras vais leyendo la carta.*
– *Cerveza para todos, agua con gas para el niño, y ya pedimos las tapas de una vez.*
– *Además de lo que hay en la carta, hoy os puedo ofrecer salmonetes fritos.*
– *Oh, qué ricos. ¿Los tienes en ración?*
– *Sí, en ración, en media ración y en tapa.*
– *¿Son grandes las raciones?*
– *Digamos que media ración está bien para dos y una ración es para tres.*
– *Perfecto, el niño no come pescado. A él tráele una pechuga de pollo a la plancha.*
– *Entonces, para vosotros una ración de salmonetes, y ¿qué tapas queréis?*
– *Una de calamares, una de gambas y una de sardinas.*
– *¿Os pongo una ensaladita para todos en el centro?*
– *Sí, muy bien.*
– *Os traigo todo esto enseguida, ¡que aproveche!*

2. a. Tienes mesa para cuatro – **b.** habéis reservado – **c.** Cuánto tiempo
3. a. M – **b.** V – **c.** M – **d.** M – **e.** V – **f.** V – **g.** M.
4. a. ¿Reservarás una mesa para estar seguros o iremos así? – **b.** ¿Tomaréis vino o preferiréis cerveza? – **c.** Vale, no seré delicado: me sentaré dentro si no hay sitio fuera. – **d.** ¿Me hará usted una pechuga a la plancha?
5. a. Se va haciendo viejo. – **b.** ¿Vamos poniendo la mesa? – **c.** Voy asando las sardinas, ¿vale? – **d.** El tiempo va cambiando.
6. a. Tomaré chuletas de cordero bien hechas y una tarta de fresas. – **b.** Pedí agua sin gas del tiempo y usted me trajo agua con gas fría. – **c.** ¿Puede cambiar la guarnición del chuletón de buey?

25. HET STAAT ME ECHT NIET

🔊 27 **1. a.** *Es una falda muy corta.* Es una minifalda. – **b.** *Es lo contrario de estrecho.* Ancho – **c.** *Es la estación que empieza el 21 de marzo.* La primavera. – **d.** *Es un buen artículo rebajado y barato.* Una ganga.

🔊 27 Dialoog:
– *Buenos días, caballero, ¿le atienden?*

– Hola, buenas. Mire, quisiera devolver esta americana que me acaba de regalar mi mujer.
– ¿No le gusta o no le queda bien?
– Ni una cosa ni otra. Es amarilla y no suelo llevar colores claros.
– Esta temporada lo que está de moda son los colores primaverales, ¿sabe?
– Puede ser, pero a mí no me convencen. Encima me queda fatal.
– ¿Qué talla gasta usted?
– Uso una 44. De hombros está bien, pero tengo los brazos muy cortos y las mangas me quedan larguísimas.
– Eso no es problema. Hacemos arreglos gratis.
– Ya, pero como me he puesto muy gordo últimamente, me queda también estrecha de cintura.
– Ya veo…
– ¿Me puede devolver el dinero?
– Lo siento, nunca devolvemos el dinero de una compra. Es nuestra política.
– Por lo menos me cambiarán esta prenda por otra, ¿sí?
– Por supuesto, con tal de que traiga el tique de la compra.
– Es que se me ha perdido…
– Bueno, haremos un esfuerzo… ¿Quiere probarse otra americana?
– No, ¿me enseña algo para mi mujer?
– ¿Qué tipo de ropa suele llevar?
– Da igual, deme lo que sea. Sé que no le gustará y pasará a cambiarlo…
2. a. caballero … atienden – **b.** devolver esta americana – **c.** le queda bien
3. a. M – **b.** V – **c.** V – **d.** M – **e.** V – **f.** V – **g.** M.
4. a. Me pondré el vestido con tal de que te pongas la americana. – **b.** Le quedará perfecta con tal de que le hagamos unos arreglos. – **c.** Te podrás poner este pantalón con tal de que pierdas unos kilos.
5. a. Aunque se lo regale, no lo querrá. – **b.** Aunque gasten mucho en lotería, nunca tendrán suerte. – **c.** Aunque este artículo esté rebajado, valdrá demasiado.

6. a. Este color te sienta fatal y ni siquiera es tu talla. – **b.** Esta temporada, las faldas largas no estarán de moda. – **c.** Las prendas de otoño-invierno no me favorecen.

26. WAARVOOR DIENT DIT?

🔊 28 **1. a.** *Es el nombre de un animal y también el de un dispositivo electrónico. El ratón.* – **b.** *Hay que utilizarlo cuando se descarga la batería. El cargador.* – **c.** *Sirve para escribir, en un ordenador o en un móvil. El teclado.* – **d.** *Es el hecho de buscar algo en Internet.* Una búsqueda.

🔊 28 Dialoog:
– Bienvenido a nuestra asistencia en línea. ¿En qué puedo ayudarle?
– Buenos días, joven, he comprado un ordenador últimamente y no estoy satisfecho.
– Dígame qué dispositivo ha adquirido.
– Es azul y me costó 233 euros con 10.
– ¿No me puede decir nada más?
– Espere, aquí tengo un papel. Se lo leo: pantalla de 10,1 pulgadas, 2 gigas de RAM y disco de 32 gigas.
– Bien, veo el modelo. ¿Cuál es su problema?
– La pantalla se queda totalmente negra.
– ¿Siempre ha estado así?
– No, durante unas horas pude hacer búsquedas en Internet, pero de pronto se quedó así, negra.
– ¿Tiene usted un antivirus?
– Sí, me lo pusieron en la tienda.
– ¿Se le ha caído al suelo el aparato?
– No, no lo he movido de la mesa ni un minuto.
– Antes de utilizarlo, ¿puso usted la batería al 100%?
– No. En fin, no sé, ¿la batería?
– Disculpe, ¿está enchufado su aparato?
– Pues… no. ¿Para eso sirve el cargador?
– Sí, caballero, cuando la batería está descargada, ¡hay que enchufarlo!
– Entonces es un poco como una tele…
– Más o menos. Déjelo un buen rato enchufado y verá cómo ya no hay problemas.

– *Me encanta la informática, ¡qué fácil es!*
2. a. qué puedo ayudarle – **b.** he comprado ... no estoy satisfecho – **c.** ha adquirido
3. a. M – **b.** V – **c.** M – **d.** M – **e.** V – **f.** V. – **g.** M.
4. a. En cuanto me mandes tu archivo, lo leeré. – **b.** Cuando llamemos a la asistencia en línea, se lo diremos. – **c.** El día en que se haya bajado mil películas, no sabrá dónde almacenarlas.
5. a. ¿Vas a venir a mi fiesta de cumpleaños? – **b.** ¿Va a haber mucha gente? – **c.** Dicen que no van a poder venir.
6. a. Mi portátil me sirve sobre todo para hacer búsquedas en Internet. – **b.** No me intereso por la política: no entiendo de eso. – **c.** El ordenador se ha quedado colgado, el ratón ya no responde y la pantalla se ha quedado negra: ¡échame una mano!

27. IK ZOU EEN TICKET NAAR ... WILLEN

🔊 29 **1. a.** *Es el lugar donde te sientas en un tren.* El asiento. – **b.** *Es imprescindible para subir al avión.* La tarjeta de embarque. – **c.** *No es necesario facturarlo.* El equipaje de mano. – **d.** *Es el lugar de donde sale el autobús.* La dársena.

🔊 29 Dialoog:
– *Buenas tardes, quisiera un billete de Madrid a Barcelona, con salida el 25 de julio.*
– *¿Lo quiere de ida y vuelta?*
– *Solo la ida. Todavía no sé en qué fecha volveré, ni si lo haré en tren.*
– *¿Desea turista o preferente?*
– *¿Cuánto cuestan cada uno?*
– *El billete de ida cuesta 101,10 en turista y 125,80 en preferente.*
– *Uf, es bastante más barato en turista, y tampoco es muy largo el viaje, ¿no?*
– *Un poco más de 3 horas, sale a las 17'30 y llega a las 20:40 a Barcelona.*
– *Turista, entonces. Y pasillo, por favor. Me mareo cuando miro por la ventanilla.*
– *Para elegir asiento es un poco más caro: la tarifa es de 107,50.*
– *Bueno, no es tanto. Ah, se me olvidaba: ¿se aceptan animales?*
– *Un caballo no, pero animales pequeños de menos de 10 kilos, sí.*
– *Mi perro, es pequeñito y muy bueno.*
– *Lo que pasa es que si viaja en turista tiene que pagar un billete para el perro, que le cuesta… espere: 26,70. Entonces serían 134,20.*
– *¿Y en preferente?*
– *Eso le iba a decir: si tiene un billete preferente, el animal le sale gratis. Serían pues, eligiendo asiento… 134,80.*
– *Trae cuenta, sí: ¡preferente entonces!*

2. a. quisiera un billete ... salida – **b.** de ida y vuelta – **c.** volveré ... lo haré en tren
3. a. Cuesta 101,10 euros. – **b.** Llega a las 20:40. – **c.** Porque se marea cuando mira por la ventanilla. – **d.** Cuesta 26,70 euros. – **e.** Sale gratis.
4. a. ¿Me harías un favor? – **b.** ¿Me podrías echar una mano? – **c.** ¿Saldrías a pasear conmigo? – **d.** ¿Vendrías a visitarme a España?
5. a. Siempre viajo en turista, por el precio. **b.** Gira a la izquierda: es más corto por ahí. **c.** ¿Para cuándo quiere la vuelta? – **d.** Para viajar más cómodo, es mejor preferente.
6. a. Espero poder visitar todos los países con los que sueño. – **b.** Qué más da: si perdemos este tren, cogeremos el siguiente. – **c.** Quiero jubilarme cuanto antes para disfrutar de la vida. – **d.** Mientras pueda, viajaré.

28. IK ZOU EEN KAMER WILLEN RESERVEREN

🔊 30 **1. a.** *Es lo contrario de abierto.* Cerrado – **b.** *Es lo contrario de calor.* Frío – **c.** *Es lo contrario de arriba.* Abajo – **d.** *Es lo contrario de interior.* Exterior.

🔊 30 Dialoog:
– *Quisiera hablar con recepción, por favor.*
– *Si, dígame, ¿en qué puedo ayudarle?*
– *Hace muchísimo calor en la habitación. Creo que se ha averiado el aire acondicionado.*
– *Les mando a una persona enseguida.*

– *La verdad es que preferiríamos cambiar de habitación.*
– *¿Han tenido algún otro problema?*
– *Alguna cosita, sí. Por ejemplo, se ha fundido la bombilla del cuarto de baño, y el lavabo está un poco atascado.*
– *Tomo nota. ¿Algo más?*
– *No nos quejamos de la habitación, no. Tiene bonitas vistas y se ve el mar desde la ventana, pero es muy ruidosa por la noche. Cuesta trabajo dormir.*
– *¿Les doy una habitación interior entonces?*
– *Lo que nos vendría bien sería otra habitación exterior, pero en la última planta. Así tendríamos a la vez las vistas y el silencio.*
– *En la última no me queda nada. En la octava sí, tengo una habitación exterior con dos camas individuales. Es una tarifa un poco más alta, pero se la dejo al precio de la habitación actual.*
– *Muy amable. Pondremos unas muy buenas valoraciones de su hotel en internet.*
– *Muchas gracias. Estamos aquí para servirles.*

2. a. Quisiera ... recepción – **b.** dígame ... ayudarle – **c.** muchísimo calor ... se ha averiado

3. a. En Recepción ofrecen al cliente mandar a un técnico. – **b.** El problema del cuarto de baño es que el lavabo no funciona bien. – **c.** El cliente se queja del ruido. – **d.** Va a cambiar por una habitación exterior por el mismo precio.

4. a. Anoche olía a basura. – **b.** Pasado mañana habrá un descuento del 10%. – **c.** Anteayer se ahogó alguien en la piscina. – **d.** Los huéspedes llegarán dentro de una hora.

5. a. Este hotel tendrá malas valoraciones pero está muy bien. – **b.** ¿Por qué vendrán tantos turistas a España? – **c.** No hay luz: se habrá fundido la bombilla.

6. a. Pues en mi opinión la cobertura es mejor abajo que arriba, en la última planta. **b.** Según yo, se ha averiado la calefacción. **c.** Las sábanas estaban gastadas, el espejo roto, los grifos goteaban, y ni siquiera nos hicieron un descuento.

29. WELKE FILMS DRAAIEN ZE?

🔊 31 **1. a.** *Es la persona que firma una película.* El director. – **b.** *Es la primera representación de una obra.* El estreno. – **c.** *Es una película muy mala.* Un rollo. – **d.** *Es lo que se come, a veces, durante una película.* Palomitas.

🔊 31 Dialoog:
– *Buenas tardes, quisiera dos entradas para la ópera Carmen, el sábado próximo.*
– *Ah, es el día del estreno, caballero, y ya casi no quedan.*
– *¿No hay de primera fila en el patio de butacas?*
– *Esas desaparecieron el primer día...*
– *Bueno, aunque no sea de las mejores, ¿queda alguna?*
– *Solo tengo unas pocas, pero lejos del escenario.*
– *Ah... era para darle una sorpresa a una amiga el día de su cumpleaños.*
– *Desde las que me quedan no se ve muy bien el escenario, pero se oye perfectamente la música.*
– *Es que es muy aficionada a la ópera. Tengo miedo de que no le guste esa entrada. ¿Usted la compraría?*
– *Si me gustara mucho la ópera, yo dejaría pasar el día del estreno.*
– *Ya, entiendo, pero ya no será su cumpleaños.*
– *Podría hacer otra cosa. Mucha gente lo hace.*
– *Dígame...*
– *Yo, si fuera usted, me presentaría una hora antes para ver si alguien tiene alguna entrada de más y la vende. A veces ocurre.*
– *¿Y si no hay?*
– *Pues invita a su amiga al restaurante y le regala una entrada para el sábado siguiente. Seguro que la acepta...*
– *No es mala idea... ¡Muchas gracias por aconsejarme!*

2. a. dos entradas ... el sábado próximo –

b. del estreno … casi no quedan – **c.** primera fila … patio de butacas
3. a. M – **b.** V – **c.** M – **d.** V – **e.** V – **f.** M.
4. a. Si tuviera tiempo, iría al cine contigo. **b.** Si fueras un buen amigo, vendrías conmigo a la ópera. – **c.** Si echara alguna buena peli, podríamos salir. – **d.** Si dejarais de salir, ahorraríais mucho.
5. a. Nos recomendó que fuéramos a esa exposición. – **b.** Dijo que no iría al estreno aunque le pagaran. – **c.** Sabía lo que ibas a decir antes de que hablaras.
6. a. No me da vergüenza decir que el arte de vanguardia me come el coco. – **b.** Voy a ver una peli de risa contigo a condición de que te afeites la barba. – **c.** Esta película es un rollo, pero me da igual siempre y cuando me regales la entrada.

30. LEVE DE VAKANTIE!

🔊 32 **1. 1)** Sigue recto. – **2)** Gira a la derecha. – **3)** Da media vuelta. – **4)** Toma a la izquierda.
a. 3 – **b.** 2 – **c.** 4 – **d.** 1
🔊 32 Dialoog:
– Menudo veranito está haciendo…
– Sí, si me hubieran dicho que en la Costa del Sol iba a hacer este tiempo, no me lo habría creído.
– ¡Llevamos aquí una semana y no ha parado de llover!
– Encima parece que en el norte hace un tiempo espléndido.
– ¿Y tú cómo lo sabes?
– Me acaba de mandar un mensaje una amiga que está haciendo el Camino de Santiago.
– ¿Cómo lo hace, a pie, en bici?
– No te lo vas a creer: ¡a caballo!
– Anda, qué chulo…
– Lo peor es que me ofreció ir con ella, y le dije que no, que prefería veranear a la orilla del mar debajo de una sombrilla.
– Qué envidia me da tu amiga. Cómo me gustaría ahora estar haciendo senderismo, en la naturaleza, entre árboles y animales.
– Aquí los únicos animales son los bichos que nos pican por la noche si no apagamos la luz.
– ¿Y si el año próximo hiciéramos como ella?
– A caballo yo no sabría, y la bici tampoco es lo mío.
– Pues a pie: es el mejor de los deportes. ¡Trato hecho!
– Oye, ¿y si de momento pusiéramos un poco la calefacción?
2. a. veranito – **b.** hubieran dicho … habría creído – **c.** ha parado de llover
3. a. M – **b.** M – **c.** V – **d.** V – **e.** V – **f.** M.
4. a. Si hubiéramos visto un camino más corto, lo habríamos tomado. – **b.** Si hubierais seguido recto, habríais llegado antes. **c.** Si hubiera hecho buen tiempo, habría salido contigo. – **d.** Si hubieras veraneado en el norte, habrías disfrutado más de la naturaleza.
5. a. Hace como si estuviera muerto. – **b.** Haces como si me hicieras caso. – **c.** Hacéis como si os gustara el mar.
6. a. Hagáis lo que hagáis, no cabréis en el coche. – **b.** Me gustaría vivir en un sitio donde pudiera ver vacas y pájaros. – **c.** Llueve a mares en el norte: ¡echo de menos nuestras vacaciones en el sur, en bañador a la orilla del mar!

Ontwerp: Céladon éditions
www.celadoneditions.com
Grafisch design: Sarah Boris
Geluidstechnicus: Léonard Mule @ Studio du Poisson Barbu
Nederlandse bewerking en redactie: Carine Caljon
Spaanse review: Miguel Naveros

© 2023 Assimil
Wettelijk depot: januari 2023
Uitgavenummer: 4222
ISBN: 978-2-7005-7101-1
www.assimil.com

Drukwerk: Tipografia Real in Roemenië